昨日星空

ZUORI XINGKONG

老 小◎著

黑龙江人民出版社

图书在版编目(CIP)数据

昨日星空/老小著. —哈尔滨:黑龙江人民出版社,
2018.9(2020.6 重印)
ISBN 978 – 7 – 207 – 11521 – 8

Ⅰ.①昨... Ⅱ.①老... Ⅲ.①历史人物—
生平事迹—世界 Ⅳ.①K811

中国版本图书馆 CIP 数据核字(2018)第 223924 号

责任编辑:常 松
封面设计:王 刚

昨日星空

老 小 著

出版发行	黑龙江人民出版社
地　　址	哈尔滨市南岗区宣庆小区 1 号楼
邮　　编	150008
网　　址	www. longpress. com
电子邮箱	hljrmcbs@ yeah. net
印　　刷	北京一鑫印务有限责任公司
开　　本	787×1092　1/16
印　　张	12. 75
字　　数	180 千字
版　　次	2018 年 9 月第 1 版　2020 年 6 月第 2 次印刷
书　　号	ISBN 978 – 7 – 207 – 11521 – 8
定　　价	35. 00 元

版权所有 侵权必究　　　　　　举报电话:(0451) 82308054
法律顾问:北京市大成律师事务所哈尔滨分所律师赵学利、赵景波

内 容 摘 要

　　本书以简洁生动的文字,再现了一路走来的三十位古代人物。他们大都是幼年聪慧、少年出众,学业勤奋、名显乡里并由此而起步,经过不懈的努力,成为名人、名家、名士,载入史册。本书通过一个事件、一句话、一首诗,从不同的视角介绍了他们的点滴足迹,展现了他们简略的生平、辉煌的成就,或与他们有关的名胜古迹、人文山水。他们好比中华传统文化如昨日星空中的一缕缕璀璨星光,以供偶有闲暇欲回眸传统文化漫天星斗者深情一阅。

目　　录

唐朝

宋朝

明朝

清朝

东周

孔 子

子 在 川 上

还是在中学的时候,读到"子在川上曰"时,对"子"所"曰"的话并没有过细地品味,感兴趣的却是"子"所在的那个"川上"。时而浮现一个画面,一位老先生,脑后长发上绾,包入冠中,宽袖长袍,腰系布带,足蹬布鞋,站在大河岸上,他注视着满槽流淌的河水发出"逝者如斯夫,不舍昼夜"的由衷感慨。从那个时候起,我一直向往着,有一天也在先哲站过的河岸,去体验那种"川上"的感觉。

说到"川上",要从泗水说起。

胜日寻芳泗水滨,

无边光景一时新。

等闲识得东风面,

万紫千红总是春。

朱熹的《春日》,把时光带到清澈见底、缓缓南流的泗水两岸,迎面而来的是东风扑面。《水经注》说"泗水出鲁卞县北山"(今泗水县),泗水因源于泉林镇四眼泉水汇流成河而得名。泗水流经鲁国(曲阜),一路南下,无限风光,正如朱熹在《春日》这首诗中所描述的,无边光景、万紫千红。可是自流经徐州开始,一改安静流淌、水波不惊的一路春色,霎时变为河中积石为之"梁"、水流湍急为之"洪"的急流险川。行船谈之色变,观之惊涛裂岸、水沫凌空。这样的险川河段,在徐州有三处,当地话为三洪,即:秦梁洪、徐州洪、吕梁洪。这三洪由于历史上

1

三位人物的光临而声名鹊起,其中以吕梁洪为最。

话说秦梁洪,它位于古徐州东北10公里左右,现在徐州市东三环和北三环的立交桥一带,因此,该处就叫秦洪桥。当年大禹治水,划天下为九州,分立九州牧(州长),同时发动九州牧贡献青铜铸成九鼎,每一鼎象征一个州,把各州名山大川铸于大鼎之上。把九鼎立于国都,象征天下一统,确立了华夏,开天辟地建立了第一个国家政权——夏朝。九鼎既成,迁于三国。即夏亡之后,鼎迁于商,商亡之后,鼎迁于周,直到周显王时期,"鼎沦没于泗水彭城(徐州)下"。《史记·封禅书》中还说:"周之九鼎入于秦。或曰宋太丘社亡,而鼎没于泗水彭城中。"唐朝张守节在《史记正义》(史记注释)中说:"秦昭王取九鼎,其一飞入泗水,余八鼎入于秦中。"周朝灭亡后九鼎入秦和鼎没泗水多有史料记载,无论是九鼎还是其中一鼎,有鼎没入泗水未见有不同争议。同时还有没于泗水之鼎就是徐鼎,因徐州是"九州之一"。还有秦始皇在泗水中捞鼎曾亲眼看到有鼎露出水面之说。总之,有鼎没于泗水,似乎言之凿凿。

秦始皇二十六年消灭六国,天下大定,法令一统,车同轨,书同文,创造了自上古以来未曾有过的天下归一,谓"五帝所不及",自号始皇帝。立国二年后,秦始皇就迫不及待地开始第一次东巡,这是因为有两件大事要办,一件是封泰山,禅梁父昭告天下,刻石铭记丰功伟业;另一件大事就是来彭城泗水,打捞失落水中的九鼎或其中之一。让象征皇权的国家重器一件不少地重集皇室,以示威严。《史记·秦始皇本纪》曰:"(二十八年)始皇还,过彭城,斋戒祷祠,欲出周鼎泗水。使千人没水求之,弗得。"这条记载,重现了当年彭城泗水两岸人声鼎沸,拉绳索,递长竿,一片忙碌,泗水中千人汇集人头攒动,淤水塞河,潜入水中者,出水换气者交替进行。其中,众人一字排开,奋力拉绳索于水中之鼎一角露出水面,如此宏大场面多出现在汉代石画像上,至今有收藏在徐州汉石画像博物馆中。虽然秦始皇最终也没有捞出大鼎,成为终生遗憾。但是,始皇帝号众捞鼎却使秦梁洪由此名声大噪。

再说徐州洪,1077年7月17日,因连降大雨,黄河大堤在澶州(今河南清丰西)曹村决口,一直抵达徐州城下位于古徐州城东南,又早有汴河交汇于古徐州北门城下,两水汇集古城北门,又流经城东南这一段,河中巨石盘踞,巉岩林立,惊涛奔浪,迅疾而下,行船顺流如飞,称为徐州洪(现在属市中心之地)。上任三

个多月的知州苏轼率众抗洪,留下一段佳话,在徐州任上又有《百步洪》诗二首,其中一首为:

> 长洪斗落生跳波,轻舟南下如投梭。
>
> 水师绝叫凫雁起,乱石一线争磋磨。
>
> 有如兔走鹰隼落,骏马下注千丈坡。
>
> 断弦离柱箭脱手,飞电过隙珠翻荷。
>
> 四山眩转风掠耳,但见流沫生千涡。
>
> 嶮中得乐虽一快,何意水伯夸秋河。
>
> 我生乘化日夜逝,坐觉一念逾新罗。

从此徐州洪也称百步洪,得以名扬天下。

最后说到大名鼎鼎的吕梁洪,就在徐州市东南四十公里左右,是徐州三洪中名气最大、最为壮观所在。"孔子自卫反鲁,息驾于河梁而观焉。有悬水三十仞,圜流(旋涡急流产生水沫)九十里,鱼鳖不能游,鼋鼍不能居。"(《孔子家语·致思》)这里所说的孔子"息驾于河梁而观焉"的"河梁"就是吕梁洪。《水经注》说:"泗水之上,有石梁焉,故曰吕梁也……悬涛崩濟,实为泗险,孔子所谓鱼鳖不能游。又云,悬水三十仞,流沫九十里,今则不能也。"

悬水三十仞,应该是水从坡地上往下流的高差。按《中国历代度制演变简表》春秋战国时代一尺等于现在的23.1厘米计算,8尺为一仞,等于1.85米,30仞计算下来等于55米。

流沫90里,以当时6尺为一步,一步长度为1.386米。

以300步为一里算,一里等于416米。水沫延流90里换算等于今天的37公里。

孔子带弟子众人来到吕梁洪,站在大河岸边,展现在他眼前的是55米高差坡地上的水流,倾河俱下。河中利石齿列,犬牙交错,悬涛奔崩、浪涛汹涌,龟、鳄、鱼、鳖都无法游。直观感觉就是雷霆万钧、万马奔腾、飞流直下,水沫凌空若大雪纷飞,白花花的水沫漂浮在河面上,一直流延到37公里以外,此情此景真乃天下奇观。再看,河床两岸巨石盘卧,夹持满槽河水,呈如"川"字,水如飞瀑而下。因此，吕梁洪古称之为"泗川"。西晋陆机自洛阳赴吴地（苏州），至彭城（徐州）转泗水南下经吕梁洪。他在《行思赋》中有"乘丁水之捷岸，排泗川之积沙者也"，这里所说的"泗川"指的就是吕梁洪这一段水系。从此"泗川"也成为泗水的别称，如唐诗《郊庙歌辞·享孔子庙乐章·送神》有"醴溢牺象，羞陈俎豆。鲁壁类闻，泗川如觐……"这里所说的泗川也指泗水。自卫反鲁时，当68岁的孔子，面对巨浪翻卷、呼啸而下的一川河水，此情此景，情不自禁地让人联想到，当年孔子在川上所发出的感慨："逝者如斯夫，不舍昼夜。"（《论语·子罕》）

也许，孔子面对大河所发出的感慨给我们的第一感觉就是"逝者"的那个"斯夫"，是指时间的流逝如倾河俱下的流水，"不舍昼夜"。"逝者如斯夫"用孔子的话来说就是时光如流水，那也不是一般的流水，泗水流经鲁国孔子出生地，孔子在泗水边生长讲学，和泗水朝夕相处。也许，直到身置吕梁洪，同样也是看到泗水才发出由衷的感叹，应该说只有看到这里水流湍急、一泻千里的瞬间，才唤起哲人对匆匆而去的时光的感慨与无奈。

孔子对时光流逝的感慨是一个伟大的生命，启示着更多生命对光阴的珍惜。

《庄子·知北游》说："人生天地之间，若白驹过郄（隙），忽然而已。"也就是说，人生就如一匹马跑过去，马一定要是白马，过的一定是一个间隙，就如白马穿过间隙的瞬间，"嗖"的一闪而过。毛泽东对时光的评论是："三十八年过去，弹指一挥间。"先哲用他们独特的思维方式，诠释了对时光的理解，直观感觉是，时光逝去之快，用什么速度来比喻都不为过。

在理论时光的流逝中，文人就显得文绉绉又带有一点浪漫情怀，朱自清教授在《匆匆》中说："我觉察他（光阴）去的匆匆了。"而先朱教授前九百年的唐后主李煜在《相见欢》中说："林花谢了春红，太匆匆。"他早多了一个"太"字，多了一层伤感。唐朝诗人李白说："高堂明镜悲白发，朝如青丝暮成雪。"让人感到一种诗意的浓浓深情。到了明朝，才子唐伯虎将时间之快比喻得更加极致，他自号"六如居士"，看破红尘，人生不过如梦、如幻、如泡、如影、如露、如电而已，世上还有什么比这速度更快的呢？最后还是老百姓说话直来直去，一言中的，那就是："光阴似箭，日月如梭。"

无论是先哲还是文人百姓，对时光有着共同的情感，体现了时光的自身价值。时光的计量单位以寸计，一寸光阴一寸金，遗憾的是"寸金难买寸光阴"，时光永远是有价无市的。自古多少雄才、奇人，为了让时光有价有市，而不遗余力地努力。无论是秦始皇的"辟地求仙"、汉武帝的"承天迎露"，还是葛洪只身奋斗炼丹，无不倾尽天、地、人的努力，目的是想把时光留住。哪怕一寸光阴十寸金，只要换得长生不老，当然都无果而终。他们的生命和过去及未来的所有生命一样，随同曾经有过的大把时光，同波浪翻滚的一川洪水倾河俱下。所能留下与日月同辉的也许是经过周游列国奔走漂泊14年，已近古稀，刚从卫国归来的孔老夫子站在大河之岸上，面对呼啸而下的一川河水发出"逝者如斯夫，不舍昼夜"的轻轻叹息声。

说起"子在川上"不能不提的是孔子问道。《庄子·达生篇》说，孔子带领弟子在川上看到波浪滔天、巨石齿裂的急流中，有人在河中顺水而下。孔子急让弟子追赶救人，结果这人游出数十丈轻松上岸，披散着头发哼着小曲若无其事。孔子对他说："吕梁悬水三十仞，流沫九十里，鼋鼍鱼鳖所不能游。看你在水里以为你有什么事想不开要自杀，现在才知道原来你是在游泳，请问游泳有技巧吗？"游者如是说："吾无道中，生于陵而安于陵，长于水而安于水，不知所以然而然。"也就是说，我不觉得有什么技巧，生于山地就熟山林，长于水边就熟习水性了，这好像自然而然的一样。原来很多事都是随之自然。就如"逝者如斯夫"一样，也是自然而然而已。

传说，孔子率弟子观吕梁洪，在快到吕梁的路上，路见一老者，问其吕梁洪还有多远，老者说："慢走一天，快则三日。"孔子及其弟子不解，依然加快行程，因为当时是木头车轴，速度越快摩擦生热愈加严重，最后车轴断裂。下车找人，现找轴木制作车轴，两天修成，结果三天后终于走到吕梁洪。孔子感慨地说："欲速则不达。"

吕梁洪告别"子在川上"，倏忽间2 500多年过去了。随着黄河与泗水的几次改道和时间流逝，今天这里已梁去洪消，只有一些地理名称，似乎还显示着残存在这片土地上的历史文化的痕迹。在这河川故地，我徘徊在凤冠山"川上书院"的遗址前，这是明嘉靖十四年为纪念"子在川上"所建。历朝的徐州府每当科举之年都在"川上书院"设东部地区的童生考场。考试期间，每桌菜都是四碟八大碗，四碟是鲜果，那六荤、两素的八大碗在此香飘369年，直到1904年最后一次科考。今天我浏览吕梁洪农家乐的菜谱，映入眼帘的就是四碟八大碗，似乎又听到

5

了考生围坐饭桌的嬉闹声,同时也闻到阵阵菜香。

我拾级而上,登上岩石突起的高台上,来到明嘉靖十四年为纪念孔子"观洪问道"而修筑的"观道亭",我终于站在了"子"(孔子)当年所站的"川上"。只不过不是我一个人,已过花甲之年的我和老婆与女儿一家,领着六岁的外孙汶峻,脚踏实地地站在我中学时代就想站立的地方。略有失落的是,展现在我眼前的已经不再是波涛汹涌、一泻千里的一川河水,取而代之的是凤冠山下绿色的原野、村庄和茂密的山林,还有成串的湖泊和桑田陌上。这一切显得这片土地格外的宁静安谧。翻滚不停的却是我心中对哲人当年曾经站在大河岸上所发出的振聋发聩的感慨:"逝者如斯夫……"我低头看着外孙,深深感到,时间过得太快了,我真切地体验到时光如流水,一去不复返,真是"不舍昼夜"。

也许,不舍昼夜的不仅仅是时光的流逝。东汉儒家学者郑玄说:"逝,往也,言凡往者如川之流也。"(《论语注》)往者,川流而不息,世上万物无穷无尽,一概在"往也"中流逝。当然,"往也"的千百年中不乏兵燹乱世、蹉跎无奈、坎坷困顿、几度愁肠……同样也"恰似一江春水向东流"。但是,"往也"中滚滚而去,倾河俱下的主流,依然是人类文明从……饮其血,茹其毛,衣其羽皮到钻木取火,刀耕火种,从农业机械化到大工业时代。发展到今天,"新四大发明"中的支付宝尚在普及之际,又有"四大发明"智能时代、冷冻人体、空中取电、飞行汽车已经步步临近,还有无数的"四大发明"正在前赴后继地孕育之中。自然科学的发明创造,正在从各个应用角落到尖端科学,铺天盖地,不舍昼夜地改变着人类的日常生活的情趣和眼前这个世界日益发达的面貌。当然,首当其冲的还有社会学、经济学、哲学、心理学、人文学……各学科在不断地进取,仅数学专业就已经发展到了二十多个学科。"子在川上曰"是激发勉励人们,不舍昼夜地珍惜光阴。正如朱熹所说:"(子在川上曰……)自此至篇终,皆勉人进学不已之辞。"(朱熹《论语集注》)。正如程颐所说:"(逝者如斯夫,不舍昼夜)是以君子法之,自强不息。"

时间,在不舍昼夜地洗礼着每一个生命,从开始、成长到结束。同时是众多生命延绵不断滚滚而来。

"子在川上曰,逝者如斯夫,不舍昼夜。"同样给人以启迪,人类的文明与进步,无不如川上之水,不舍昼夜,不可阻挡。

2014 年 6 月 10 日

汉朝

司马迁

李陵事件

黄河,经过"九曲"回转,翻腾咆哮,若天降大河,一路向"龙门"扑来。这里两山夹持,壁立千仞,最窄处河宽仅四十米左右。一槽河水浪卷起伏,波涛滚动,若沸水翻腾,汹涌澎湃,一鼓作气冲出龙门。一展十公里宽的开阔河道,缓缓流动,弥漫浩渺,开阔壮观。

"禹凿龙门",黄河上自龙门,破山而出,下至壶口飞瀑至龙槽,倾泻翻滚急去。望着偌大规模水利工程,无不尽显刀削斧凿痕迹的石壁、石槽。在感叹大禹力量和智慧的同时,又一丝疑虑袭来,真是人力之所为吗? 随之想起北魏郦道元在《水经注》中的记载:"水非石凿而能入石,信哉!"不用劈山凿槽,水能自己穿山入石,信吗?

"迁生龙门",司马迁就出生在龙门以南三十公里的韩城。司马迁十岁时,就已经能背诵先秦用篆文传抄的古书,如《尚书》《左传》《国语》等,少年时代就打下了坚实的基础。二十岁开始周游现在的浙江、湖南、山东、江苏、河南、重庆、四川、云南各地进行实地考察,丰富了山川河道、人文古迹的阅历。

司马迁写《史记》最初缘由是子承父志。那一年汉武帝封禅泰山(公元前110年),父亲司马谈却因病滞留在周南未能继续前行,因此,心中愤懑以致病情加重。他对来看望的儿子司马迁说,我们的祖先,在很远很远的虞舜夏禹时候取得过显赫功名,从周朝就是太史,我死后你会继承为太史,就可以接续我们祖先的事业了。你一定要继承我没有完成的著作(《史记》书稿),扬名于后世,光耀父母,这是最大的孝心。

司马迁接过父亲的遗稿,全身心地撰写《史记》的第七年,天汉三年(公元前

7

98 年)遭遇飞来横祸,这就是"李陵事件"。

天汉二年(公元前 99 年)秋天,李陵请辞为贰师将军押运粮草的任务。"愿以少击多,用五千步兵直捣单于王庭。"汉武帝同意,并诏令强弩都尉路博德领兵在中途接应。九月,李陵率五千步兵从居延(今内蒙古额济纳旗南部)出发,深入敌后。向北行进三十天到达浚稽山(今蒙古国土拉河、鄂尔浑河上源以南一带),遭遇到单于大军主力三万多人。李陵指挥全军以一当十,连战连捷,单于又调集八万骑兵,进行围攻。李陵以大车作为营垒,率兵冲出摆开阵势,用弓和弩,千箭齐发,敌兵应弦而倒。匈奴败退,汉军追击不舍,杀敌数千。李陵随之转向南方国界方向且战且走,数天后被围困在一个山谷中。连日再战,斩敌首三千多。匈奴骑兵越杀越多,战斗一整天不下几十回合,敌人又死伤二千余人。十几天内共斩杀匈奴骑兵万余人。

在不断南撤,战场不断后移,已经接近边境,接应大军随时合围而至,单于也已近筋疲力尽,力不从心之际,单于准备做撤退打算。就在这关键时刻,李陵军中一个叫管敢的军候,因被校尉凌辱而投降匈奴。报告单于说:"陵军无后救,矢且尽……"单于一听李陵没有援兵现在箭已用完不禁大喜,重整旗鼓将李陵团团围住,从四面八方同时射箭,一时间箭如雨下,汉军死伤无数。李陵率领残军,坚持向南拼杀,最后所剩将士,赤手空拳,劈断车辕与车轮辐条当武器,就连军官们也只剩短刀,一步一步杀向边界。就在这万分紧急关头,李陵盼望的奇迹没有发生。李陵兵败之地,离边塞只有百余里,这里正应该是路博德率大军接应的地方。遗憾的是,路博德事先找借口,接应的命令已被撤销。李陵眼巴巴地望着空无援兵的边境方向,仰天长叹:"复得数十矢,足以脱矣。"再有几十支箭就能脱险了,可惜当下一支箭也没有了,上天没有给李陵翻盘的机会。两手空空的他,在最后拼杀的刀光剑影中,箭尽路绝,身陷重围。李陵率领校尉韩延年带十余人突围,"虏骑数千追之,韩延年战死。陵曰:'无面目报陛下!'遂降。"(《汉书·李陵传》)全军逃回边塞的士兵只有四百多人。

得知李陵已降匈奴,汉武帝大怒,文武百官骂声不绝。武帝以李陵的事问太史令司马迁。司马迁说,李陵经常奋不顾身以赴国家危难。今李陵率步兵不满五千,拼杀匈奴骑兵数万之众,转战千里,矢尽道穷,就是古代名将也不过如此。他杀死杀伤那么多敌人,已经战绩不凡,足以名扬天下。他之所以不死,是想找机会立功赎罪以报效朝廷而已(《汉书·李陵传》)。司马迁把平时见到的,和现在知道的以实情回答汉武帝。同时先降匈奴,再找机会归汉的也不乏其人,将领赵破奴就是一例。

早前,太初二年(公元前103年)李陵出事五年前,匈奴内讧,左大都尉同意降汉。汉武帝派赵破奴率二万骑兵到达浚稽山,接应降将左大都尉。结果降事泄密,被匈奴八万大军包围,赵破奴被俘,全军覆灭。四年后,赵破奴和儿子赵安逃归汉朝。汉武帝没有怪罪赵破奴,让他担任属国都尉(管少数民族的官员)。应该说先降再反是有先例的。身临绝境的李陵,也只剩此策,还有生还一搏的可能。

李陵率步兵与匈奴主力决战,虽自己被俘,但也重创匈奴的有生力量,血战沙场。反而李陵原为押送粮草的那个贰师将军李广利,率大军没遇到敌军主力,空劳一场只是小有斩获,悻悻而归。武帝认为司马迁为李陵说情,就是想诋毁贰师将军。于是把司马迁打入监狱,定为诬罔之罪,按律当斩。

多年后,汉武帝终于悔悟到,李陵兵败是因为无救援所致。《汉书·李陵传》载:"上(汉武帝)悔陵无救,曰:'陵当发出塞,乃诏强弩都尉令迎军。坐预诏之,得令老将生奸诈。'"李陵出塞之时,本来诏令强弩都尉路博德接应,只因受了这老奸巨猾的老将奏书的影响又改变了诏令,才使得李陵无援全军覆没。李陵在匈奴一年后,武帝派公孙敖带兵深入匈奴试图接回李陵。结果公孙敖无功而返,对汉武帝说,听俘虏讲,李陵在帮单于练兵以抵抗汉军。武帝听到后,便将李陵全家处以族刑。他母亲、兄弟和妻子都被诛杀,彻底断绝了李陵归汉的退路。李陵痛恨为匈奴练兵的李绪,便派人刺杀了他。

整个李陵事件,充满遗憾。如果在两军战时胶着,单于欲撤兵之际,管敢不叛变;如果汉军在最后一息,按原计划有路博德大军接应;如果那个公孙敖调查清楚,训练匈奴练兵的是李绪,不是李陵;如果汉武帝刘彻冷静处理,不意气用事;如果司马迁不以"实"发表看法……可惜,在整个事件中,没有如果。司马迁成了最大受害者,被处以腐刑。

司马迁列举侮辱与刑罚的例子,共有十三种。他说:"最下腐刑极矣!"在所有十三种刑罚中,最惨痛的是腐刑。为了完成先人的遗志,虽遭此屈辱但活下去最重要,现在就去死无疑轻于鸿毛,司马迁太想完成《史记》这本书了。如果有一天全书完成,把它藏于深山之中,以后广传于天下,就会抵偿以前遭受的所有屈辱,即使受千百次侮辱也都是心甘情愿,也值了。因此终于完成了"欲以究天人之际,通古今之变,成一家之言"(《报任少卿书》)的史书。

《史记》一书终于完成了,自公元前 104 年到公元前 91 年,共用十四年的时间。司马迁写作的宗旨是"录实",和自己为人一样,照实情叙述。现在有李陵事件的前车之鉴,要防止汉武帝有不同意见,全书遭焚毁。司马迁在《报任安书》里说,"仆诚以著此书,藏诸名山,传之其人,通邑大都,则仆偿前辱之责,虽万被戮,岂有悔哉?"然而写完后,没有把书藏入名山,而是藏在女儿司马英家里。司马迁有两个外孙,大的叫杨忠,小的名叫杨恽。杨恽小的时候就聪明好学,母亲司马英把姥爷当年写的书给他看,杨恽总是爱不释手,每读一遍都热泪盈眶,扼腕叹息。到汉宣帝的时候,杨恽被封为平通侯,当时看到朝政清明,想起姥爷这部尘封二十多年的巨著,应该公之于世了。他上书宣帝,经宣帝批准,《史记》"得以刊行",世人这才见识到这部旷世奇书。

司马迁写这本书没有给书起名字,大家因为书是太史公司马迁写的,所以称之为《太史公书》或《太史公记》。二百多年后,大约到了三国后期,才正式以《史记》命名。

《史记》分本纪、表、书、世家、列传五部分。本纪、世家、列传都是以写人物为中心来记载历史,由此,司马迁创立了史书新体例"纪传体",同时《史记》成为中国第一部纪传体通史。《史记》会通古今撰成一书,开了先河,成了史书的样板。仿照写人物为主的"纪传体"用这种体裁修史,也就相继而起了。通史纪传体成为引导我国历朝正史撰写的通用体裁,司马迁的"实录"精神也已成为中国史学的传统。扬雄在《法言》一书中写道:"太史迁,曰实录。"什么叫实录?班固在《汉书·司马迁传》中说:"不虚美、不隐恶,故谓之'实录'。"

想当年李陵事件所涉及的人物,大多下场都不好:李陵乃飞将军李广的孙子,当年李广郁闷自杀于沙场营中,而李陵兵败投降匈奴。汉武帝后,汉昭帝即位,采取与匈奴和亲政策。李陵少时同僚好友霍光、上官桀当政,派人接李陵回国。李陵"恐再辱"拒绝回汉,二十年后,郁闷死于匈奴处。当年率大军空劳一场,诬判司马迁有意诋毁的那个贰师将军李广利,于汉武帝征和三年,所率七万大军全军覆灭,投降匈奴一年后被杀。奏书改变诏令,没去接应李陵的强弩都尉路博德，"其后坐法失侯"，因犯事削爵贬官，在居延屯田（内蒙古自治区额济纳旗），于荒凉、空寂中落寞去世。那个误报李陵为匈奴练兵的公孙敖，因其妻涉巫蛊案受到牵连，腰斩而死，全家被灭。全事件中，唯有司马迁，后人称之为"史圣"名耀中华。

司马迁牢记父亲：从鲁哀公获麟（公元前481年）孔子修《春秋》，到汉武帝获麟（公元前122年），其间三百五十九年中，历经三家分晋又诸侯兼并征伐，相互混战的战国时代，最后虽统一于秦，又逢楚汉相争，累年战事，烽火不息，史书失散，中断了国家的历史文献，感到十分不安的重托。司马迁重新填补了这段历史，同时将上自五帝，下到汉武帝元狩元年（公元前122年）的历史一字一句地刻或写在竹简或木简上，遂成简书，成为一家之言，共计五十二万字。简书之多，应成车载。《史记》书成，终于完成了司马迁的平生夙愿。

站在壶口远望，黄河万里，波涛汹涌、滚滚扑来，通过龙门、壶口。漫天大水倾壶而下，束于一槽，又滔滔不绝，源源而去，奔向大海。壮哉！

昔"耕牧河山之阳"的司马迁，以如椽之笔，将我国公元前三千多年的历史，一气呵成述之。自此，我中华民族五千年的足迹，得以上下贯通。其工程浩繁之伟岸，随时间弥久、战乱迭次，此鸿篇巨制，令后人无望于及就。今司马迁以己之力发其端，而后人衍其绪，使我中华民族源远流长，传承有序，绵延不息。伟哉！

司马迁因李陵事件被处以腐刑后说："人固有一死，或重于泰山，或轻于鸿毛。"

司马迁的一生，重于泰山。

2017 年 5 月 31 日

缇　萦

缇　萦　救　父

时至今日，新加坡仍保留有一种刑罚叫"鞭刑"，就是对在城市建筑物、公共物品上乱划涂鸦的人，要处以"鞭刑"。新加坡的鞭刑就是用宽板藤条打屁股。在鞭刑实施中，一板子下去就要皮开肉绽，这种效果界定是标准的鞭刑力度。

和老婆在新加坡，听着导游兴致勃勃地介绍着新加坡有关城市卫生包括鞭刑的各项法律。老婆只低声回应了一句："真得小心点，这里没有认识人，赶上什么事不好办。"那个导游耳朵也够尖的，马上就说："大家还是注意点不要违法，有认识人也不好办。1994年美国十八岁的迈克尔·费伊在新加坡因涂鸦受鞭刑处罚，判处鞭打六下并坐牢四个月。为他走后门的是美国总统克林顿。当时的新加坡总理只好说：'看总统的面子，减去两鞭，但还要打四鞭。'"老婆听了目瞪口呆，不过有一点好，女人和老人不在此列。老婆终于松了口气，看来时代还是进步了。据查，今日世界上仍有十几个国家实施类似鞭刑的刑律。

鞭刑属广义上的肉刑，在我国古代还有狭义上的肉刑，即刺字、割鼻子、砍脚、宫刑、死刑，称作五刑。这些刑罚有一个共同特征，就是刑后的身体损坏之处，都不能自我恢复，将伤残一辈子。我国的这五种肉刑是从夏朝开始的，《汉书·刑法志》载："禹承尧、舜之后，自以德衰而制肉刑。"这是说从夏朝开始就有不讲道德的事情出现，所以就有了肉刑。刚才说起新加坡对影响环境卫生乱涂乱画施以鞭刑，早在我国商朝就对环境卫生制定了刑律，那时乱扔垃圾的刑罚是"弃灰于道者断其手"，乱扔垃圾不罚款不抽鞭子而是把手砍断。还有秦朝时制《秦律》惩治不孝。说有一父亲告儿子不孝，要求给予处罚。其子被判斩其足，并流放到边境，终生不得回来。

这样的肉刑在我国自夏朝开始，一直延续了近两千年，到了西汉才被废除，这不能不说是刑律的一种进步，也是人类文明进程的体现。而推动这一刑律和文明进程起因的，却是十六岁的少女缇萦。

西汉时候，缇萦家里遭遇了变故，做医生的老爹被人告发有罪，政府判为施以肉刑，要押解到长安（当时的京城）行刑。老爹绝望地看着家里哭成一团的五个女儿，无奈地说："生了一堆丫头，遇到事就知道哭，不如男孩子，到时候一个也用不上。"小缇萦暗恨自己不是男儿，心痛父亲无助的悲伤，决心跟随押解父亲的囚车，陪同西行，一路照顾老爹生活起居，同时伺机救父。

缇萦两字的字面解释，是橘红色的丝织物回旋缠绕，彩绸飘舞，靓丽耀眼的意思。父亲给女儿起缇萦这个名字的意思是，希望女儿的一生，活出一个锦绣前程。

缇萦的老爹太仓公，临淄人，姓淳于，名意。因做过临淄管理粮仓的官，所以人们都称他为仓公，后来辞去工作以行医为生。《史记·扁鹊仓公列传》载："文帝四年中（公元前176年），人上书言意（仓公淳于意），以刑罪当传西之长安。"就是说有人上书朝廷告发仓公有罪，根据刑律当肉刑，要用槛车押解到长安行刑。说起这次获罪也是时运不济，大有尴尬和无奈之感。

说时运不济，和当时医务工作所处的时代环境有关。那个时代从仓公以前的扁鹊（公元前407年—前310年），到仓公以后的华佗（约145年—208年），前后共五百多年中，名医难于立世，举步维艰。

扁鹊，战国时渤海郡鄚（今河北任丘北）人，姓秦，名越人。原是一个客栈的管事，相当于现在的酒店经理。因对住宿的客人长桑君非常好，长桑君看这个小伙子也不错，才把自己医术绝学传给扁鹊。扁鹊辞去原先职业，开始以行医为生。后来在齐国的国都临淄，扁鹊三见蔡桓公行医不成，第四次再见到蔡桓公已经由"疾在腠理"而病入骨髓没法治了，掉头就跑。后来蔡桓公不治而亡，扁鹊逃往秦国。一路上，他到邯郸，听说当地妇女得病的人多，就做治妇科病的医生；到洛阳，听说这里重孝事，就专治老年性耳聋眼花四肢痹痛的老年病；在咸阳，听说秦人喜爱孩子，就重点做治小孩疾病的儿科医生，一时间名扬天下。

扁鹊见秦武王，秦武王把自己的病情告诉扁鹊，扁鹊准备行医。秦武王的侍从及大臣曰："君之病，在耳之前，目之下，除之未必已也，将使耳不聪，目不明。"

众人说的意思是,你这个病不好治,弄不好就听不见也看不见不就惨了吗?秦武王自己没了主意。扁鹊非常生气地说:"君与知之者谋之,而与不知者败之。使此知秦国之政也,则君一举而亡国矣。"说这是找些不专业的人问专业的事,如果国家大事也这么办,秦国就会遭殃。秦太医令李醯,深知扁鹊的医术高明,担心扁鹊日后超过他,决定除掉扁鹊这个心腹之患,派了两个刺客,在扁鹊离开秦国骊山北面的小路上将其劫杀。

五百多年后又出现一位名医华佗,华佗的老师说是琼林寺的治化长老。华佗在寺里苦学十年,临行老师送给他一本《黄帝内经》。三国时期,华佗给关羽刮骨疗毒实施外科手术,发明麻醉散。然而后来华佗因给曹操治病遭受怀疑,死于狱中,下场与扁鹊等同。

这五百多年的中间就是仓公了,他年轻时喜好医术,拜公乘阳庆为老师。这时公乘阳庆已经七十多岁,正想找人继承自己的医术,就让淳于意把从前学的医方全部抛开,把自己掌握的秘方全部教授给他,让他重新开始。并传授给他《黄帝内经》、扁鹊的脉书,观察面部不同颜色来诊病的方法,如何决断疑难病症,判断能否治疗,以及药剂理论,他都学得很好。学了三年之后,为人治病,预断死生,多能应验。当时齐国一个侍御史叫成,自己捧着头大叫头痛。仓公诊脉后告诉他说:"你的病很重,一下子说不清楚。"出来后告诉他弟弟昌说:"这个病叫疽,在肠胃里,五天后就要肿起来,八天后吐脓血而亡。"这个病已无药可救,是酗酒后行房事而得上的。结果与仓公说的一点不差,成如期而死。

由于他医术高明,当时高官要员都知道他的医术,他也到处交游诸侯,很少回家,给一般人治病的机会很少。因此许多病家怨恨他则是常有的事,也许由于他能预知病人的生死,又没有好的处置办法,才铸成今日祸端。

陈寿在《三国志》中说华佗:"本作士人,以医见业,常有自悔。"原来华佗熟读儒家经书,沛国官员陈圭推荐他为孝廉。本应是块当官的料,结果他决意从医,自己也很后悔。之所以出现这种局面,主要是那个时代把医学归属于"方技"一类,视其为"贱业",是一种被人看不起的行业。所谓"方技",在《后汉书》中把医术及天文、占卜、相命、遁甲、堪舆等都划为方技一类。司马迁在《史记·扁鹊仓公列传》中就有:"诏问故太仓长臣意(仓公):'方技所长,及所能治病者?'"直接把行医名家称为"方技所长",所以当时医学所处的环境和地位可想而知了。

华佗最后在狱中知道生还无望,把自己著述的一本书传于狱卒。几天后狱卒回家看到老婆正在火里烧书,狱卒急了一把抢出几页,结果都是治一些伤风感冒小病的医术。问老婆为什么给烧掉?老婆说:"华佗就是前车之鉴,你能看着火坑往里跳吗?"这个故事代表了当时行医的艰难,甚至到了谈医变色的地步。

扁鹊被杀,华佗惨死,仓公获肉刑。三位绝世名医的老师桑长君、公乘阳庆、治化长老或隐于世,或藏于民,或出家为僧。所有这些名师名徒,都没有把自己的绝学传于自己的子孙。这是那个时代的悲哀。太史公说:"女人无论美与丑,只要住进宫里就会被人嫉妒;有学问的人无论贤与不贤,进入朝廷就会有人疑虑;扁鹊因他医术高明而遭殃,太仓公于是自隐形迹还被刑罚。"

和扁鹊、华佗相比仓公还是幸运的,尽管有肉刑之困,但毕竟还一命尚存。当时的肉刑有三种:脸上刻字,割鼻子,砍脚。说起来那都是鲜血淋淋,惨不忍睹,让人不寒而栗的。

汉文帝十三年(公元前167年)五月,少女缇萦随父进京,一路照顾父亲的生活起居。父女俩风餐露宿,遭白眼,听呵斥,尝尽人间辛酸。走完临淄距长安两千余里的囚徒之旅,好不容易到了长安,仓公被押入狱中,等待行刑。

为了营救父亲,缇萦决定冒死犯颜拦马上疏。在文帝出巡,仪仗开道,旌旗蔽日,随从如林的行进途中,缇萦远远地满面愁容跪于路的中间,将头匍匐在地,双手将书状高高举起,静等皇家车骑的到来。皇家车队愈走愈近,小缇萦不敢直视威严华丽的仪仗队伍。但自己跪在路上,引起很多人在两旁围观,还是拦住了行进中的皇家车队。武士把瘦小的缇萦押到皇帝跟前,汉文帝惊奇地看到是一个泪流满面的小女子,为了营救父亲,竟然冒死拦驾。吩咐左右接过她的书状,并不许为难她。

状纸写道,我爹做官时都说他廉洁公正,今天获罪受肉刑,罪有应得。我悲伤的是一旦施刑,伤残的肢体就不能再长上,虽改过自新再不犯罪,可身体终不能复原。我做女儿的宁愿自己去官家做奴婢,以换取对父亲的刑罚,使父亲有改过自新的机会,这是我作为女儿唯一能做的。书中女儿情意殷殷,宁可以身为奴,愿救为父以全身伏法。汉文帝为小缇萦的一片孝心深深感动。

汉文帝还朝,想起缇萦的上疏,十分同情这个小姑娘。就下诏说,听说在有虞氏的时候,只在罪犯的衣帽上画个符号,民众就不犯法了,那是因为德政清明至极。可是如今法令中有肉刑，犯法的事仍然不能禁止，这是因为德政不清教化不明，我感到很惭愧。现在人犯了过错，不用教化而用肉刑以致断人的肢体，刻人肌肤，终身不能长好，应该废除肉刑。最后由丞相张超和御史大夫冯敬主持修改刑律，把肉刑改用打板子。原来刺字的改为剃掉头发去修长城舂米。原来判割鼻子的改为打三百板子，判斩左脚者打五百，斩右脚者当死。这位宽厚的皇帝当即免除淳于意的刑罚，同时下了一道改变后世刑罚制度的诏书："废止肉刑"，在中国延续二千年的肉刑正式废除。从此，"文景之治"的大纪事中，缇萦的名字载入史册。同时，她的孝行义举，在中华民族子女孝行的道路上做出了榜样。

汉文帝废除肉刑，应该说和少女缇萦的"孝"字关系很大。从"天子怜悲其意"中可感觉到文帝是因为缇萦的孝心而动容，才免除其父仓公的刑罚。这也是因为文帝本身就是一个孝子，同是孝子孝女相碰免不了同气相求。文帝是中华孝文明中出了名的大孝子，他在登基前，母亲薄氏卧病三年。三年中，他每天都看望母亲，常常衣不解带不眠不休地陪伴在母亲身旁。凡是御医送来的汤药，刘恒都要亲口尝过，冷热相宜才放心让母亲服用。为此，他成为让中国人传颂至今的"二十四孝"之一"亲尝汤药"的大孝子。

文帝在位二十三年，一直为母亲尽人子之道。直到公元前157年，他先于薄太后离开人世。临终时，他对于让母亲"白发人送黑发人"的"不孝"深为抱憾，反复嘱咐妻子窦皇后和儿女们一定要对薄太后尽孝。为了弥补这个缺憾，刘恒要求将自己的陵墓照"顶妻背母"的方式安置方位，不但做到了生前尽孝，就连死后都不忘对母亲尽孝道。

当初文帝登基后发的第二道圣旨就是确定"振穷、养老""令四方毋来献"等内容。他规定："八十岁以上的老人，每人每月赐给米一石，肉二十斤，酒五斗；九十岁以上的老人，每人再加赐帛二匹，絮三斤。赐给九十岁以上老人的物品，必须由县丞或者县尉送达，其他由啬夫来送达。"

汉文帝后元七年（公元前157年），夏六月，汉文帝病逝，享年四十六岁。因为是以孝治国，死后，人们给他的谥号为"孝文皇帝"，所以他也被称为孝文帝或汉孝文帝。

汉文帝当初看到小女子缇萦救父的一片孝心，再审视刑罚弊端，诚恳地自我检讨，"非乃朕德薄而教不明欤？吾甚自愧。"才决心废除肉刑。由一个十六岁的少女缇萦起因，结束了延续两千年的"肉刑"。少小的缇萦，满怀执着的一片孝心，以弱小的身躯，不经意中推动了人类文明的进程。史学家班固在《咏史》五言诗中，叙述了缇萦救父的经过：

> 三王德弥薄，惟后用肉刑。
>
> 太仓令有罪，就递长安城。
>
> 自恨身无子，困急独茕茕。
>
> 小女痛父言，死者不可生。
>
> 上书诣阙下，思古歌《鸡鸣》。
>
> 忧心摧折裂，《晨风》扬激声。
>
> 圣汉孝文帝，恻然感至情。
>
> 百男何愦愦，不如一缇萦！

班固深深地为缇萦的孝行而感动，诗中感慨地表露出，在小女子缇萦面前，"百男"汗颜。同时也让后人联想到，元代郭居敬所编录的二十四孝中，没有女性的不平。

倏忽间又二千年过去，当时的扁鹊、公乘阳庆、华佗及仓公的行医艰难环境已今非昔比。今天医学已经成为悬壶济世、救死扶伤的人类天使，成为人类最神圣的职业之一。难以统计的医学研究院、所，遍布世界各个角落。医学的进步促使人类寿命在不断延长，这是一种文明进步，也是人类的一种成长。

在刑律上中国已经在一百年前，随清朝一道废除了鞭刑。相信总有一天在这个世界上，也同样要废除"鞭刑"。它的导火索也许会出现又一个"缇萦"或其他的形式。

少女缇萦成为中华民族名副其实的孝女，终于像她自己的名字一样，五彩斑斓的丝缎，舞出了一个震古烁今的灿烂风采！

2016 年 9 月 30 日

曹 娥

曹 娥 碑

东汉汉安二年(143 年)五月初五,浙江上虞曹娥的父亲曹盱,在舜江祭拜潮神伍子胥的时候,一不小心落水身亡,尸体杳无踪迹。十四岁的女儿曹娥沿江号哭,昼夜不断,十七天后,投江而死。九年后,汉元嘉元年(151 年),上虞县令尚度,经过上报朝廷批准:为表彰孝女曹娥事迹,改舜江为曹娥江,并建庙于曹娥坟前。

造坟立碑就得写碑文,尚度请来当时县衙小吏魏朗为之操笔,这魏朗并非等闲之辈,他是当时的地方名士。后来博学多才,名噪一时,《后汉书·党锢列传》中有其大名。结果这次尚度等他写碑文,是左等不来右等不来,急切中抬头看到在一旁持酒,自己的弟子邯郸淳,就点点头让他来试试。

这邯郸淳姓邯郸名淳,正值弱冠也就是二十来岁,一看老师让自己写碑文,立时铺纸研墨。只见他从容捉笔少许构思,笔走龙蛇,一挥而就。不改一字,文辞流畅,众人惊呼赞叹不已。

还有魏朗呢?此时在屋里也刚好打完碑文草稿,出来看到邯郸淳碑文已成,文采华丽,自叹不如。他把自己的碑文草稿悄悄销毁,邯郸淳的碑文稿被正式启用。

那么邯郸淳写的碑文好到什么程度?全文近四百字,用诗一般的语言,讲述了一个凄美动人的孝女故事,让人看了无不动情。邯郸淳临机挥就的碑文,文采华丽自不用多说,说的是他由此引出一连串故事,为人们在茶余饭后闲情逸致中增加了一番情趣……

曹娥碑立好三十四年后,汉中平二年(185 年),大文豪中郎将蔡邕正在流亡吴、会(今江浙一带),听说曹娥庙建好了特意赶来祭拜。说起蔡邕拜曹娥庙,重要的是慕曹娥的孝行。自汉武帝时就制定了全国各地选拔人才的标准,第一个就是"孝"字,然后才是"廉"了叫举孝廉,所以孝是那个时代的一种崇高境界。蔡邕是出了名的大孝子,母亲卧病三年,不论盛夏严冬、气候变化,他没有解开过衣带,曾经连续七十天没有睡过囫囵觉。今天听说孝女曹娥的行孝事迹非常仰慕,也是同气相求,哪有不来一拜之礼。

蔡邕是东汉大文豪,文学家、书法家,博学多才,通晓经史、天文、音律,擅长辞赋。用一个事可以说明他的学问。当年秦始皇焚书,把国家收藏的儒家经典,一把火化为灰烬。到汉朝尊崇儒学,但经书没了,只好从民间各地搜集。来自民间的版本杂乱不一,其中错字、讹误很多,牵强附会,贻误学子。蔡邕与名士学者共同上疏申请校正《六经》文字。熹平四年(175年),汉灵帝批准,将以蔡邕诸人修正后的《六经》刻石成碑,史称"熹平经碑"。

"熹平经碑"由蔡邕用红色隶书抄写刻成石书,一共刻了八年,刻成四十六块石碑。每块石碑高三米多,宽一米多。石碑刻成立于太学大门外,儒家学生,都以此为标准经文。碑新立时,来观看及摹写的人,一天之内只车子就有一千多辆,街道市井全被堵塞,放眼望去,人头攒动,成一时之胜(现存"熹平经碑"残石其一,集有205个字,陈列于西安碑林)。

再说蔡邕流亡吴、会,那几年他也够倒霉的。当朝皇上向蔡邕索问为政的要点,蔡邕把所写的材料,按照皇上的意思用皂囊封好,确保不被其他人看到。巧不巧,皇上看了一半的时候,起身上厕所,就这个空当被人偷看,现在就叫泄密,结果遭人陷害。于是送蔡邕、蔡质(蔡邕叔父)下洛阳监狱,定为以仇怨奉公,谋害大臣,大不敬,最后定个弃市(杀头)罪。

中常侍吕强怜悯蔡邕的冤枉,请于皇上。皇帝下诏总算免了死罪,但活罪难逃,被剃光头发,脖子上还要套个铁圈,与家属迁徙朔方,全家居住五原。灵帝爱怜蔡邕的才华,正好赶上第二年大赦,于是赦免蔡邕,准许他返回原籍(河南开封)。蔡邕自从放逐到被赦免,历时九个月。

说蔡邕倒霉也是命里注定,好不容易脱离苦海准备启程回家,偏偏五原太守王智请喝送行酒。喝酒中王智怨恨蔡邕没有当面奉承他,有失面子。上奏朝廷诬告蔡邕:"因因放逐怀怨,诽谤朝廷罪。"蔡邕知道皇上身边的人也都嫉恨他,真是有口难辩,最终还是要被陷害死。就这样才亡命江海,远走吴、会。这一走就是十二年,也就有了逃亡江南的机缘,才有机会来谒拜曹娥庙。

蔡邕来到曹娥庙正值晚上。他也听说了邯郸淳挥就《曹娥碑》的故事,也是慕文心切,在黑暗中用手摸碑文逐字摸读一遍,不禁大为震惊赞不绝口。临走时在碑的后面题了八个字:"黄绢幼妇,外孙齑臼。"就这八个字难倒当下众人,不为所解,成为一时之谜,直到后来曹操和手下的主簿杨修才解答了谜底。

最早提出杨修和曹操解答谜底的是南北朝刘义庆在《世说新语·捷悟篇》中讲的,当年曹操路过曹娥碑时,主簿杨修看到碑后蔡邕所提的八个字"黄绢幼妇,外孙齑臼",曹操问,解开了吗?杨修点头说解开了。曹操说,你先别说,我想想。走了三十里地后,曹操说,我知道了,你先说。杨修说,黄绢,色和丝为"绝";幼妇,是少和女字为"妙";外孙,女与子为"好";齑臼(蒜缸),舌头感觉辛味为"辞"。合起来是"绝妙好辞"。曹操答案与杨修一样,点头说,我才不及你,相差三十里。

今天讲的是故事,不过故事也得靠谱。按《世说新语》:"魏武尝过曹娥碑下,杨修从……"就是说,曹操与杨修曾经过曹娥碑,这一提法明显露疑,有点"一眼假"。大家都知道,当年火烧赤壁,曹操号称八十万大军灰飞烟灭,没过得长江,哪能来到上虞。

说起来还是罗贯中聪明,他在三国演义第七十一回"占对山黄忠逸待劳,据汉水赵云寡胜众"中提的也是这件事,不过变个说法。说是在蓝田路过蔡邕家,见墙上的碑文立轴,蔡邕女儿蔡琰说起先父摸碑题字的故事,讲起这八个字至今不解云云。其他走马三十里等和《世说新语》完全一样。都说千古文章一大抄,看来罗贯中老先生誊抄《世说新语》还是理性一点,让故事史实更贴切一些。无论哪一家,哪一抄吧,其实说的都是一个事,最早破解这八个字谜底的是曹操、杨修二人。

中国汉字由笔画组成,难免字中有字,如"国";上下叠字,如"是";字字相伴,如"好"。刘勰在《文心雕龙·谐隐》中说:"自魏代以来,颇非俳优,而君子嘲隐,化为谜语。"刘勰对"谜语"作了定义,是"君子嘲隐"。当然其中包括"隐字成谜",就是"字谜"。但把谜语包括字谜出现的时间说成是"自魏代以来"或有偏颇。因为"自魏代以来"说的是孔融的《离合作郡姓名字诗》为字谜。要商榷的是,称"魏"最早要从216年封曹操为魏王算起。而此时孔融已死八年,无论是孔融的《离合作郡姓名字诗》,还是蔡邕的"黄绢幼妇,外孙齑臼",都是汉代出现的人和事。而蔡邕还比孔融年长二十岁。因此,如果说谜语(这里指字谜)的出现,是"自汉以来"也许更为贴切些。

"黄绢幼妇,外孙齑臼"被视为字谜中的标准格式之一,取名曹娥格、碑阴格。《韵鹤轩笔谈》卷下曰:"灯谜有十八格,曹娥格为最古。"

应该说自曹娥碑八个字出现之后,字谜为一时之兴。几十年后接踵而出现的有《世说新语·捷悟》的记载:杨修做主簿时,一次和曹操出来巡看正在修建的相府。曹操看了一圈,在相府门上大题一个"活"字,不发一言就离开了。杨修一见此字,立即叫人把相府的门拆去重修。他说:"门中加活字,就是阔字,因此要把门重修扩大。"这件事成为字谜的一时之谈。到了两晋南北朝时期,字谜就已经流行了。不少文人名士都嗜好字谜,引为雅乐。晋朝的潘岳、南朝宋国的谢灵运,梁国的萧巡之、陈沈炯等人,都制作了许多类似孔融的离合体字谜。

到了宋朝,制谜和猜谜都很盛行。字谜也从文士雅兴中,漫延到社会生活的各个角落。再以后字谜扩展为灯谜,作为民间的一种节日活动。宋·吴自牧《梦粱录·小说讲经史》载:"商谜者,先用鼓儿贺之。然后聚人猜诗谜、字谜、戾谜、社谜,本是隐语。"说明了当时字谜已经很广泛地开展于民众中间,也体现了人们对制谜、猜谜的好奇与崇拜。

随着时间的推移,字谜慢慢地发展到民间化、大众化、娱乐化。随之字谜的谜格也发生变化,原来的"广陵十八格"后据《增广隐格释例》记载,谜格已经多达四百〇七种。字谜灯谜在继续,流传千年的灯谜游戏已经成为元宵佳节独特的文化活动,拥有广泛的大众基础。2014年元宵节,中央电视台科教频道联合中国民间文艺家协会、中华灯谜学术委员会,举办首届大型电视益智竞技节目,《中国谜语大会》为一时之潮。

撰此文稿之际,听说我们要召开分别几十年后的同学会,我唏嘘不已,我很想见到的同学之一是张玉贤。当年复课闹革命,在课堂上背着老师,互相传递纸条猜解字谜时,让我第一次知道曹娥碑后的八个字。几十年后的今天,我想告诉张玉贤同学,我到曹娥庙那天时值下午,天气阴沉。曹娥庙依曹娥江西岸江堤而建,地势低下,江若悬水。曹娥碑,碑文稍比头高。碑置于庙内右手尽头而立,庙

21

内采光不足,视觉昏暗,细观黑黢黢的碑文,不尽清楚,大有摸字之感。无论如何我看到了碑后的八个字:"黄绢幼妇,外孙齑臼。"当时对曹娥碑赞叹之余,更为敬重的是曹娥女孝行事迹,让我久久无语。我想起了邯郸淳写的那篇《一毛不拔》的文章:"猴子死了,想下辈子转世成人,阎王说:'这不算个事,把毛拔掉就行。'夜叉执法上去拔下一根猴毛,猴子嗷嗷大叫疼痛难忍窜到一边,再也不让拔了。阎王笑了说:'你这个泼猴一根毛都舍不得拔,还想做人。'"阎王说对了,做人是有原则的。曹娥,一个十四岁的女孩,对父亲的孝行,体现了"孝"是做人的基本原则。

曹娥庙建成后几度毁坏,几度重建。1985 年重修开放,被誉为"江南第一庙"。当年立的那块有蔡邕题字的曹娥碑早已湮没于历史时光中,我在 2003 年看到的乃今存宋碑,由元祐八年(1093 年)书法家蔡卞(王安石的女婿)摹拓本重书。此碑文为行楷体,笔力遒劲。

《汉书·列女传》中记载有两位女儿为了孝道投江而死,一个是孝女曹娥,另一个是孝女叔先雄。而叔先雄是与父亲尸体同时浮出。然而曹娥的名字名声远播,而叔先雄的名字确足不出故里。

因"先天下之忧而忧,后天下之乐而乐"这句话而闻名天下的《岳阳楼记》撑起了一座名楼。一座曹娥碑因碑文及后面的八个字,不经意中让曹娥名满天下。也许那篇碑文写的确实是"绝妙好辞"。

2016 年 10 月 6 日

蔡 文 姬

《胡笳十八拍》

笳，就是把芦苇叶卷起来，当乐器吹。因为是胡人发明，所以叫胡笳。宋代《太平御览》载："笳者，胡人卷芦叶吹之以作乐也，故谓曰胡笳。"蔡琰创作《胡笳十八拍》就是用胡笳演奏，共有十八个段落的乐曲。

晋朝时刘琨守晋阳(太原)，兵少粮缺，于是组织会吹胡笳的军士，晚上朝着敌营吹起《胡笳五弄》。声调悲伤、凄凉、萧条，匈奴军心骚动，思念家乡，多有泣泪而回家的士兵。胡笳一曲解退五万精兵。

置身音乐界同学曾和我说："音乐是堆积于内心情感深处的表露。"我想那首《胡笳五弄》一定是刺痛了听者的内心深处。而《胡笳十八拍》却是作者自身堆积于内心深处情感的总爆发。她对着宇宙苍穹大声疾呼："苦我怨气兮浩于长空"(第十八拍)。

蔡琰，字文姬。陈留人。自幼聪而好学，《幼童传》说她六岁能识琴音。一天父亲蔡邕弹琴断弦，她听出断的是二弦。蔡邕想一定是巧合，故意再弄断一根，小蔡琰马上就听出是四弦断了，蔡邕大惊。蔡琰天生才华出众，但运气不佳，正如在"一拍"中所说："天不仁兮降乱离，地不仁兮使我逢此时"，她恨自己生不逢时。

说生不逢时，是说她两三岁时就跟随全家，陪同父亲边地服刑，后又随父亡命天涯。一晃十二年过去了。"中平六年(189年)，灵帝崩，董卓为司空，闻邕名高，辟之，称疾不就，切敕州郡举邕诣府，邕不得已。"好不容易结束了十二年的流亡生涯，又被董卓强行征用，首先经历的就是董卓迁都，从洛阳迁都长安。尽管父亲蔡邕被董卓"拜中郎将",也免不了打上了第一个兵燹乱世的烙印。《后汉书·蔡邕传》载:(董卓在迁都长安中)"自将兵烧南北宫及宗庙、府库、民家,城内扫地殄尽。又收诸富室,以罪恶没入其财物;无辜而死者,不可胜计。"说的是在从洛阳迁都长安的过程中,董卓组织五千铁骑,全城搜索洛阳富户,一共几千家,背后插上"反臣贼党"全部斩首于洛阳城外,又取其全家金钱细软,尽收囊中。驱赶全城百万人口,迁往长安。途中百姓队伍间有军队,互相拖押,死于沟壑者,不可胜数。最后董卓下令全城放火,焚烧居民房屋,火烧宗庙宫府。南北两宫,火焰相接,长乐宫廷,尽为焦土。数朝帝都的洛阳,连同东汉二百年的家业,让董卓烧成一片灰烬,夷为平地,如荒郊野外。

此时蔡琰应该正值十三四岁待嫁之际,应该在迁入长安一二年遑遑乱世之中,嫁与河东大姓卫家,夫卫仲道。不幸的是,不久丈夫病亡,被迫回到娘家。192年,董卓被吕布刺死,父亲蔡邕也于当年冤死狱中。兵燹之乱又接踵而来,董卓部将李傕、郭汜号称十万大军,以给董卓报仇为名"合围长安城。十日城陷,与吕布战城中,吕布败走。李、郭等放兵略长安老少,杀之悉尽,死者狼藉。诛杀卓者,尸王允于市。"又经历一次兵洗长安。三年后195年又遇上李傕、郭汜二人反目。李傕掳皇帝,郭汜掳大臣,双方在长安自相残杀。人祸天灾那几年是关中百姓前所未有最惨烈时期。后人评述:"李傕等放兵略长安老少,杀之悉尽,死者狼藉。时三辅民尚数十万户,李傕等放兵劫略,攻剽城邑,人民饥困,二年间相啖食略尽。"(《李傕传》)《资治通鉴》载:"兴平元年194年,自四月不雨,至于秋七月,谷一斛值钱五十万,长安中人相食。"

就在李傕与郭汜二人大战长安,百姓疾苦到人吃人的混乱之际,李傕的一个举动又加剧了百姓的苦难,也许就因此给蔡琰带来了灭顶之灾。《孝献皇帝纪卷·第二十八》载:"于是李傕召羌、胡数千人,先以御物、缯彩与之,许以宫人妇女,欲令攻郭汜。"李傕招来援军羌、胡军队几千人助战,对抗郭汜。虽已答应以宫廷器物与宫女作为回报,但劫掳成性的羌、胡眼看乱成一锅粥的长安,怎能控制住趁火打劫的本性。同是《孝献皇帝纪卷·第二十八》载:"而羌、胡数来窥省门,曰:'天子在此中邪!李将军许我宫人,今皆何在?'帝患之,今羌、胡满路,宜思方略。"很明显已经"羌、胡满路"抢劫的人财物已经满车满载了,还不知足,最后还是贾诩出面吃喝一通再许封赏,才算打发走请来的援军。蔡琰正该此年195年被胡人从家里掳走。《后汉书·董祀妻传》载:"兴平中,天下丧乱,文姬为胡骑所获,没于南匈奴左贤王。"兴平年号共用两年,即194年、195年,"兴平中"正该195年。

蔡琰在"戎羯逼我兮为室家"(二拍)的情况下,才"将我行兮向天涯"。而且还能从容地"去时怀土"(十七拍),走的时候没忘记抓一把乡井土,前往三千里外的胡人驻地。无论如何还是被"逼"去胡地,还是"无日无夜兮不思我乡土"(四拍)。不得不愤愤不平,怒气冲天地呐喊"禀气合生兮莫过我最苦"(四拍)。凭什么这个世界我最苦?呐喊出了自己悲怨的心声,先前随父流亡十二年,又遭夫死父亡胡人掳,摆在她面前的是又一个苦难的轮回。

建安十一年(206年),曹操亲自出征并州(太原)高干,高干逃亡匈奴求救,单于不与收留。高干被逼无奈,往南方荆州方向逃去,途中被杀,并州得以平定。也许单于不接纳高干,有意向曹操示好。也许曹操为了感谢或安抚边关外面的匈奴,又想起当年被掳的蔡文姬,派人用重金赎回蔡邕女儿蔡琰,一方面是向单于有一个间接的表示,另一方面也是对自己的故友蔡邕有一个交代。计算此年与"兴平中"195年蔡琰被掳首尾算起,与蔡琰"在胡中十二年"时间正好相符。

蔡琰又经历一个十二年的苦难岁月,意外地回归故土。"忽遇汉使兮称近诏,遗千金兮赎妾身,喜得生还兮逢星君"(十二拍)。显然对蔡琰来说是喜从天降。但是,又一个更难的抉择摆在她面前。"日居月诸兮在戎垒,胡人宠我兮有二子"(十一拍)。现在的蔡琰,已经是两个孩子的母亲,自己走了孩子怎么办?"汉使迎我兮四牡骈骈,胡儿号兮谁得知?与我生死兮逢此时,愁为子兮日无光辉"(十三拍)。看到迎接我的四马豪车,胡儿的哭声谁能理解,想到和孩子生离死别,感到整个世界日月无光,天昏地暗。什么地方能有一双翅膀给我的孩子,和我一同飞。最后不得不"我与儿兮各一方。日东月西兮徒相望……"(十六拍)。

我聆听《胡笳十八拍》的乐曲(箫笛版),没有听到号啕大哭与惊喜雀跃。但是安然感悟到堆积于蔡琰内心深处的情感,如决堤漫涌的潮水,又像涓涓流淌的小溪,若长江大河翻滚的波涛,又似哀怨愁肠,长空激荡。低沉的箫声,振人心脾,柔和的笛音,历久绵长。这支乐曲叙述的是感天动地,又似细水柔肠。体现了音乐是表现人类内心深处情感的一种升华,是震撼人心的美。也许这就是"音乐的力量"。

虽然史家对文姬归汉时间多有分歧,206年、207年也好,包括208年,无论如何,文姬归汉了。曹操把她嫁给屯田都尉董祀。后来董祀犯了死罪。蔡琰找曹操求情,赶巧曹操宾客满座,听说有蔡琰求见,和宾客讲:"蔡邕女儿蔡琰来了,一块见一面。"蔡琰进屋,蓬头、赤脚磕头请罪,说话清晰响亮,求情恳切,宾朋为之一震。曹操说:"诚实相矜,然文状已去,奈何?"批文发出了怎么办?文姬曰:"明公厩马万匹,虎士成林,何惜疾足一骑,而不济垂死之命乎!"你那么多人马,为什么不下令快马追回文书,拯救一个将死的人呢?曹操被文姬救夫的急切之情,深为所动,派人快马追回文件,原谅了董祀的过错。当时天气寒冷,他赐给文姬头巾和鞋袜。又问:"听说夫人家有很多经史书籍,还能记得吗?"蔡琰曰:"父亲留下的书籍四千多卷,都没保存下来,现在我能背诵出来的,只有四百多篇。"曹操说:"我派十个书吏到你那,你背他们抄写。"蔡琰说:"男女有别,授受不亲。请给我纸笔,用楷书还是草书都行,我背抄下来。"于是凭记忆全部抄写下来,呈送给曹操,抄写的文章中没有遗漏和错误。

蔡琰的晚年应该不错,与她同代人丁廙在《蔡伯喈女赋》中最后说:"岂偕老之可期,庶尽欢于余年。"

蔡琰的《胡笳十八拍》首先是一首长篇叙述诗,有明确的作者,并且作者是位女性,这两点都早于其他的古代长篇叙述诗。《胡笳十八拍》应该是最早实名女性创作的长篇叙述诗。《胡笳十八拍》又是中国十大古名曲之一,也应该是最早由实名女性自作词、自谱曲、自演奏的一支乐曲。《胡笳十八拍》是中国文学、音乐的宝贵财富,蔡琰成为中国古代文化的一颗耀眼明星。

在黎明前的东方,或能观测到八大行星中距太阳最近的一颗行星——水星。上面有三百一十座环形山,借用了世界著名文学艺术家的名字命名。中国有十五位杰出文学艺术家名字在其中,蔡琰环形山就是其中之一。

陕西省蓝田县三里镇乡蔡王庄村西北约一百米处,有蔡文姬墓,建有文姬展览馆。想当年"熹平经碑"由蔡琰父亲蔡邕用红色隶书抄刻成四十六块石碑,立于太学大门外,早已湮灭于历史风尘之中。今天放眼望去,用四体书法镌刻的《胡笳十八拍》于十八块青色大理石上,凸显阳光肃穆,熠熠生辉。

蔡文姬为中国古代四大才女之一。

2017 年 7 月

霍去病

少年冠军侯（西行记忆之一）

通过和老婆最后的妥协，使得西部旅程得以成行。火车从徐州开出向西向西，自出天水开始一路转向西北而行，进入一块块冲积平原。进行中两面大山左右夹持，左侧山峦时而近在咫尺，时而拉向远方，这就是河西走廊。那裸露的山石，镶嵌在绿茵坡地及田野草原中，一片片散落懒散的羊群，时而出现的一群群长鬃烈马。山顶白白的积雪，时有融化的冰雪汇成河流从山谷中流出，滋润着良田沃野。碧蓝的天空中，飘浮着朵朵白云。如果不是预报前方是张掖，真不知道此时此刻身处何方。

张掖、酒泉是我西北之行最向往的去处之一，因为这里是少年冠军侯霍去病抗击匈奴、建功立业的地方。

汉朝抗击匈奴，要从刘邦说起。当年韩王信在马邑（朔州市）反叛，投降匈奴，犯汉边界。汉高祖刘邦于汉七年（公元前200年），发三十万大军讨伐韩王信，被匈奴四十万大军围困白登山（大同东北）解围之后，汉高祖刘邦对匈奴采取妥协政策，以和亲方式与匈奴达成边界太平的共识。但是，数十年后，匈奴骚扰侵占边境地区，愈演愈烈。汉武帝亲政后，断然废除以和亲送礼维系和平的屈辱方式，决定动用武力讨伐匈奴。白登山之围六十七年后，公元前133年，汉武帝采纳王恢的计策，设计伏击匈奴。也许是历史的巧合，伏击地点同样指向当年韩王信反叛地点马邑，以策划商人聂壹斩杀马邑县令，举城投降，牲畜财物可尽归匈奴为名，吸引匈奴十万大军接应，然后一举围歼之。尽管实施中吸引匈奴大军的"马邑之谋"败露，围歼计策落空，但是，自此拉开了抗击匈奴的大幕，同时成就了少年英雄霍去病的一世英名。

　　其实汉武帝抗击匈奴,远在"马邑之谋"的前六年就已下定决心。尤其是西部匈奴犯我河西边界,掠我牛羊,占我实地,袭扰多年。当年匈奴势大盘踞河西,就像一堵墙,密不透风地堵在河西走廊。除了匈奴再往里是什?是否还有人烟?还有多大的地方?没人知道。巧了,有一个投降过来的匈奴说,河西往里面走还有个国家,叫月氏国,和匈奴有深仇大恨。获得这个信息后,汉武帝派张骞出使月氏国,计划与之联合夹击匈奴。张骞由堂邑父做向导,率领一百多人,于建元二年(公元前139年)出发了。

　　张骞一行在穿过匈奴区域时,遭遇匈奴巡逻队,全部被抓。押解到匈奴王庭(今呼和浩特附近),见到军臣单于。军臣单于对张骞说:"月氏在吾北,汉何以得往?使吾欲使越,汉肯听我乎?"这就是说,你想借我的道去月氏,那我还想借你的道去南边越国呢,你让吗?最后把张骞扣留并软禁起来。人家也讲道理,还给张骞找了媳妇成了家生了儿子,意思是把他踏踏实实地扣在这里,这一扣就是十年。最后张骞总算找到机会,带领他的部属,一起向月氏逃亡。连续跑了几个月,距汉朝已经一万多里。追踪月氏国,一直追到现在的乌兹别克斯坦境内(时称大宛);又寻踪到巴尔喀什湖和咸海之间(时称康居);总算来到伊犁河流域(时称月支),结果月支再迁徙;最后追踪到阿富汗斯坦巴尔赫附近(时称大夏),在这里逗留一年多。因月氏国一迁再迁,已习惯固守家园生活,没有和匈奴再开战复仇之意,全国就准备定居大夏了,张骞一行只好返回,沿着南山,想从羌人居住的地方回到汉朝,结果又被匈奴截获。扣留一年多,直到元朔三年(公元前126年)初,才趁机和堂邑父逃回西安。从公元前139年出发,至公元前126年归汉,共经历了十三年时间。出发时是一百多人,回来时仅剩张骞和堂邑父二人。张骞最终还是没有联合到大月氏国,汉武帝与之共同夹击河西匈奴的计划最终落空。

　　在张骞出使西域的前一年,河东郡平阳县(今临汾西南)一个孩子降生,取名霍去病。在张骞回到长安三年后,已经十七岁的霍去病,时为元朔六年(公元前123年),被汉武帝任命为骠姚校尉,随卫青出击匈奴于漠南(现中国内蒙古自治区与蒙古边界地带),以率兵八百歼敌两千零二十八人的战绩,受封冠军侯。

　　张骞回来的第五年,十九岁的霍去病,向匈奴盘踞的河西走廊进军。时值汉武帝元狩二年(公元前121年)当年春,率领一万名骑兵从陇西(甘肃庆阳环县)

出发进击匈奴,辗转战斗六天六夜,行经一千多里,越过焉支山(张掖山丹县),于皋兰山(张掖合黎山),砍杀折兰王、卢侯王,俘虏浑邪王的儿子和相国、都尉,共杀敌和俘虏八千九百六十人。

当年夏,又从北地出发(环县),率军深入河西走廊的匈奴腹地,攻占祁连山,俘虏单于手下的单桓王、酋涂王。在横扫千军之际,相国、都尉被迫率领部众投降,共有二千五百人。此役,共斩首和俘敌三万零二百人,俘虏五个匈奴王以及王母、单于阏氏、王子等五十九人,相国、将军、当户、都尉六十三人。

当年秋,在上次的夏季战役后,浑邪王已经损失了数万士卒,考虑不好向上交代,就和休屠王等商量投降汉朝。霍去病率领万余名射手前去迎接,部队渡过黄河,浑邪王下属的裨王、裨将看到汉军,很多人又反悔不想投降,纷纷逃跑。霍去病飞马冲入匈奴军营,与浑邪王相见,杀死要逃的八千人,让浑邪王单独乘驿车先到皇帝巡行的住处,又率浑邪王的部众渡过黄河。降服异国之王三十二人,投降的匈奴总数共为四万人(号称十万),而汉军创造了零伤亡的纪录。

此役给河西匈奴以毁灭性打击。焉支山处于张掖山丹县,是祁连山的中心地带,现在被汉军荡平。失去了世代盘踞的根据地和大本营,匈奴残部彻底撤离河西走廊。他们拖家带口,一步三回头地望着焉支山,怆然而去,另觅家园。匈奴众将士远眺白云、绿树、山顶的白雪、云蒸霞蔚的焉支山,无不痛哭流涕。他们(匈奴)没有文字,却有自己的语言,他们以杜鹃彻夜不停啼鸣,血滴染红杜鹃花般的情感,唱出了心中的痛:

> 失我祁连山,使我六畜不蕃息。
> 失我焉支山,使我妇女无颜色。
> 失我焉支山,令我妇女无颜色。
> 失我祁连山,使我六畜不蕃息。
> 亡我祁连山,使我六畜不蕃息。
> 失我焉支山,使我嫁妇无颜色。

> ——《匈奴民歌》(佚名)

《汉书·武帝本纪》载:"元狩二年秋,匈奴昆邪王杀休屠王,并将其众合四万余人来降,置五属国以处之。以其地为武威、酒泉郡。"也就是说,前后投降归顺的匈奴,都安置在陇西、北地、上郡、朔方、云中五个郡边界以外,原曾是匈奴的土地,让他们在那里建立属国,这些地方都在黄河以南,土地肥沃。然后在河西走廊设武威、酒泉二郡,至此,千里沃野纳入汉朝版图。

十年后,"元鼎六年(公元前111年)冬,乃分武威、酒泉地置张掖、敦煌郡,徙民以实之。"分武威、酒泉二郡的土地,扩展张掖、敦煌二郡,从此汉朝牢牢地掌控了河西地区,彻底打通了通往西域的道路。武威、酒泉、张掖、敦煌四郡,就像张掖郡的名字一样,"张国臂掖,以通西域",张开了强有力的臂膀,紧紧地拉住西域这块广袤的土地,使之逐渐并入汉朝版图。同时,在这里实施大规模移民垦殖,戍兵屯田,发展交通与农业、畜牧业生产,促进中原与西域之间的商贸、文化、交通的交流。"立屯田于膏腴之野,列邮置于要害之路,驰命走驿,不绝于时月,商胡贩客,日款于塞下。"张掖、酒泉、武威、敦煌四郡遂为丝绸之路和通往西域的重镇。

早前,汉武帝元狩四年(公元前119年)春,武帝派卫青与二十二岁的霍去病各率领五万骑兵,另有骑兵、步兵和运输辎重补给部队紧随其后,大队人马达数十万之多,逶迤数十里,浩浩荡荡杀向匈奴。霍去病从代郡(今河北省蔚县)出发,轻装上阵,深入大漠两千里,活捉单于大臣章渠,诛杀北车耆王,缴获敌人的军旗战鼓。翻越难侯山,渡过弓卢水,抓获屯头王、韩王等三人,将军、相国、当户、都尉等八十三人。在狼居胥山祭天,在姑衍山祭地。登山眺望翰海(今俄罗斯之贝加尔湖)。俘虏斩杀匈奴吏卒七万零四百四十三人。此次战役大获全胜,给北匈奴以致命打击,几乎全歼了匈奴左贤王的军队。匈奴残部远逃漠北,自此"漠南无王庭"。漠南、漠北,以戈壁为界。现蒙古国的东戈壁省、南戈壁省、西南的戈壁阿尔泰省,三省以南及现在的内蒙古地区,都应该属于漠南。漠南"无王庭"就是匈奴在这个区域内,已经失去了根据地和指挥中心。

霍去病在元狩六年(公元前117年)病逝。时年仅仅二十四岁。武帝非常痛心,调发附属国穿黑衣的士兵,从长安列队直排到茂陵(四十公里)。在茂陵为他修筑坟墓,形状像祁连山,以表彰霍去病抗击匈奴的功绩。

先前,武帝曾经要霍去病学习吴起、孙武的兵法。霍去病说:"打仗主要靠谋略,不必学兵法。"他用兵灵活,注重方略,不拘古法,勇猛果敢,每战皆胜。霍去病为人沉默寡言,有勇气,敢作敢为。

武帝为了表彰他的战功,要给他兴建豪华房屋。霍去病说:"匈奴不灭,何以家为?"匈奴还没消灭,要家干什么?

列车穿过张掖,酒泉站就在前方。关于酒泉地名的来历,众说纷纭,主要有两条流传很广。一条是西汉东方朔的《神异经》。该书《西荒经》有言:"西北荒中有玉馈之酒,酒泉注焉,广一丈,长深三丈,酒美如肉,澄清如镜。上有玉樽、玉筮,取一樽,一樽复生焉,与天同休无干时。"故称此地为酒泉;另一传说是当年霍去病大获全胜,武帝赐酒祝贺,霍去病把御酒倒进泉中,与全军将士共饮。此两种地名来历均无正史文字记载。我喜欢酒泉这个名字,因为我更喜欢传说中的后者。

列车行驶在沃野千里、山川壮丽的河西走廊。想当年为了抗击匈奴,张骞两次出使西域,寻求同盟国夹击匈奴或与汉结盟,虽然未果,但是,无意中了解访问了西域各国和中亚的大宛、康居、大月氏和大夏诸国,还对帕米尔高原一带中亚、西亚、南亚以至现在的阿富汗、伊朗、印度、伊拉克诸国的位置、特产、人口、城市、兵力等,都做了详细调查。张骞回国后,如实报告所见所闻,让汉武帝及国人眼前一亮,原来世界如此之大。当然还有我们从来没见过的:葡萄美酒、夜光杯、汗血宝马、苜蓿、石榴,还有从来没听说过的:胡桃(核桃)、胡麻(芝麻)、胡豆(蚕豆)、香菜、胡瓜(黄瓜)、大蒜、胡萝卜……应该说我国蔬菜瓜果一应用品器具,凡前面冠以"胡"字如"胡椒"等等的,均应该为西域方向传入。

张骞出使西域,更重要的是把中国主要特产如丝绸、瓷器等传向世界,趟出了一条通往西方的商贸途径,就是那条千百年的商道"丝绸之路"。张骞是丝绸之路的开拓者,第一次打通了汉朝通往西方的南北道路,从此这条货物交易的通道上来往商旅络绎不绝。

列车呼啸向前,过了酒泉,前方就是玉门车站。汉武帝在河西走廊"列四郡,据两关",立武威、酒泉、张掖、敦煌四郡以外,还据守阳关、玉门关。四郡两关成为通往西域及欧亚大陆"丝绸之路"的门户,千百年来被冠以荒凉、空旷的起点,成为文人墨客抒发情感之地。今天,距玉门车站西南三百多公里,大名鼎鼎的古道阳关,在被历史的风尘所湮没,成为一地黄沙的同时,仍在流连那句"劝君更进一杯酒,西出阳关无故人"的依稀酒香。而替代当年阳关大道的是,新疆全境的高速公路、铁路，纵横交错，通往欧亚与日俱进的国际列车穿梭不停。全疆现有二十二个机场，航线四通八达。从地面到空中正在以全方位的立体交通形式，组成欧亚运输大枢纽。"劝君更进一杯酒"，然而"西出阳关"已经是遍故人了。回望距阳关以北一百六十多公里的古玉门关，历经千年历史剥蚀，只剩那斑驳光秃的小方盘城，孤单地伫立在茫茫荒凉的戈壁沙丘之上。再也看不到，悠悠厚重的驼铃，人喊马嘶的喧闹，整装起程的商队。再也听不到，随历史长河远去，幽怨杨柳的羌笛声。唯一能感受到的是，来自四面八方的浩荡春风。

先前，西方世界和中国之间有匈奴阻隔，有千山万壑，有一片迷茫，这一切被张骞以十几年的毅力所打通。司马迁说张骞："凿空西域"。

更没想到的是偌大势力的匈奴盘踞河西走廊，汉朝派张骞出使西域曾用十几年的时间，千辛万苦地寻求盟国夹击匈奴未果。最后，竟被十九岁的霍去病在一年之内，横扫千军，一举荡平。他的功绩像祁连山一样，绵延在河西走廊，同时也竖立在我辈心中。张掖、酒泉等四郡，成就了他的一世英名。

2016 年 10 月

郑 吉

西域首任都护使（西行记忆之二）

穿过河西走廊,进入新疆地界,眼前豁然开朗,平坦的戈壁滩一望无际,密密匝匝的坎儿井遍布其中。随之一块又一块的白色棉花田,红色番茄与辣椒园,红白相间,涂抹在辽阔广袤的土地上。列车呼啸前行,前方终点站库尔勒。

这次出发新疆的线路是老婆钦定的。老婆向往库尔勒,是因为多年前一次坐火车旅行途中,热闹异常,男女老少结伴同行,每人在座席底下放一箱方便面,是旅游? 是集体搬迁? 一问十有八九都是去新疆摘棉花的,下车地点库尔勒。在老婆心中,库尔勒是个神圣的地方。

老婆说对了,新疆棉花产量在2015年是三百五十万吨,占全国棉产量的六成。仅河南赴疆摘棉花就十万大军,五千干部随着进入新疆。全疆近百万摘棉大军,浩浩荡荡从附近各省开进新疆,仅郑州铁路局,就调三十列棉农列车,所以就出现了老婆火车上偶遇采棉大军的记忆。

新疆不仅有棉花,还有西红柿(番茄),2015年种植工业番茄面积超过一百万亩,产量达到七百六十多万吨,产量占全球四分之一。还有工业辣椒种植七十多万亩,年生产高达二百万吨。还有黑色的煤,无色的天然气……五颜六色的迷彩,组成了金色的新疆,多彩的大地。

不过有一个事老婆没说对,人家在库尔勒下车,是该车终点站,和我们一样,一部分人要再换车前行。库尔勒地区(巴州)棉花产量只占全疆百分之十五左右。在老婆心中,库尔勒人山人海,人比棉花多。在我心中,库尔勒说是个城市,但毕竟还是在荒漠之中……

库尔勒到了,这趟不是采棉专列的采棉专列(棉农占多数),终于到站了。我们走出站前广场,顺着新华路,浏览着这个意想不到的精美小城。清洁,悠闲,绿树成行,恬静。清澈的孔雀河,在美丽的桥梁陪伴下,无声地流淌着,这一切与蓝天白云组成了这个小城的主旋律。

库尔勒,从西汉开始在这里进驻屯田队伍,在这片广袤的土地上撒下第一粒种子,开始屯田垦荒。继而成立都护府,掌控管理西域各国,使之纳入大汉版图。这一切要从库尔勒西去一百八十六公里,大名鼎鼎的轮台县说起。

征和四年(公元前89年),由于汉武帝一纸"轮台诏"使轮台闻名天下。起因是大臣桑弘羊建议朝廷派兵驻扎轮台、渠犁(库尔勒),在这两个地方屯田五千顷。对此,汉武帝特地发布《轮台诏》就一个意思,不干了,说什么也不干了。

汉武帝刘彻16岁登基,直到窦太后去世,才得以大权在握。元光二年(公元前133年),汉武帝从筹划"马邑之谋"开始,正式向匈奴宣战。一直打到征和三年(公元前90年)"燕然山之战"为止,抗击匈奴打了四十三年仗。从掌权二年后开始,一直打到逝世前二年,和匈奴整整打了一辈子。虽然其中大将军卫青七战七捷,冠军侯霍去病四战全胜,把匈奴打到收复河西全境直到"漠南无王庭",造成匈奴内部分裂,部分匈奴向西大徒迁,但是,最后的"燕然山之战",倾全国之力的李广利七万将士全军覆没,使汉武帝悲伤不已,"悔远征伐"不干了,真的打不动了。决定"弃轮台之地,而下哀痛之诏"。

汉武帝累年兴兵又大造宫室,又造成"巫蛊案",到了晚年方有所悔悟。特下《轮台诏》:"深陈既往之悔",不想再"扰劳天下"兴兵黩武,自此开始要"禁苛暴,止擅赋,力本农",以民为本。决心"由是不复出军。而封丞相车千秋为富民侯,以明休息,思富养民也",休养生息。汉武帝晚年,在国家疲惫、经济状况与日俱下,不堪重负的情况下,幡然醒悟,及时休兵,调整了国家的内外政策,人民得到了喘息的机会,国家岌岌可危的局面有所好转,为后代打下了基础,才有后来跟进的"昭、宣中兴"。后人把汉武帝的沉痛反省自责的《轮台诏》也称为《罪己诏》(《资治通鉴》)。

《罪己诏》是古代帝王反省自察的文告。自大禹开始,周有成王、秦有穆公、汉有武帝、唐有德宗、宋有徽宗、明有崇祯、清有世祖,都颁发过不同形式的"罪己诏"。

大禹上位后,看见有人犯罪,自己痛哭不已。大禹说,尧舜的时候,民众都以尧舜仁义宽厚之心为自己之心,而我为首领,百姓各怀其心为己心,所以感到心痛。

清世祖顺治自我检讨十四大罪状,进行自我批判,"既知有过,未能省改。"

汉武帝同前后历代开明爱民的君主一样,能深刻检察自己的施政状况,痛改前非,修正过错,为后世所肯定。颁布《轮台诏》二年后汉武帝逝世。

汉武帝后,汉朝对匈奴重新拾起和亲政策,同时加强外交工作,牵制安抚匈奴。一晃二十一年过去了。地节二年(公元前68年),汉宣帝派郑吉到渠犁,就是我们今天所站在这里的库尔勒市屯田,开国家兵驻西域垦荒屯田的先河,实现了当年汉武帝想做而最终放弃轮台屯田的愿望。

郑吉,江苏吴县(今苏州市吴中区)人,行伍出身。多次去西域,提为郎官。性格坚韧、刚毅、倔强。业务上熟悉对各国的交往事务,遇事胆大心细。现在以侍郎身份,在渠犁指挥屯田,开荒种地,积蓄粮草,筹划兴兵,掌控各国。

同年秋天,郑吉与校尉司马熹组织附近各小国军队共计一万人,自己屯田士兵一千五百人,进攻车师,攻破交城(吐鲁番),即班师回渠犁准备秋收。秋收后再度发兵。车师王北求匈奴救援,匈奴拒发救兵,车师王一怒之下进击匈奴边境小蒲类国(奇台县东南),作为投降郑吉的见面礼。匈奴得知车师降汉,发兵讨伐,郑吉与司马熹率军北上迎敌,匈奴畏惧不前。郑吉留下二十个士卒保卫车师,率部回渠犁屯田。车师王恐匈奴再来进犯,率数人远走千里以外的乌孙国(伊犁流域)。于是郑吉增派三百兵卒驻守车师屯田。以后在车师与匈奴数度交手,保住车师。

郑吉因发西域诸国兵攻车师有功。升卫司马,从此负责监护鄯善以西的南道和田一带。

公元前60年,匈奴日逐王先贤掸率万余人归汉,郑吉发渠犁、龟兹诸国五万人,仪式隆重地迎接匈奴日逐王先贤掸。匈奴驻守机构见此阵式,自己悄悄地撤走了。郑吉立功被封为安远侯。从此汉朝设置西域总管,不但要保护南道于阗(和田)等地,还要保护车师以西的北道,也就是说,西部南北两道都保护,所以官名为"都护",都护府设在轮台到渠犁之间的乌垒城。《汉书·西域传》载:"乌垒,户百一十;口千二百,胜兵三百人。城都尉、译长各一人,与都护同治。"由此可见,当年都护府所在的乌垒城并不大,只有一百一十户人家,人口一千二百人,驻军三百人。这里以西是喀什,以南是于阗(和田)各国,以北是鄯善(吐鲁番市)各国,以东就是库尔勒、哈密,这些古国都在乌垒城四周。所以说这里是西域的中心地带,土地富饶,交通便利,是西去南北的必经之路。在这里设置都护府镇抚各国,统领西域,使这里成为西汉在西域的政治军事指挥中心,郑吉被任命为西域第一任都护。

《汉书·郑吉传》说:"汉之号令班西域矣,始自张骞而成于郑吉。"西域正式纳入汉朝版图,从张骞通西域开始的公元前139年,到第一任都护上任的公元前60年,一共用了七十九年的时间。西域都护府在乌垒城正式成立,汉武帝用了一辈子的精力去抗击匈奴,控制西域的宏伟愿望,终于在郑吉身上、在轮台这块土地上实现了。

这里有说不完的历史故事,是新疆的一块宝地啊。我西望轮台方向,似乎感到当年的烽烟战火,垦荒屯田的士卒所留下来的遗迹,仍然滋润着这块博大的土地……老婆看出我对这片土地的感慨,动情地说:"不行咱到轮台县转转吧? 还有乌垒城!"她又补充一句说:"再看看那里的棉花!"在选择目的地的问题上,但凡是她想去的地方,我大多不想去。而我想去的地方,她大多坚持不去。像这些事,我从来都是以她想去的地方为主,如同张掖、酒泉不下车一样。但唯有这次,我顺口回答说了一声:"好!"

2016 年 10 月

陈 汤

虽远必诛（西行记忆之三）

老婆是个"手机控"，在库尔勒用完早点后半杯茶的工夫，她已经在 58 同城中讲好了包车往轮台县的事宜包括价格。随之高兴地号称发现了新大陆，要给我个惊喜。我无语，我知道这一定是包车司机同志向她介绍景点了。我问是不是胡杨林？她稍稍一愣地问我："你怎么知道？"我们要去的轮台县有轮南胡杨全国闻名，当然知道，只不过是要多走七十公里路了。

出了库尔勒，向一百八十公里的轮台县出发。出租奇骏包车代驾，以一百二十公里/小时的速度，风驰电掣，行驶在空旷的 314 国道上。过了野云沟乡（98 公里），我告诉司机小李："往前十五公里的地方停一下。"在距离库尔勒一百一十三公里的地方，小车如约停下。我站在空旷的国道旁，望着荒漠的土丘起伏的丘陵与土岗，还有远处的田野。根据现今考古发现，乌垒城，也就应该在这个区域。这就是西汉用了七十九年时间，最终正式管理西域的都护府驻地。西汉自郑吉第一任都护开始，共有十八任都护，在这里指挥屯田，号令西域各国。此时此刻其中的第六任都护，冲进了我的思绪……

话说汉元帝软弱，有一个事可以证明：当年西域有五伙单于火拼，最后剩二伙，其中一伙投汉，还有一伙叫郅支单于独霸西域。在初元四年（公元前 45 年），这郅支单于表面与汉和好，上书朝廷请求送回他在京入侍的儿子。汉元帝刘奭也好说话，派遣一个叫谷吉的特使护送他儿子回国。结果郅支见到儿子，即把谷吉给杀了，向汉朝表明正式造反。为什么郅支如此大胆，主要是因为他当时建都城在坚昆（今俄罗斯境内叶尼塞河上游），也就是现在新疆阿勒泰以北。这里的优势是离汉遥远，有多远呢？当年号称从坚昆到轮台（乌垒城）五千里，从轮台到西安七千一百三十里,加起来是不折不扣的一万二千里。万里之遥,能奈我何?

先撂下这个郅支不表,单说里程。班固在《汉书》中载:"龟兹国,王治延城,去长安七千四百八十里……东至都护所乌垒城三百五十里。"按一汉里等于四百一十五点八米(汉建武铜尺0.231米)换算,西安至乌垒城距离是二千九百六十四公里。两千多年后的今天用自驾游查出是二千八百四十三公里。这古人也真有办法,在没有测量仪器也没有 GPS 的情况下,近三千公里的距离,仅差一百二十公里,误差率之精准让人唏嘘不已。

再说郅支单于,杀了汉朝大使,又多次侮辱、戏弄汉朝使者,真是"是可忍孰不可忍"。奈于路途遥远,又是负重行军加上辎重粮草,从长安出发这一万两千里的路程,也要花上大半年的工夫。这还不算,郅支为了远避汉朝又继续西进南下,最后在康居建都。康居这个地方就是从现在新疆喀什西行,横穿吉尔吉斯斯坦,到哈萨克斯坦境内的江布尔,在这里建郅支城。这个刘爽也只好忍了。都说君子报仇十年不晚,从元帝初元四年(公元前45年)事发一直到建昭三年(前36年),这一忍就是九年。问题是刘爽依然没有发兵讨伐立国威、固疆土的念头。日子过得不错,吃汉武帝祖宗老本还混得下去,至于国威就没有那么重要了,刘爽就准备这样混下去。

建昭三年(公元前36年),来轮台都护府也就是今天站在这里的这片土地上,上任的第六任都护,是戊己两校尉。都护正职戊校尉是骑都尉甘延寿,副职己校尉是副校尉陈汤。

单说这个陈汤,《汉书·陈汤传》载:"山阳瑕丘(兖州)人也。少好书,博达善属文。家贫丐贷无节,不为州里所称。"少年好读书,博学多识,写得一手好文章。因家贫向人借贷,没有节制,不被人待见。对陈汤的评价,有点毁誉参半的感觉。再说郅支单于,杀汉使明犯大汉,这口恶气天子能忍,他这个小官难咽。陈汤决心西伐郅支单于。他假传圣旨,就地调集汉朝屯田之兵及车师国的兵员。由于他是个副职,再者所带来的部队只是一队警卫的士兵,此时正职甘延寿正在病中,听说他要起兵,坚决反对。陈汤怒目圆睁,手持宝剑大骂甘延寿:"大军整装箭在弦上,你小子敢扰乱军心吗?"甘延寿也只好同意了。

山东人陈汤就地整饬轮台屯田兵士,还有西域十五国自愿出的兵,说白了就是全民皆兵,组织了四万人的部队,分别从喀什、伊犁南北二路,号称奔袭三千里,横穿现在的吉尔吉斯斯坦,到哈萨克斯坦境内的江布尔,也就是当时的郅支城。甘延寿与陈汤指挥部队包围郅支城全力攻击,郅支单于死守城池,身穿甲衣率领他的妻妾们一齐登上城楼助阵,也是老婆孩子齐上阵了。最后他的妻妾被射死,郅支单于城破身亡,有个叫杜勋的军官割下郅支单于的头,从狱中解救出两名汉朝的使者,从宫中搜出已故使者谷吉所带的文书信件。大军进城诛杀了郅支单于没有参战的老婆孩子,还有王公大臣等共一千五百一十八人,叫斩草除根,生擒官吏一百四十五人。另外俘虏敌兵一千余人,全军大胜班师返回乌垒城。

大胜之后,甘延寿、陈汤给汉元帝发出一封扬眉吐气的疏奏,疏奏最后写道:"斩郅支首级及王以下。宜悬头槁于蛮邸间,以示万里,明犯强汉者,虽远必诛!"郅支单于倚仗距汉遥远若如天际,竟敢明犯强汉,叫板天朝,虽刘奭软弱可欺,无奈军民不容。这一胜利大长国威,气壮山河。自此一战安定西域四十年无战事。尤其是战后疏奏的最后一句话:"明犯强汉者,虽远必诛!"超强给力,流传千古。

说刘奭运气好,包括西伐郅支单于之战,这意外的战果,消除了刘奭西境难安、君国屈辱难堪的窘境。好运不期而至的还有那个早降汉室的呼韩邪单于,看到郅支单于的下场不免心惊肉跳,铁心归顺汉朝,汉伐郅支单于三年后(公元前33年),主动要求与汉朝和亲。引出一场昭君出塞的千古绝唱。从此,国家进入一个新的和平时期。

因汉武帝一纸《轮台诏》而闻名天下的轮台国及所属的乌垒城,成为当时西域的政治军事指挥中心,统领西域七十二年。东汉以后,都护府迁于西去二百公里的龟兹国它乾城(今新和县玉奇喀特乡)。

今天站在历史事件的故地,面对远去的时空,那些久逝的日月星辰,随斗转星移,离我们愈加遥远。当年叱咤风云、气冲霄汉的陈汤及都护甘延寿和四万将士的呐喊声,历历在目。那句从脚下这片土地所发出的振聋发聩的"明犯强汉者,虽远必诛"的豪言壮语,依然振荡在我辈心中,同时在广袤大地上回响……

老婆看我站在路边发呆,不耐烦地说:"这里一棵胡杨都没有,在这耽误时间不值!"我只好应声说:"好!出发!"

2016年10月

班 超

胡杨魂（西行记忆之四）

从库尔勒再度换车起程，终于到达此次旅行的目的地喀什，老婆所向往的烤全羊，近在咫尺。首先，我们一头扎进星期日大巴扎，穿行在人流涌动、琳琅满目的商品世界中。我率先挑选一顶巴旦木花帽，老婆相中短式百变披肩，顷刻间我们融入了本地及中亚、西亚各国的人流中。

接下来参观坐落在解放北路的艾提尕尔清真寺和香妃墓。

最后，我们来到东南郊的盘橐城，又名班超城。公元74年春，班超率三十六名勇士，兵不血刃地活捉了妄图分裂的部族首领兜提。随后十八年间，盘橐城成为班超经营西域的大本营，班超立足疏勒国（盘橐城），荡平匈奴势力，完成了统一西域的宏伟大业。

话说西汉末年，王莽篡汉（公元23年左右），天下大乱。汉朝乱，西域随之乱成一团，西汉第十八任都护李崇死于任上，从此再未派遣都护。

五十年后，东汉永平十六年（公元73年），朝廷派遣窦固率军出击匈奴，窦固任命班超为代理司马，让他率队攻打伊吾（哈密北）。班超大胜斩得很多首级回来。窦固派遣他与郭恂一起出使西域，传书给于阗（和田）、鄯善（吐鲁番）等国，号召他们归附汉朝。从此，班超的一生与西域结下了不解之缘。

说起班超，要从"投笔从戎"说起。班超，扶风郡平陵（今陕西咸阳东北）人。其人孝顺父母，为人恭谨，持家辛勤劳苦。汉明帝永平五年（公元62年），班超的哥哥班固因写《汉书》，被皇上任校书郎。班超和母亲跟随哥哥来到洛阳，因为家中贫寒，经常为官府抄写文书以养家糊口。班超对抄抄写写的活非常反感，曾扔下笔说，大丈夫就应该有远大志向，至少也应该像张骞一样立功封侯，怎么能每天和笔墨纸砚打交道呢？大家听了这话都说他异想天开。班超说，你们哪能理解我的胸怀？有一天，汉明帝问班固，你弟弟现在在做什么？班固说，为官府抄书，供养老母。汉明帝知道班家是书香门第，干脆也任命班超为兰台令史，来朝中做事。但是，到任不久即因为过失被免官。班超扔下笔，二话没说投军当兵去了。

"不入虎穴，焉得虎子。"今天，这伊吾国算是打下来了。接下来，就凭一纸文书，就想让西域各国传檄归汉，确实是一个挑战。

永平十六年，班超带三十六人到了鄯善国，一看不对，开始时接待礼节非常完备，而后忽然疏远、懈怠了。经过诈问接待人员得知，原来还有个一百多人的匈奴使团进驻鄯善，怪不得鄯善王降低招待规格，原来他们要投奔匈奴，背叛汉朝。班超决定"不入虎穴，焉得虎子"，要绝地反击。班超一伙三十六人，趁夜黑风大，在匈奴驻地上风口分头放火。一时火光四起，擂鼓呐喊，匈奴使团一片惊慌。班超亲手杀死三人，其余人共杀匈奴使团三十多人，剩下的全被烧死。天亮了，班超把一堆血淋淋的匈奴人头，交给鄯善王，举国大惊，鄯善王随之归汉。

班超众人回来向窦固将军如实汇报，窦固向朝廷报告班超的功劳，并请求选派使者出使西域。汉明帝对窦固说："有班超在，为什么还派别人？任命班超作为军司。"窦固准备给他调拨人马，班超认为现在跟随的三十六人足够了，人多累赘。

班超拿下鄯善威震一方，随之率领三十六人直奔南道大国于阗（和田）。当时该国有匈奴派的使者监护，国王广德王看到只带三十六人的班超态度冷淡。巫师为了给班超一个下马威，要用班超身黄嘴黑的坐骑祭天，班超表示同意。在盛气凌人的巫师来牵马的时候，班超也不搭话手起刀落，巫师人头滚落在地。班超把血淋淋的巫师人头，扔在广德王的脚下。广德王大惊失色，立即杀了匈奴使者归降班超。

永平十七年（公元 74 年）春天，班超从小路到了疏勒（喀什）。派部下田虑去劝降疏勒王兜题。兜题看田虑只带几个人，反应很平常，没有一点归降的意思。田虑乘他不注意，冷不防一把抓住兜题。兜题手下的人大感意外，惊慌失措，四处逃散。班超马上开赴城中，召齐疏勒文官武将，历数龟兹夺国没有道义的罪状，立原国王兄弟的儿子忠做疏勒国王。疏勒又重新回到疏勒人手里，疏勒举国欢庆。

永平十七年冬,窦固及都尉耿秉破降车师。至此,伊吾、鄯善、于阗、疏勒、车师几个大国都归附汉朝。同年十一月,汉明帝在西域置都护府,以陈睦为都护。

先前,公元45年(东汉光武帝建武二十一年),西域十八国曾请求汉朝复置都护。光武帝当时考虑刚建国难于顾及,直到今天西域各国再次归汉,已三十一年过去。

遗憾的是,永平十八年(公元75年),汉明帝去世,焉耆趁机造反,围攻都护府,杀死都护陈睦,班超不得不孤军作战。同时都在今天库尔勒一带的龟兹国(库车)、姑墨国(阿克苏),多次发兵,联合攻打班超所在的疏勒(喀什),班超与疏勒国王忠以很少的兵力,与其相持一年多。

建初元年(公元76年),汉章帝刘炟即位,担心班超独木难支,下诏命班超回国。听说班超要回国,疏勒(喀什)举国悲哀担忧害怕,都尉黎弇不忍心看到班超一伙回汉朝,拔刀自刎而死。班超一行走到于阗国(和田),侯以下官员痛哭流涕,死死抱住班超的马脚不愿放行。至此,班超护民为国之情油然而起,握紧拳头,决心留在西域与归汉诸国共存亡。

建初三年(公元78年),班超率领疏勒、康居、于阗、拘弥联军一万多人,攻打姑墨的石城,杀敌七百余人。班超想就此完全平定西域诸国,于是上奏朝廷,请求派兵。汉章帝觉得这事情可以成功,建初五年,封徐干为代理司马,率领解除徒刑罪人和自愿随行的一千人投向班超。这是朝廷仅有的一次投入兵力支援班超。当时乌孙是西域大国,控弦(善射的士兵)十万,班超建议朝廷派遣使者去招抚慰问,使乌孙国能与我们同心,至少保持中立。

章帝采纳了这个建议。建初八年,晋升班超为将兵长使,赏赐军乐和仪仗旗帜,任命徐干为军司马,同时派遣卫侯李邑护送乌孙使者回国,并携带赠送给乌孙国的各种精致的丝织品等礼物。李邑刚行至于阗国,正好碰上龟兹在攻打疏勒国,吓得跑了回来。他回来后上书说开通西域难以成功,又诽谤班超拥妻、爱子,在西域只知享乐,没有顾念国家的心思。

班超知道了这事,慨叹说:"我没有曾参(孔子弟子)的贤德,又一再受到小人的谗言,难免会有人猜疑。"于是遣送爱妻回国。章帝非常痛切地责备李邑道:"就算班超拥妻、爱子,那么多想回家的士兵,为什么都能与他同心呢?"下命令让李邑听从班超的节制。诏告班超："看李邑能胜任外事则任,否则另选其人。"班超随即派李邑带领乌孙国的侍子还归京城。徐干对班超说："李邑诋毁你,败坏西域的大业,你为什么不把他留下,还派他护送乌孙国侍子回朝?"班超说："不要那么小气! 正因为李邑诋毁过我,所以今天才派他回去。自己反省没有毛病,就不怕别人闲言碎语。为了自己的一时痛快而把他留下来,那不是忠臣所为。"班超西拒强大的外部势力,东联归汉各国,逐个收复叛汉诸国。

永元六年(公元 94 年)秋天,班超调发龟兹、鄯善等八国的部队共七万人,向最后没有归汉的三个国家焉耆、危须、尉犁(都在库尔勒周围)发起总攻。大军压境,班超以约会各国国王名义,扬言重加赏赐。于是焉耆王广、尉犁王汎和北鞬健支等三十人一同与班超相会,被班超一举擒获,并押到当年都护陈睦所驻的故城,把他们全部斩首。至此,西域五十多个国家全部归附汉朝。

永元七年(公元 95 年),朝廷下诏封班超为定远侯,后人称之为"班定远"。永元九年(公元 97 年),班超派甘英出使大秦(罗马帝国),甘英至西海(波斯湾)而还。

永元十二年(公元 100 年),班超老而多病,身体衰弱,上书朝廷请求回国,说:"不敢奢望到酒泉,只求生入玉门关。""今天派儿子班勇随带进贡的物品入关,趁我活着的时候,让班勇回来看一看汉朝。"他的妹妹,编写《后汉书·五志》的班昭,也上书请求班超回国。说:"且得延命沙漠,至今积三十年。骨肉生离,不复相识。今且七十。衰老被病,头发无黑,两手不仁,耳目不聪明,扶杖乃能行。故超万里归诚,延颈逾望。"奏章送达后,和帝被深深地感动,于是召班超回朝。班超在西域共三十一年。

永元十四年(公元 102 年)八月,班超回到洛阳。一个月后班超逝世,享年七十一岁。

在盘橐城,站在班超雕像前,望着那健步前行的定远侯班超,似乎他又在奔向战场。在他前方,分列两排勇士,每排十八人,共计三十六位,一个不少,威武庄严地以各种姿势,伫立在将台上,时刻准备冲锋陷阵。

冯梦龙说班超:满腹皆兵,浑身是胆。赵子龙、姜伯约不足道也。

王夫之说班超:以三十六人横行诸国,取其君,欲杀则杀,欲禽则禽,古今未有奇智神勇而能此者。

西域英雄,或孤胆,或统军,层出不穷。现在在天山之巅,立有班超巨型雕像,威武雄壮,环顾新疆大地。

老婆在品尝烤全羊的同时,念念不忘地提起,她前几天去过的轮台县轮南镇。我和老婆说:轮南除胡杨外,还有和你密切相关,每天都离不开的情缘。那就是你每天做饭使用的天然气,那里是西气东输从轮南到南京、上海线路的零公里出发地。

1755年,乾隆出兵准格尔(西域),收复后取"故地归新"之意,将西域命名为新疆。一百年后,以李鸿章为首的"海防"派主张放弃新疆,因为这里是"千百里空旷之地""万里穷荒"。而今天看来,这里是地上地下尽皆膏腴矣。

当然对老婆更有震撼力的还是轮台县轮南塔河两岸的古老野生胡杨林。塔里木河两岸两千多平方公里,是全世界面积最大的天然胡杨林保护区。南岸的胡杨林、大漠,空旷龟裂沧桑的胡杨树,依然挺直脊梁,张开枝丫,豪气冲天。突显生而千年不死,死而千年不倒,倒而千年不朽的豪迈雄姿。塔里木河北岸的胡杨林,郁郁葱葱,金黄密实的叶片妩媚多姿,一些藤蔓植物丝丝蔓蔓挂满树干,增加了无限的活力与迷离,凸显朝气蓬勃的青春气息。

西域英雄与胡杨相映生辉于这片广袤的土地上,他们共同铸就一种精神:千年不朽,蒸蒸日上。那就是"胡杨魂"。

2016年10月

东晋

谢 安

淝水之战

"永和九年,岁在癸丑,暮春之初,会于会稽山阴之兰亭"(《兰亭序》)。东晋穆帝永和九年(353年),三月三日正值修禊日。古时修禊日这一天,官吏、名流、百姓都要到水边嬉游玩耍,这是消灾祈福的仪式。时日,会稽(绍兴)兰亭清和日丽,竹树通幽,举步之宽的小渠,清水涓流,弯曲环绕。谢安参加王羲之等名士达人及亲朋好友的曲水流觞,水面漂着荷叶托起的酒杯,所停渠边之处,谁坐之近,赋诗一首,作不出者罚酒,欢畅淋漓,尽极风雅。除享修禊之娱外,这种放旷山水,溶文化于自然的闲散情趣,也是东晋名门贵族、文人雅士的一种生活态度。他们好似回到七十多年前,左思的那篇《三都赋》致洛阳纸市一时之贵的年代中。当年的"太康之治"的年景"牛马被野,余粮委亩,行旅草舍,外闾不闭,其匮乏者,取资于道路",故有"天下无穷人"之谚。久违的社会安定与富足,深深烙印在他们的子孙心中,尽管西晋立国只有五十年的时间。三十七年前,西晋亡。但司马皇家权贵依旧退守南部的半壁江山,国号只改东晋而已,那种隐居于林野,流连于自然山水,名士文人的魏晋情怀依旧不减,谢安就是这一时期的代表人物。

就在谢安与王羲之等人在兰亭,曲水流觞的同年,远在西北相隔约三千里之外的西安,发生了一件事,值得关注。三年前(350年),也就是曲水流觞的前二年,氐族人苻洪投奔东晋,被任命为征北大将军,不久自称秦王。苻洪病死,去年,苻健称帝,定都长安,与东晋彻底断绝关系。今年,苻健死,苻生继位。这个苻生就是个杀人魔王。《晋书》载:"左右讲皇上圣明,天下太平。苻生说:'溜须我,拉出去斩之。'左右有说:'皇上刑罚慎重点才好。'苻生曰:'你诽谤我也,拉出去斩之。'"说他好话斩之,说他坏话也斩之,他就是以杀人为乐的凶残暴君。

之所以关注他,是因为他最后想"斩之"的是他同族苻坚,引起四年后(357年)苻坚宫廷政变,杀死苻生,登上前秦皇位。这个苻坚就是三十年后(383年)淝水之战中,谢安的终极对手。

西晋末年,八王之乱的同时,以匈奴、羯、鲜卑、羌、氐为主的五个族群(史称五胡),在中国北方相继起兵,战火纷飞,烽烟四起,掠夺屠杀不断,各自陆续建立国家。史称"五胡闹中华"。

苻坚,氐族,略阳临渭(甘肃秦安)人。自幼聪颖过人,八九岁时,言谈举止犹如大人。苻坚八岁时,求爷爷给请个老师。爷爷一听吓了一跳,望着孙子说:"咱这个民族就知道喝酒吃肉,哪有学习的。如今你想求学,实在太好了。"第二天就请来了老师。苻坚学习非常刻苦,潜心研读经史典籍。长大后结交了许多当世豪杰,成了朝野享有盛誉的佼佼者。不言而喻,苻坚是当时"五胡"中少有的杰出人才。

继位后,他首先开始整顿内治,武力平定二次叛乱,史称"五公之乱"。然后开始东讨西伐,统一北方,进军西域,掌控了除东晋以外的广大领土。《晋书》说苻坚的功劳是:"平燕定蜀,擒代吞凉,跨三分之二,居九州之七。""虽五胡之盛,莫之比也。"对苻坚的评价是:"遵明王之德教,阐先圣之儒风,抚育黎元,忧勤庶政。"从《晋书》对苻坚的记载中看出,苻坚确实是"五胡"中,出群拔类的难得人物。苻坚重视人才,重用汉人王猛,羡他为人严谨、博学多才。同时在北边扩展疆域,奠定当时中国北部最大版图,共同完成富国强兵的的夙愿。这一切和王猛的施政密不可分。只是王猛临死劝告:"不要对东晋有所图谋"。八年后,建元十九年(383年)国家已有充足的储备,屈指兵马已破百万之众,颇有雄才大略的苻坚没有听从王猛的规劝,还是剑指东晋,决定完成大一统的最后一役。

此时正在曲水流觞的谢安,玩兴正酣。七年后他才走出隐居多年的"东山"出任官职。那个时候还没有科举制度,汉朝时叫举孝廉,按地方人口比例,向国家推荐行孝和廉洁的人做官员。到了晋朝是"门阀政治",主要特征是按门第高下选拔与任用官吏。谢家在朝廷有一定地位,又加之谢安名气大,因此朝廷多次诏谢安出任官职,都被他一一谢绝了。实在无法推辞的,就上任几天然后再借口逃脱。

谢安,字安石,陈郡阳夏(河南太康)人。四岁时,谯郡桓彝感叹曰:"此儿风神秀彻，后当不减王东海（王承，东海太守，东晋初年第一名士）。"他在童年时，神态沉着，思维敏捷，风度条畅，工于行书。年值弱冠得到名士王濛及宰相王导的器重。《晋书》说他"少有重名"，就是说他很小时名气就很大。后来，谢安弟弟谢万为西中郎将，担负守边的重任。谢安虽然隐遁山林，但其名声仍然超过谢万，有公卿大臣的声望。谢安的名气实在是太大了。这次谢安出山已年届四十，先任吴兴太守，不久命侍中，又升为吏部尚书、中护军。

话说当朝桓温战功累累，独揽朝政十多年，操纵废立，有夺取帝位的意向。宁康元年（373年）二月，桓温率兵归来，以拜谒皇陵为借口，大军驻扎于南京西郊新亭，派重兵把守每一个关口，准备顺势推翻东晋。并且下令召见谢安及王坦之，已经做好准备，在会见时一声号令砍杀二人，顺势推翻晋朝。王坦之十分恐惧，问谢安怎么办？谢安神色不变。说："晋室存亡，在此一行。"见到桓温，王坦之已经吓得汗流浃背，以至于把手版都握倒了。而谢安则从容不迫地就座，坐定后，对桓温说："谢安听说有作为的诸侯，谨守四方，明公何必要壁后藏人图谋不轨呢？"明确向桓温指出，埋伏刀斧手，不是正人君子所为。桓温略带尴尬地笑道："不得不如此啊。"马上撤下埋伏的士兵。又像多年故旧一样，谈笑风生，最后大家心平气和。谢安安抚住桓温图谋不轨的一念之差，以稳健沉着避免了晋室的改朝换代。

十年后，建元十九年（383年）八月，苻坚大举出兵东晋，号称百万之众，分东、中、西三路大军分头南下。命苻融率张蚝、梁成和慕容垂等以二十五万步骑兵作为前锋。苻坚发长安，戍卒六十余万，二十七万骑兵，九月已到项城。凉州之兵才到达咸阳，蜀、汉之兵方顺流而下。幽、冀之兵到了彭城（徐州）。东西万里，各路兵马，水陆齐进，运漕万艘，旗鼓相望，前后千里，遮天蔽日，浩浩荡荡，以"投鞭于江，足断其流"之势，向东晋杀来。

自秦二世元年（公元前209年）陈胜、吴广揭竿而起，楚汉相争，后又刘秀中兴，直到汉末三国鼎立，及西晋灭亡，所有战乱纷争大多都在中原逐鹿。唯有一百七十五年前（公元208年），曹操号称百万大军（实不超过二十五万）饮马长江，结果赤壁一战灰飞烟灭。细算起来自陈胜、吴广起，维系近六百年的江南安稳太平，今天受到了前所未有的挑战。而这个重担，落在了谢安为首的谢家一族身上。

敌军云集，旅次淮肥，京师震恐。谢家迎敌首当其冲，朝廷加封谢安为征讨大都督。弟弟谢石为解仆射，以将军假节征讨大都督，统帅大军。侄子谢玄为先锋都督，儿子谢琰任辅国将军，及恒冲、恒伊等将领，共率军八万沿淮水抵御前秦。谢安下令谢石、谢玄、谢琰等应机征讨。这一边先秦苻坚乃留大军于项城（距寿县西北二百六十公里），亲自率精锐轻骑八千，汇合弟弟苻融于淮南寿阳（寿县）。同时派遣四年前死守襄阳、城破被俘的东晋大将朱序，过河到晋军大营劝说谢石。以为：大军压境，强弱分明，"不如速降"。朱序来到晋营，私下与谢石献计说："若秦百万之众尽至，诚难与为敌。今乘诸军未集，宜速击之，若败其前锋，则彼已夺气，可遂破也。"趁苻坚大军未全到，速战速决，挫其先锋有望破敌。正当此时，苻坚与兄弟苻融登上了寿阳城瞭望。见晋军部阵严整，军旗猎猎，刀枪林立，威武庄严。再看八公山上草木皆类人形，漫山遍野，如千军万马，望之深邃不可测。苻坚对苻融说："此亦劲敌也，何谓少乎！"才感到晋军不弱，"忱然有惧色"，无形中添了几分惧色袭上心头。

晋军决定以朱序计谋转守为攻，主动出击。谢玄派使者给苻融送信说：你兵逼淝水而列，我过不去没有下脚的地方，没法和你打。不如你先往后多少退一退，给我腾出个落脚的地方，"以决胜负，不亦善乎。"苻坚一看晋军提出的要求，马上同意。并决定"使之半渡，我以铁骑蹙而杀之，蔑不胜矣"！做好渡一半而掩杀的打算。前秦大军一声令下，全军向后撤退。刹那间，前拥后挤，乱作一团。趁此机会朱序在秦军阵后大叫："秦军败了，秦军败了。"秦军阵脚大乱，一时间人踩马踏，溃不成军。晋军谢玄与谢琰和桓伊等引兵渡水杀来，秦将苻融横马阻喝部队，结果所骑战马被溃退下来的乱军冲倒，其人被晋军所杀。秦军自相践踏而死者遍地都是，"蔽野塞川"，败退下来的大军惊慌中，听到一点风吹草动都以为是晋军伏兵。放眼望去，八公山上"风声鹤唳，草木皆兵"。前秦大军兵败如山倒，一溃千里。

司马光在《资治通鉴·淝水之战》中载："（秦军）昼夜不敢息，草行露宿，重以饥冻，死者十七八"，已经是溃不成军了。此时的苻坚身中流箭，落荒而逃，幸好慕容垂的三万人建制尚全，苻坚只好带随身一千余骑与之合军一处，大败而归。

此时，谢安以八万人马，搏敌百万之众，国人惊恐，朝廷难安。唯有谢安与客人安然无事地下围棋,正好有前方战况来报:"秦兵已败。"谢安看完战报,若无其事地随手把战报放在床上,了无喜色安然下棋如故。客人急切地问战事怎么样?谢安慢条斯理地回答说:"小儿辈遂已破贼。"表面安稳的谢安,内心同样急如火燎。下完棋自己急着往回走,跨门槛时,太高兴太急切了,不觉把木屐底齿磕掉了。谢安以其自信笃定、稳重如山的气度,挽狂澜于淝水,使东晋又免遭一次劫难。

苻坚淝水惨败逃回西安,刚刚统一的北方,又开始四分五裂,烽烟四起,重新回到五胡十六国时代。北方人民又开始处于新一轮的兵燹战乱之中。淝水之战二年后,385年前秦亡,苻坚死,终年四十八岁。

早前,西晋末年永嘉之乱后,晋朝统治集团南迁,定都建康(南京)建立东晋,史称"衣冠南渡"。北方陷入五胡十六国时期,随之而来的是大量北方民众与难民为躲战乱而迁往南方,开创客家文化之先河,揭开北人南迁的高潮。淝水之战后,北方大乱,新一轮的南迁不可避免,先前的"衣冠东渡"开启的客家文化,又开始延续,使之蓬勃兴起。

淝水之战后,谢家成功地巩固了家族地位。紧随王家,形成牢固的王谢家族,使"旧时王谢堂前燕"流芳百世。

谢安在淝水之战二年后,在苻坚死去的前四天,公元385年10月12日去世,享年六十六岁。追赠太傅、庐陵郡公,谥号文靖。

淝水之战三十七年后,东晋亡。

2017 年 10 月

南北朝

冼英

岭南圣母

冼英,我们俗称冼夫人,出生在广东高凉的一个少数民族首领世家,掌控的部落有十万之众。冼英十岁就聪明贤惠,擅长谋略,随父兄经历多次部族械斗,突显一身巾帼气概。她能挽弓射箭,更深谙行军布阵之法。十几岁就能分担起家族首领重担,"抚循部众,能行军用师,镇服诸越。"还经常鼓励亲族要做好事,不要互相武力结仇,同时规劝时任罗州刺史的哥哥,不能倚势欺人掠州夺县。因此她在族群及乡里有很有高的威信,深得百姓拥护爱戴。同时,她有信誉讲道义,也深受临近广东的海南岛部族拥戴,仰慕冼英的为人,儋州(海南岛)一带有一千多洞(部落)自愿归附,听从冼英的指挥。

冼英出嫁冯家,所带的嫁妆不但有十万之众的族人,还有海南岛儋州归顺的千余洞(部落),已经是少女巾帼了。说起儋州千余洞归附冼英之际,也正是海南岛所经历的三个历史瞬间之一。

海南岛的第一个历史瞬间要从汉武帝说起:南越国(国都在今广州)丞相吕嘉发动政变,公元前112年,汉武帝发起五路大军平定南越,生擒叛将吕嘉,一举成功。其中伏波将军路博德、楼船将军杨仆成功平叛后,顺势登占海南岛。司马迁在《史记·南越列传》中提到此事说:"戈船、下厉将军兵及驰义侯所发夜郎兵未下,南越已平矣,遂为九郡。"说的是其他三路大军还没到,就已经平定了南越,并"遂为九郡"。《汉书》列出了九郡之名:"遂以其地为儋耳、珠崖、南海、苍梧、郁林、合浦、交阯、九真、日南九郡。"说到底,就是因为吕嘉反叛,汉武帝下令大军讨伐,路博德、杨仆两路大军平定南越国之后,顺势登占海南岛,置儋耳(今儋州)、珠崖(今海口)二郡。真是搂草打兔子——意外收获,“得大州东南西北方千里”,第一次将海南岛纳入中华版图。

海南岛第二个历史瞬间:汉元帝初元三年(公元前46年),那篇流芳千古《过秦论》的作者贾谊的曾孙贾捐之,写了一篇文章叫《弃珠崖议》,是向汉元帝的奏对稿(当面回答皇帝提出的问题)。《弃珠崖议》的中心思想就是一个事,建议朝廷放弃海南岛,不要了,咱也不派人管理了,随他去吧。

《弃珠崖议》述其原因是自从汉武帝元鼎六年(公元前111年)收复海南岛,设儋耳、珠崖二郡十六县以来,这个地方就没消停过,到元始五年(公元前86年)二十多年中发生六次反叛。元始九年(公元前82年)只好废除儋耳郡,合并入珠崖一个郡。甘露元年(公元前53年)又发生九个县造反,到了初元元年(公元前48年),连珠崖也反叛了。造反就讨伐,讨伐后再造反。连年讨伐征战,大有人困马乏之感,一句话是打烦了。贾捐之的《弃珠崖议》说:“颛颛独居一海之中,雾露气湿,多毒草虫蛇水土之害,人未见虏,战士自死。又非独珠有珠犀玳瑁也,弃之不足惜,不击不损威。”说的是区区海中一岛,阴湿终年,毒草虫蛇遍地,官兵不战自伤病残。不就是产些珍珠、犀角、玳瑁(海龟)吗?有这些东西的地方多了,为了这点事就劳民伤财不值当。

汉元帝反思,自汉武帝收海南岛以来,到现在的山南县(陵水)造反,六十多年中,全岛共反叛十七次之多,屡讨屡反,连年不断。再说这个荒岛也没什么东西,真是“弃之不足惜,不击不损威”。一时没了主意,征求丞相于定国意见。于定国认为:“不久前连年调兵进攻珠崖,护军都尉、校尉以及丞共十一人,只有二人生还。士兵和转运粮草而死的人在万人以上,费用三亿多,还不能全部降服。现在关东贫困疲乏,百姓很难征调,贾捐之的‘弃珠崖’看法还是正确的。”汉文帝一看还有人支持这个“弃珠崖”的论点,就听从了贾捐之的意见。于是下诏:“废除珠崖郡,想归属大汉的百姓,所到之处,就地安置,不愿意归属的不要勉强。”海南岛从此陷入无人管理的状态。近六百年后,靠近大陆的儋耳,才有一千多洞族民自愿归附冼英。

海南岛第三个历史瞬间:是由冼英所创造的。梁大同中(540年左右),鉴于已有一千多峒部落,归附冼英,因此冼英请命于朝廷,在海南岛设置州府,恢复对海南岛行政管辖权。梁武帝萧衍同意,在原已废除的儋耳郡(儋州)的位置设立崖州,统隶于广州都督府。从此,海南岛在南梁朝版图上称为崖州。"久乱不统,不能一日相聚以存。""孤悬海外"的海南岛,又重新隶属中央政权的管辖,回到祖国怀抱。海南岛自古以来连续设置州府,而主动要求中央政府管辖,始自冼夫人的倡导。

再说冼英出嫁变为冼夫人的事。冼英嫁给了高凉太守冯宝,这冯家也非等闲之辈。冯家祖籍北方冀州(河北衡水),宗主为冯跋,自立为皇帝,改元太平,史称北燕。冯弘为冯跋弟弟,是北燕第二个皇帝,后来战败亡国逃到朝鲜,派儿子冯业率三百人渡海归降南朝。《北史》载:(436年)初,冯弘之投高丽也,(437年)遣(冯)融大父(冯)业以三百人浮海归宋,浮海到了广东新会,投奔南朝宋文帝刘义隆,被封为怀化侯新会太守,后又封为罗州刺史。

冯家来南方三代后传到冯宝时为高凉太守,冯家毕竟是来自北方的汉官,在俚、獠等少数民族占优势的高凉地区很难站稳脚跟,推行政令。自娶冼英后自然汉俚一家。当时在广州以西阳江、高州、茂名、电白、湛江一带的山区,全是冼英的部落,高凉地区自不用说。冯宝与冼夫人在这里推广农业生产,兴水利办学堂,深为高州民众拥戴。

冼英自到冯家成为冼夫人后保境安民,在平生八十多年里,三个朝代次第更迭、改朝换代中能顺应潮流,为各朝平定南越叛乱,维护统一大局,功劳卓著。在历经梁朝、陈朝、隋朝三个朝代中,被四次册封夫人称号,去世后又有谥号,一生中共得五个夫人封号。

第一个夫人封号是在梁朝大宝二年(551年)授予的。大宝元年,高州刺史李迁仕响应侯景反叛朝廷,招高凉太守冯宝起兵北上。冼夫人让冯宝暂作拖延,自己率领一千多名士兵,徒步而去,挑着礼物,暗藏兵刃,及至城中,趁机不备,突然发起进攻,李迁仕毫无准备大败出逃。冼夫人率部乘胜追击,与梁都督陈霸先会师平叛。551年,梁朝论功评赏,册封冼夫人为"保护侯夫人"。557年,陈霸先称帝,陈朝立。

第二个夫人封号是陈朝太建年间授予的。永定二年(558年),冯宝死,岭南大乱。冼太夫人凭着自己的威望,劝服、团结百越,使社会恢复安定太平。太建二年(570年),广州刺史欧阳纥反,将冼太夫人儿子冯仆骗去,诱迫他同反朝廷。冼夫人不顾儿子陷于险地,为了国家发兵平叛,配合陈朝遣讨军队全力击溃叛军。陈朝嘉其功,册封她为"石龙郡太夫人"。

第三个夫人封号是在隋朝初年授予的。589年,陈朝占据江南三十三年后被隋所灭,天下终成大一统。岭南一时无主,几个郡守共同服从冼夫人指挥,并把冼夫人尊为"圣母",主张岭南独立一隅,以保境安民。隋朝大军到了岭南边境,因敬畏冼太夫人,逡巡遥望,不贸然进攻。遣使者拿出陈后主遗书,和她所赠陈后主的信物"扶南犀杖"。冼太夫人在确知陈亡后,召集首领数千人"尽日恸哭",然后才归顺了隋朝。岭南的归顺,成为隋朝统一全国的最后一片土地。朝廷感其顾全大局、识大义,册封她为"宋康郡夫人"。

第四个夫人封号是在隋开皇十年(590年),番禺王将领仲宣反叛朝廷,"诸州跟叛",形势紧迫。冼太夫人出兵平叛,"所到之处,闻风归顺"。平息叛乱后,将近八十岁的冼太夫人骑着骏马,张锦伞,带骑兵,护卫隋朝大员巡抚诸州。所到之处,各地首领都来拜谒和受爵,岭南地区(包括海南岛)从此完全安定下来。隋文帝对冼太夫人大为惊异,表其功,册封为"谯国夫人"。

第五个封号,是隋文帝感谢冼夫人对岭南的安抚之功,使之不动干戈和平过渡,特赐予临振县(三亚)汤沐邑一千五百户,追赠孙子冯仆为崖州总管、平原郡公。琼南(三亚)乃至整个海南岛均属于冯冼家族世袭领地。冯氏家族及其南越俚人开始大规模移居海南岛。应该说冼夫人在海南岛的历史进程中产生了巨大影响。仁寿初(602年),冼夫人卒,赙物一千段,谥为"诚敬夫人"。

对冼夫人的生年、享年正史无记载。历代史家,众说纷纭,莫衷一是。1961年,历史学家吴晗在《光明日报》的《冼夫人》一文中载:"冼夫人的生卒年都不清楚,只知道她于梁大同初年(535年左右)结婚,陈永定二年(558年)她的丈夫冯宝去世,儿子冯仆才九岁,隋仁寿初年(601年左右),冼夫人死,存年(享年)当在八十三四岁左右(518—601?)。"按此推算,冼夫人出嫁年龄,应在17～18岁,当然这是众说法之一。

冼英少时就能从善压服众部落。她一生中对海南岛的行政归属,起到了至关重要的作用。冼英历经南朝的梁、陈两朝,最后到隋朝大一统。这三个朝代更迭中,冼夫人能识大局维护统一,平息叛乱,使所管辖、影响的地区免遭战乱之苦,保一方平安。这对当时当地的人民生活安定和生产发展做出了不可磨灭的贡献,被广东沿海百姓奉为"岭南圣母"。

2014 年 8 月 24 日

萧 衍

"南朝四百八十寺"

公元 420 年，大将刘裕废除东晋皇帝，自己称帝，史称刘宋。《中国历史年表》从这一年起，朝代一栏由"十六国"，正式改为"南北朝"。南朝经过刘宋、萧齐到萧梁期间，信奉佛教已经达到最高潮。三百年后的唐朝杜牧，在《江南春》诗中所说的"南朝四百八十寺"说的就是南朝的宋、齐、梁、陈四朝留下的寺院之多，其中主要是南朝梁萧衍时期寺院最盛。

其实在南北朝期间，无论是南朝、北朝，都有一个共同的特点，就是盛行佛教。其标志就是寺院林立，佛塔、佛窟工程浩瀚，应该说北朝比南朝更甚。

北朝的北魏文成帝拓跋濬，在位期间下令："准许诸州城郡县于众居处，建寺一所"，诏令一下，顿时在全国各地掀起兴建寺院的浪潮。建寺院已经不限州县，只要是民众集聚的"众居处"都可建寺院，全国建寺院之盛前所未有。到北魏孝文帝时，当时兴造寺塔的风气正盛，平城（大同）新旧寺约一百所，各地六千四百七十八所。但到了北魏末，洛阳一千三百七十六所，各地寺庙达三万有余（《释老志》、《洛阳伽蓝记》）。全国寺院达到三万所，还不是顶峰。到了北齐，文宣帝于晚年，到辽阳甘露寺，深居禅观，不理政务。此后北齐诸帝，多半好佛，邺都的大寺约有四千所，僧尼近八万；全境的寺院有四万余所，僧尼二百余万人。（《续高僧传》卷八《法上传》，又卷十《靖嵩传》）北魏全国寺院最后多达四万所，应该说是达到了北朝寺院的鼎盛时期了。

北魏时期寺院的数量不断扩大，建筑标准也不断提高，极尽奢华。仅举洛阳永宁寺为例，寺内有座九层木塔，高有九十丈，从上面的塔尖算起共一百丈（北魏一丈合今30.9厘米，一百丈为30.9米），寺内的塔有这么高，那整个寺院就更高了。当时说人在百里之外，就能看得见寺院的楼顶。据说禅僧菩提达摩到洛阳，看到规模如此宏大、气势雄伟的永宁寺，感叹从来没有见过。《洛阳伽蓝记》卷一说，他（达摩）自称"一百五十岁，游历诸国，靡不周遍，而此寺精丽，遍阎浮所无也。极物境界，亦未有此"。可见当时佛寺之雄伟，世界少见。

比寺院建筑更为庞大的佛窟工程也陆续开工，大同云冈石窟开工于460年，前后延续六十多年时间。在东西长1 000米的石壁上，开凿出洞窟45个，石雕造像数千躯。云冈石窟开工三十多年后，于493年北魏孝文帝迁都洛阳，龙门石窟由此开工。此石窟工程更加庞大，历经三四百年以后才最后完成。其他如天水麦积山石窟、敦煌莫高窟……无不留下北魏、西魏、北周的工程痕迹，同时北朝各地中小石窟、佛龛也遍地开花。北朝时期，出现了前所未有的崇佛热潮。

在北朝崇佛的同时，南朝佛教同样盛行，寺院虽远未达到北朝的数量，但虔诚的程度，要远高于北朝，尤其是萧梁一朝。南朝寺院，在刘宋时期有1 913所，僧尼36 000人；到梁齐时期有寺院2 015所，僧尼32 000人；到萧梁（萧衍）时最盛，佛寺达2 846处，僧尼80 027人；陈时有佛寺1 232处，僧尼32 000人。从以上的宋齐梁陈四朝的寺院数量上看，之所以佛寺在梁朝达到了南朝鼎盛时期，主要是和皇帝萧衍笃信佛教，被称为菩萨皇帝有关。

梁武帝萧衍生于宋孝武大明八年（464年），南兰陵中都里（今江苏丹阳）人。《梁书·武帝纪上》曰："生而有奇异，两胯骈骨。头顶上隆起，有文在右手曰'武'。"稍大时，博学多才，喜好筹划，有文韬武略的才干，是众多少年中极被推崇的人物。

要说萧衍的喜欢筹划，要从"伐竹沉木"开始。《梁书·武帝纪》载："东昏即位，高祖（萧衍）潜造器械，多伐竹木沉于檀溪，密为舟装之备。"说他提早地砍竹伐木，扔进当年刘备马跳檀溪的那个湖底，时刻准备着。永元二年（500年），机会终于来了，身为雍州刺史的萧衍，捞出沉于檀溪湖底的木竹，召集上千工匠全面开工，把准备好的三千艘船只改装成战舰。招募万名士兵，与千匹战马，出兵襄阳。大军水陆并进，顺流直下，推翻东昏侯萧宝卷，拥立南康王萧宝融称帝。次年，攻陷建康（南京），中兴二年（502年）萧宝融"禅位"萧衍登基，谥号武皇帝，改国号梁，世称梁武帝。后来"伐竹沉木"成为一个典故，比喻有眼光，提前筹划。就如同萧衍，早看出乱世纷争，于是早早做好了准备，及时起事，顺时称帝，所建梁朝史称萧梁。

萧衍即位后的第三年四月十八,释迦牟尼诞辰日。下诏令:"愿使未来世中,童男出家,广弘经教,化度含识,同共成佛。"同时建五经馆,一切按儒家五经设置学校,由当时最有名的五位儒家学者管理,教授学生专门学习儒家经典。优先寒门子弟,生活费用全部免除,考试合格成绩好的给予官职。并号召朝廷公卿百官、侯王宗室共同信佛,进一步明确治国理念,以佛教和儒学作为治国方略。提倡五礼之学,制定了1 176卷、8 019条的五礼标准。制定吉、凶、军、宾、嘉五种礼仪,其中涵盖日常生活工作的方方面面,在人与人平常交往中,都有一个统一标准的礼仪形式。也就是说,不管什么事,只要人和人接触就要按统一的礼节行事,朝廷上下,百官民众形成一个尊崇礼仪的风气。

另一个举措是建寺庙,梁、齐比前朝多建寺庙四分之一强,只建康(南京)寺庙就有700所之多。梁普通八年(527年),梁武帝在鸡鸣埭兴建同泰寺(今鸡鸣寺位置)。寺内有大殿六所,小殿堂十余所,一座九层宝塔,一座七层高的大佛阁,供奉着十方金像和十方银像。整个寺院依皇家规制而建,规模宏大,金碧辉煌。梁武帝自称"三宝奴",四次舍身出家入寺,脱下帝袍,换上僧衣,做的都是下等人所干的粗活。干到一定时日,再由国家出钱赎回自己,值此一项费用总共用了四亿钱。自己亲受菩萨戒,不近女色,法名:冠达。

萧衍佛学精深,从《大涅槃经》中找到吃素根据,亲自撰写《断酒肉文》。下诏所有佛教徒必须断绝酒肉,而且组织千人共同宣唱《断酒肉文》,自己率先带头素食,从此开创僧人按《大涅槃经》不食酒肉的戒律。

梁武帝勤于政事,每天五更起床,冬天冻裂了手。平时穿布衣,一顶帽子戴三年,棉被二年换一次,吃素食,每天只一顿。由于自己带头宣讲佛教,劝人向善,同时以儒家经学教育国民,礼貌谦让成为国民的时尚和基本信条。在这期间,社会安定,秩序井然,百业发达。就在梁武帝四次入寺中,朝廷没出现乱象,社会秩序良好,市场经济繁荣,苏州、杭州都成了人口集中的大城市。朝供的国家也多了起来,不完全统计有波斯国、盘盘国、林邑国、百济国、扶南国、滑国、丹丹国、高丽国、芮芮国、师子国、狼牙修国、新罗国、婆利国、于阗国……在梁武帝儿子萧绎所画的职贡图里,进贡地方特产的国家有29个。

梁武帝对佛教的感情是真实的,他希望建设一个社会安定,人与人之间都彬彬有礼,人人都做着善事,经济发达的国度。他以身作则,事必躬亲,做功德为民祈福成为他的最大愿望。由于侯景之乱,梁朝灭亡。太清三年(549 年)五月,萧衍饿死(六十天没进食)于台城皇宫净居殿,享年八十六岁。梁武帝在位四十六年,是南朝在位时间最长的皇上。葬于修陵(今江苏丹阳市陵口),谥号武帝,庙号高祖。

早前,梁武帝萧衍和来自印度的达摩禅师有一段谈话,时间是梁武帝普通七年(526 年)九月二十一日。广州刺史萧昂备设东道主的礼仪,欢迎达摩,并且上表奏梁武帝。梁武帝看了奏章,派遣使臣奉诏到广州迎请,这时是大通元年(527年),十月一日达摩等到达金陵(南京)。武帝接见了达摩,问他:"朕继位以来,营造佛寺,译写经书,度人出家不知多少,有什么功德?"达摩说:"并没有功德。"武帝问:"为什么没有功德?"达摩说:"这些只是人天小果,有漏之因,如影随形,虽然有,却不是实有。"武帝说:"怎样才是真功德呢?"达摩说:"清净、睿智、圆妙,体自空寂。这样的功德,不是在尘世上追求的。"武帝又问:"什么是圣谛第一义?"达摩说:"空寂无圣。"武帝又问:"回答朕的问话的人是谁?"达摩说:"不知道。"武帝没有领悟。达摩知道二人的心思没有契合,于是在十月十九日,悄悄去往长江北岸。十一月二十三日,达摩到达洛阳。这时是北魏孝明帝孝昌三年(527 年)。达摩下榻在嵩山少林寺,面壁而坐,整天默默不语。人们不知道他在干什么,管他叫"壁观婆罗门"。

为佛教做这么多事,没有功德吗?达摩是中国禅宗始祖,禅宗在中国传到六祖慧能。慧能说:"本无菩提树,又无明镜台。二者皆不在,何处惹尘埃。"也许"空寂"就是最大的智慧……

南朝萧梁灭国,接下来的是陈国。而此时的北朝已经是北周时代,建德六年(577 年),北周推行灭佛政策,毁掉北朝全部寺院四万所。至此南北朝所有寺院只剩下当时的南朝陈国的佛寺一千二百三十二处了。随着隋唐二朝的更迭,到唐朝开元初,天下诸州寺总计达到五千三百五十八所。(《唐代经济和佛教兴衰》)以后发生安史之乱,随之藩镇叛乱使唐朝佛寺再无复兴之景。

唐文宗大和七年(833 年)春,诗人杜牧经江宁(南京)往扬州,路过江阴写下《江南春》一首:

千里莺啼绿映红,水村山郭酒旗风。

南朝四百八十寺,多少楼台烟雨中。

也许诗人面对灯红柳绿、姹紫嫣红、市井繁华的江南大地,感叹寺院建筑精美的同时,也感悟和展望到佛寺的兴衰和迷离。

十二年后,会昌五年(845 年)四月,唐武宗下敕灭佛。八月,下诏宣布灭佛结果:"天下所拆寺四千六百余所。"(《武宗本纪·旧唐书卷十八》)除此之外,支持灭佛的杜牧在《杭州新亭子记》中说:"始命西京留佛寺四,僧唯十人;东京二寺,天下所谓节度、观察、同、华、汝三十四治所,得留一寺。"也就是说西京长安留下佛寺四所,东京洛阳留下佛寺二所,还有三十四个节度使级别的行政区域,各留一所。细算下来全国还有四五十所寺院保留了下来,没有被拆除。那"南朝四百八十寺"呢? 尽管这仅是个虚数,但这不重要。重要的是无论多少,它们都将或已经在这次灭佛的"烟雨中"消亡,也许不会殆尽。因为在留下的寺院中,或在江南能有节度使级别的行政区仍保存一两所或更多而已。这些寺院的拆除,在人文景观中,都将是一个不可估量的损失。

……

南朝四百八十寺,多少楼台烟雨中。

今天读起这首诗,情不自禁地感觉到,是一种多么凄楚的感叹。

当年的座座寺院,已灰飞烟灭不复存在。但是,当年萧衍率领千人诵读的《断酒肉文》,至今仍是我国大乘佛教尊崇的清规戒律。同时兴起的是,我国素食文化的发展和繁荣。

2007 年 8 月

唐朝

魏　徵

进 谏 人 生

　　进谏,在中国历史上主要是向君主提出规劝性主张或建议,以及对他们的错误行为、意识,进行劝阻或批评。

　　魏徵的进谏人生,是从军后跟随李密开始的。隋朝末年,群雄逐鹿。几经失败后,只身落魄的李密投奔瓦岗寨起义军,并逐渐成为瓦岗军领袖。魏徵应邀在元宝藏起义军中担任"书记"一职,后来跟随元宝藏一起率军投降瓦岗寨。在元宝藏与李密平时奏疏往来中,李密发现执笔奏疏的魏徵文笔很好,文辞中多有独到见解。后来把他招之左右,但对魏徵多次进谏的计谋,从来不采纳,自己一意孤行,屡遭败绩。魏徵跟随李密共同投靠了李唐(李渊的军队),后来李密反叛自立,而魏徵独自留在李建成(时为太子)名下。李建成把他召为洗马,"洗马"全称为"太子洗马",就是太子的侍从官。这是一个很重要的职位,魏徵纵览全局,很快就进入角色。他发现太子李成建的弟弟李世民,屡建功勋,威望越来越高,功高震主,对太子已经构成了威胁。他几次进谏李建成,把李世民安排到边远地区,远离朝廷中心。遗憾的是李建成对魏徵的劝告始终未予采纳与实行。

　　武德九年(626 年)六月四日,二十七岁的李世民发动宫廷政变,在宫城玄武门内,杀死太子李建成和四弟李元吉。唐高祖李渊下诏将李世民立为太子。八月,唐高祖禅位,李世民登上帝位,是为唐太宗。第二年初,唐太宗改年号为贞观。

　　魏徵,河北巨鹿人。父母死得早,很小就一个人孤苦伶仃地生活。他不寻求那些打零工或放牧维持糊口的营生,而是热衷寻找读书学习的机会。他到庙里当道士,有机会识字读书,多所通涉。时值隋朝末年,天下大乱。他所学的知识非常广泛,特别关注纵横的研究。《旧唐书·魏徵传》说他:"少孤贫,落拓有大志。"

李建成功败垂成,魏徵成为阶下囚,李世民召见魏徵。问魏徵:"你为什么离间我们兄弟?"魏徵表情非常平静地说:"皇太子如果听从我的话,就不会有今日之祸。"李世民看到他毫无惧色,心平似水,言辞忠实,不但没有生气,还深加器重。唐太宗李世民即位后,提升魏徵为谏议大夫(专给皇帝提意见的职务),封巨鹿县男(爵名从五品)。安排他第一个工作,去安抚河北,并且有遇事可酌情处理的权力。魏徵走到半路,遇到前东宫禁卫官李志安、齐王护军李思行都被锁在囚车里正押解京师。魏徵对副使李桐客说:"我来的时候皇上诏命,前东宫、齐王府的人一律赦免。现在把他们押送京师,谁还相信皇上的诏令呢?朝廷现在派我来安抚山东,人们就不会相信了,这是差之毫厘、失之千里。现在放了他们,不追究他们的罪责。大夫出使,只要对国家有利,就应该自己做主。皇上既然信任我,我就要负责任。"副使同意了,放了李思行等人,魏徵呈报皇上。作为工作汇报,同时也是讲道理给太宗。唐太宗知道此事非常高兴,赞赏魏徵的才能,挥手之间安抚山东,从此更加看重魏徵。

魏徵这个谏议大夫,是大事也谏,小事也谏,外面事家里事,见事就谏。官员郑仁基的女儿才貌双全,皇后让娶进宫为充华(妃嫔称号),一切都已办齐。魏徵听人说郑女已定婚约,就进谏皇上说:"陛下居于楼台,就应让百姓也有住处;自己吃饭时也要想到百姓也有吃的,让百姓吃饱;看到身边的皇妃,就应当为百姓有家室着想。如今人家郑女已许配人家,陛下再娶她进宫,人家父母能同意吗?"太宗想了一下,感到魏徵说的可也对,就深深地责备自己,册封之事也就算了。

进谏有很多方式,大多都是以上疏形式,因事对皇上进行规劝。而魏徵更多的是当面力劝或直截了当提出不同的意见。发现皇上有不妥的地方敢于及时犯颜,毫不懈怠。对皇上一些有失检点的行为,毫不留情地直面劝阻。

有一次,唐太宗到九成宫(唐朝离宫,今麟游县)巡游,因为宫里人常要往返京城,都住在沣川县(扶风县)的官舍(招待所)里。右仆射李靖、侍中王圭来到,县吏马上把宫人转移到别的住所,把官舍让给李靖等住。唐太宗知道后大怒说:"这些人竟敢蔑视皇威,恭敬李靖而轻待我宫人!"马上下诏,审查韦川县吏和李靖等人。魏徵知道后马上出来劝阻说:"李靖等人,都是陛下的心腹大臣,边关要人,宫人只是打扫庭院的奴婢。李靖等外出,都要有办公和接待地方官员的条件,向他们传达朝廷法度,调查民间疾苦。至于那些宫人,有吃喝的就可以了。如果因这点小事责罚大臣官吏,不是有损皇上的声誉吗?这会让天下人感到惊异。"太宗想了想说:"你说的是对的。"于是免于向官吏问罪,李靖等人仍然住在招待所里。

那一次太宗驻跸洛阳,经过昭仁宫(今宜阳),由于各方准备不理想,大发脾气,责罚地方官员。魏徵直面太宗说:"当时隋炀帝就因为以进贡物品的好坏多少来决定赏罚地方官员,所以引起天下大乱。这都是陛下您亲身经历的事啊,为什么还要效仿隋炀帝呢。今陛下替代隋朝,就应该引以为戒,谨慎节俭才对,怎么还能责怪不够奢华呢?"太宗被魏徵这番话所震惊,沉思了一会儿说道:"你说的也对,朕听不到这些贴心的话。朕以前率军打仗时,也经过这个地方,那时是买便饭、租房住。今天有这样的好条件也该知足了。"

魏徵对皇上的一些小事及时劝阻,是防患于未然。每逢大事更是据理力争,丝毫不让。什么是大事?天子封禅可谓国之大事。

泰山封禅是国之大事,也一直是唐太宗李世民所追求一生的梦想。《五经通义》云:"易姓而王,致太平,必封泰山、禅梁父。""易姓而王"就是改朝换代,还有一个条件就是"致太平",这就是封禅泰山的先决条件。对李世民来说算是改朝换代了,看政绩《资治通鉴》载,贞观四年云:第一年关中饥荒,米贵一斗要绢一匹。第二年天下蝗灾,第三年发大水。是岁也就是贞观四年,天下大丰收,流落外乡者都归回故里,一斗米才三四钱就可以买到。一年判为死刑的才二十九人,东至大海南到五岭(广东),都夜不闭户。外出的人都不用自带粮米,到处都很便宜,由此称为"贞观之治"。如此辉煌盛世的政绩,达到了"致太平"的要求。泰山封禅的硬件,表面上是达到了。

"贞观之治"使全国形势越来越好,贞观六年,在满朝文武群臣请求太宗泰山封禅的呼声中,独有魏徵反对。李世民很不高兴,咄咄逼人、气势汹汹地问魏徵:"你不同意我去封禅,是因为我的功劳不高、德行不厚、中国未安、四夷未服、年谷未丰、祥瑞未至吗?"魏徵回答:"您功高、德厚、国安、夷服、年丰、瑞至。"李世民又问:"那凭什么我就不可以封禅?"魏徵从容坚定地回答说:"自从隋末大乱以来,到现在,连户籍还没有恢复,仓库空虚。车驾一旦东巡,千骑万乘,大队人马浩浩荡荡耗费巨大,沿途百姓实在是不堪重负。再者,如果陛下封禅,万国来朝。然而中原一带,一片萧条,杂草丛生,让各国使者或国君看到中国虚弱景象,或有轻蔑之心?如果赏赐稍有不周,就难以满足他们的欲望;再说就算免除赋役,也抵不上一路百姓的破费。仅仅为了图个虚名而受实害的事,为什么就一定要做呢?"不久,"会河南、北数州大水,事遂寝",中原数州暴发洪水,封禅之事就此搁置。后来下诏停止封禅。《资治通鉴》云,(唐太宗)手诏不许(封禅)。唐太宗的理由是:"流遁永久,凋残未复,田畴多旷,仓廪犹虚,家给人足,尚怀多愧。"(《册府元龟》卷三十五,帝王部封禅)可以看出此次停止封禅的理由,如魏徵劝告相仿。李世民还是听从了魏徵的意见。

封禅泰山对李世民的诱惑太大了。贞观十一年,他指派房玄龄、魏徵、杨师道三人筹备封禅礼仪诸事,也就是规划封禅泰山。设计泰山之顶聚土筑圆台,以祭天帝,于泰山下小山丘上积土筑方坛以祭地神,地坛长宽十二丈(36 米),高一丈二(3.6米)。还设定了玉玺、立碑的规格尺寸,和一应封禅工程仪具。

李世民再次发起封禅泰山是贞观十五年(641 年)夏,正式下诏,"以来年二月有事于泰山(封禅)",并做好了一切准备工作。但是,太史报告天上出现了彗星,不吉利。此时,魏徵上奏《魏郑公谏止唐太宗封禅》曰:"今有人十年长患,……便欲使负米一石,日行百里,必不可得。隋氏之乱,非止十年,陛下为之良医,疾苦虽已安,未甚充实。告成天地,臣切有疑。"意思是说隋朝末年社会动乱,已远不止十年,百姓的疾苦虽然有所缓解,但还不富裕。好比一个人病了十年刚好,就让他背负一石米,一天走一百里路,这是不可能的。今天要祭祀天地告之,治理国家大业已完美成功,我还是心有疑虑。唐太宗看了之后无言以对,这一次的封禅,又以流产而告终。李世民在《停封禅诏》中说:"今太史奏,有彗星出于西方。……(封禅)行途之间,劳费不少。东夏凋弊,多未克复。将送仪仗,转运粮储,虽存节省之仪……前以来年二月有事泰山(封禅),宜停。"(《册府元龟》)其中道出"行途之间,劳费不少。东夏凋弊,多未克复。将送仪仗,转运粮储"字样,与魏徵《魏郑公谏止唐太宗封禅》书,如出一辙。

贞观二十一年(647 年)正月,魏徵去世四年后,李世民再次启动封禅泰山,

"诏以明年仲春有事泰山(封禅),禅社首;余并依十五年议。"说是明年(贞观二十二年)封禅泰山,一切准备都按贞观十五年的筹划进行。然而遗憾得很,正月里决定的事,到了八月又被取消,《停封禅诏》解释停止封禅的理由有三条,一是薛延陀"初归正朔""理须安置"。二是"有翠微之役"。三是"河北数州,颇伤淹涝"。李世民到底没有封禅泰山,无疑是终身遗憾,同时魏徵百般规劝的情景,也让他如影随形。

魏徵总认为自己对国家没有什么功劳,全凭嘴说进谏,就参与决策,心里没底。后来以眼病为借口,请求辞职回家养病。太宗说:"我把你从敌军中提拔起来,任命你关键职务,你看到我的过失,从来都是直言进谏。金子如果在矿里,没有什么价值,只有开采出来,锻造成器,才是宝贝。我就是金矿里的金子,你就是上好的工匠,你现在虽然有病,但还没老啊,哪能辞官呢?"同年魏徵又当面请求辞职,太宗还是没有答应,并且拜魏徵为特进(正二品)知门下省事。

唐太宗毕竟是一位有作为的君主,魏徵"频上四疏,以陈得失"之后,"太宗手诏嘉美,优纳之。"太宗经常和长孙无忌说:"……我自从听了他(魏徵)的谏议,天下才得以安宁。多远的国家,都来朝贡,九夷重译,相望于道。这一切都是魏徵的功劳。"

早前,太宗刚即位,励精图治,经常让人把魏徵叫到自己的房间里,询问治国施政的要领。魏徵很有治国的才干,性情耿直,从不退让与屈服。太宗和他商讨,基本都是同意他的意见。魏徵最早跟随过的元宝藏、李密、李建成,可他们无一例外地都没有听从过自己的意见,都是一意孤行。自从遇到李世民以来,多采纳自己意见。他为遇到明君而喜不自胜,所以从来都是把自己对问题的看法如实地说出来,毫不隐瞒。太宗曾经慰劳魏徵说:"你进谏的事,有二百多项,你若不是忠诚报效国家,就不会这样。"那年,太宗又升任他为尚书左丞。

魏徵不是帅哥,相貌平平,但有胆略,每当对皇帝犯颜苦谏,或逢皇帝震怒,魏徵总是面不改色,坚定不移的样子。有一次皇帝想去终南山打猎,一应户外物品都准备妥当,后来想了想没有去。魏徵问皇帝说:"人言陛下欲幸南山,外皆严装已毕,而竟不行。何也?"皇帝笑了说:"当时确实也真想去,一切都准备好了,但是怕你再絮叨什么,最后干脆取消了。"(《资治通鉴》)还有一回,皇帝得到一个漂亮的鹞鹰，放在自己的臂上正在玩耍，突然远远望见魏徵走来，赶紧把小鹞鹰藏在怀里。魏徵眼尖，早就看到他藏鸟的举动，却装作啥也没看到的样子，故意和他汇报工作磨蹭时间。等魏徵奏事完毕走远了，再看看怀里的小鹞鹰已闷死怀中。《资治通鉴》提到了这个小故事，可见皇帝对魏徵已到了小心忌惮的程度。

魏徵生病，皇帝派人去探望。魏徵住的房子太小了，连客厅都没有，客人去了都要坐在外面。太宗听说后，把自己准备在宫里建宫殿的材料用来为魏徵修建客厅，用五天时间完成。太宗派使者把一般人家用的褥子和布被赐给魏徵，以满足魏徵崇尚简朴的心愿。到魏徵病重，太宗再次到魏徵的家里，手抚魏徵流下了眼泪。过了几天，魏徵去世的消息报来，时年六十四岁。太宗又亲自到魏徵家中吊唁，哭得非常伤心，停止上朝五天。追赠魏徵为司空、相州都督，赐谥号文贞。宫廷的仪仗队和吹鼓乐手共四十人，送给办丧事用的绢帛千段、米粟千石，陪葬魏徵于昭陵。魏徵的夫人裴氏知道后，坚决不同意。说：“魏徵平生节俭，现在按一品官员的礼节安葬，过于奢侈，这不符合魏徵的心意。”然后对朝廷供给的一切仪仗和物品都推辞不受，找了一辆普通的马车载上棺椁，上面用布盖上，就去下葬了。太宗登上御苑中的西楼，远远地望着魏徵的灵柩掩面痛哭，马上诏令百官共同把魏徵的灵柩送出郊外。太宗亲自为魏徵做碑文，并将它书写在石碑上。

魏徵死后，太宗对他思念不已，上朝时对众大臣感叹地说：“以铜为镜，可端正衣冠；以史为镜，可知道兴衰更替；以人为镜，可了解得失。朕常保持这三面镜子，用来防止自己的过失。现在魏徵去世，我痛失一面镜子！”

当年八月，有人报告，魏徵生前曾推荐过中书侍郎杜正伦和吏部尚书侯君集有宰相之才。后来，杜正伦因罪被罢免官职，侯君集叛逆朝廷被杀，太宗怀疑魏徵与他们有同党之嫌。尤其是魏徵生前又将自己抄录的前后谏言给史官褚遂良备份，知道这事后，太宗大不高兴。于是亲手下诏取消了衡山公主与魏徵长子叔玉的婚约，推倒魏徵墓碑，磨平碑上文字。

贞观十九年（645年）冬十月，唐太宗亲自征讨高丽，新城、建安、驻跸三大战，斩首四万余级，战士死亡两千人，战马死者十有七八。太宗此次征战没有成功(未灭其国),深为懊悔,同时想起了魏徵,叹曰:"魏徵若在,不使我有是行也!"随即命令快马传递,征集祭祀供品,把推倒的魏徵墓碑重新立起来。召其妻子诣行在,劳赐之。

李世民和魏徵的故事,成为古代明君与诤臣的典范。

2017 年 8 月

慧 能

南 华 寺

"放下屠刀,立地成佛",这是佛教禅宗理念。记得在 20 世纪 90 年代初,在印度加尔各答、新德里到处是寺庙。进去一看,供的都是牛啊、猴啊的各种动物神,就是看不到佛教的寺庙。让翻译打听才知道,现在信的都是印度教、伊斯兰教、基督教等,信奉佛教的人数排位已排到第六七位。信佛教的总人数,全国也不过几十万人。为什么和我们翻译交流的印度人笑着说,可能原因很多,比如有的人对"放下屠刀,立地成佛"持有不同见解。有人说,应该对那些虽然放下屠刀的强盗,还是应该按法律给予应得的惩罚,以警示后人。不然,放下屠刀还成佛了,让人不解,可能会引起对佛教教义的疑虑。当然我们遇到的这位"三哥"也许只是笑谈而已,不过这件事让我一直挂在心上。这次和老婆来南华寺,也是想参拜一下"放下屠刀,立地成佛"的佛家"顿教"。

说起南华寺,还得从印度说起。远来的和尚好念经。在 502 年南朝梁武帝天监元年,印度高僧智药三藏,带徒弟来中国五台山礼拜文殊菩萨。在返回南海,北上广州、路过韶关曹溪口时,捧起水喝了几口。发现好甜的水啊,抬头环顾,这里山川奇秀,气度不凡。于是和当地居民说:"可于此建梵刹,曰宝林。百七十年后,有菩萨来此演化,得道如林。"这里真的很像印度西天佛国的宝林山,应是修道的最好场所。于是他住下来,倡议乡民们建寺造庙,并且预言一百七十年后,将有"无上法宝"在此弘扬。到那时候在这里求学修道的人,就像山上的树那样多。后来韶州牧侯敬中,将智药三藏的话转奏朝廷。当朝梁武帝萧衍本人就是一位崇奉佛教的"菩萨皇帝",只要是佛教的事情就非常支持,他决定即刻组织建寺,并敕匾额"宝林寺",三年后宝林寺建成。

现在南华寺第二道山门,门楣上四个大字"宝林道场",依然尽显当年风范。智药三藏说对了,680年,宝林寺(南华寺)成为禅教六祖慧能弘扬禅宗的道场,从天监元年算起正好一百七十八年。慧能在这里隆重布道,其中就有"顿悟成佛"修行观,也包括"放下屠刀,立地成佛"的禅宗思想"顿教"。

说起六祖,要提到湖北黄梅东山寺传法。禅教在中国从祖师达摩开始,往下传到第五祖师弘忍,此时正值弘忍黄梅东山寺下传六祖之际。就宣布:"大家本着对佛教的感悟,每人作一首偈语(就是写几句有关佛教的感悟话语),送给我看,谁写得好,我就把衣钵、法教全传给他,让他继任第六代祖师。"当时寺中有几百僧众,高手林立,最有名的大弟子叫神秀,这是全寺公认的。所以过了三四天众僧没人写,大都等看神秀的动静。这神秀也想好一首偈语,没有交到弘忍手,经再三思量直接贴在了南面的走廊墙壁上。写的是:

身是菩提树,心如明镜台。

时时勤拂拭,勿使惹尘埃。

这一下轰动了全寺众僧弟子。

再说慧能,《曹溪大师别传》载:"(慧能)新州人也。少失父母,三岁而孤,虽处群辈之中,介然有方外之志。"慧能,广东四会(新州)人,和平常小孩不同的是,少小就有远大志向。

慧能是刚来寺里不久,还不算出家,只能在后面做些劈柴、踏碓舂米的杂活,用现在的话说就是一个临时工。他听说有人写了偈语,就说:"我来这里八个月了,全是在后院舂米和干杂活,前堂从来没去过,请谁带我到贴偈的地方看看神秀写的偈语。"有个小孩带慧能到了贴偈的地方。慧能又说:"我不识字,请谁能给我念一下。"当时有一个江州别驾叫张日用,就地给慧能高声朗读。慧能听罢稍一回味,就说:"我亦有一偈,望别驾为书。"慧能随口一首偈语曰:

菩提本无树,明镜亦非台。

本来无一物,何处惹尘埃。

什么菩提树,什么明镜台,用慧能的话说,原来世间是很清静的,什么都没有。这些尘埃、烦恼都是自己捏造、臆想出来的,说白了就是自己给自己找麻烦,自己给自己添烦恼。

过了两天,五祖在夜半三更时分把慧能叫到自己的房间,交给慧能两件事:把衣钵(一件袈裟和一个化缘的碗)交给慧能,正式传他为禅教第六代祖师,传与慧能"顿教"也就是"顿悟成佛"的佛法,当然也包括我们今天所说的"放下屠刀,立地成佛"的理念,然后亲自送慧能连夜下山。

慧能遵照五祖嘱咐,在世间隐藏十四年后,在广州"法性寺"露面。当时印宗法师正在讲《涅槃经》,忽然有风吹动旗幡,一僧人说:"这是风在动。"另一僧人说:"应该是幡在动。"二人一时争执不下。慧能上前说:"不是风动,不是幡动,仁者心动。"果然语出惊人。印宗听说后马上把慧能请到上座,交流之中感觉慧能气度非凡,言辞高深。就问:"早就听说黄梅衣法南来,莫是行者否?"慧能曰:"不敢。"随后庄重地拿出衣钵,出示大众,承认自己正是禅教六祖。后来以宝林寺(南华寺)为道场,在此创立了禅宗,成为中国佛教的精华。

在南华寺山门前,首先映入眼帘的,就是牌楼门柱上面有一副楹联,其中一联写道:

宝林道场承东山法门衣钵真传留圣旨
黄梅心印授南方樵子风幡非动泄玄机

这副楹联道出六祖慧能的成佛之路。一个年轻人,一个尚未出家的凡夫俗子,一个不识字的临时工,凭顿悟成佛,自身说法:"佛在人间,人人都可以成佛。"

关于"屠刀""成佛",老婆也有她的观点,她说要知道成佛这么容易,只要当强盗就是了,怎么还有那么多人在修行。不过她也有感慨,举了个例子,说你的那个同学王局长,以前多风光,怎么看怎么像个当官的。后来出了问题,开始审查他,就见不到他了,结果判刑二十年。十年后出来立马就不一样了,看到我们非常客气,老远就笑着打招呼,一点也不像当官的了。老婆问我:"你说他是不是成佛了?"哎!这都是哪儿和哪儿啊?老婆说的那个王局长,是我小学一个学校的同学,是市里主管工业的局级干部,因为海外投资从中受贿二百万,判刑二十年,在牢里待了十年,由于表现好提前释放。

不过老婆说他是不是成佛了,也有点道理。六祖慧能所主张的佛性,也就是说众生人人皆有,人生下来都带有佛的本性,都可成佛。所说的佛性,实质上就是心性,说白了就是人心的定力。关键词就在于两个字——"迷"与"悟"。本来"人之初,性本善",结果尘世喧嚣、灯红酒绿,经不起诱惑,人心就会被迷住。要是悟出这个道理,不为所动那就是佛。至于这个王同学,那一定被迷了一把,没有经得起诱惑。你别看他是个领导,也免不了是个凡夫俗子,不过经几年的牢狱之灾,倒也应该能悟出一二。记得听说他出来了,我给他打电话,也是同学之间祝贺一下,发现他确实比以前爽快多了。问起感受,他真诚地讲:"现在就是地上放着人民币,周围十公里没人烟,我也不会捡的。"我说:"捡还是要捡的。"他说:"对对对,捡后自费打车去交警察叔叔。"我笑了。用我的话说:他就是"放下屠刀,立地成佛"了。

泳友老张,在三亚我们总是一起在大海里游泳,相隔两年后,第一次在海边看到他。见他神采奕奕,一脸抑制不住的幸福感,依然是给人那种健康、强壮的感觉。"去哪儿发财了,两年没见你?"我笑着打招呼。他热情地对我说:"别提了,一言难尽。"他拉着我坐在沙滩上,讲起了他的经历。就老张这个体格,一检查身体意外查出个胃癌早期。他所说的"别提了",是说手术和化疗的过程。化疗时要保证一个姿势不动,吃的是流食,下管子,一直是关在一个密闭的隔离室里,就这样度过了日日夜夜。说句实在的,当时想死的心思都有,遭不起那个洋罪啊。出院后,他就发现这太阳光怎么比以前湿润了,呼吸的空气是甜丝丝的。他说:"我总问,我在医院的这些日子,是不是自然界发生什么变化?以前那么晒人的阳光,怎么突然间就柔和了?空气也不对,怎么还有新鲜的味道?"他说:"我真的以为自然界发生了变化,你们没有感觉到,逢人就问。"再说外面是青山绿水,想上哪儿就能去哪儿,没人限制你。老张说:"这和神仙没什么不同啊,还想吃什么就能吃什么,这不成仙了吗!"以后的老张,每天都洋溢一种快乐感,以前生活中和他周围出现的一些睚眦小事,现在对他来说都不算个事了。随之检查出的那个早期病灶,早已云消雾散。

我回去和老婆讲了老张的故事。老婆说:"这很正常,不要说老张,现在就是癌症晚期的患者,对生活也是充满阳光,用他们常说的是,活着本身就是幸福。

以前为了生活,为了一点小事,纠缠不休,现在有烦恼也不当它是烦恼,真是恍如隔世。"老婆说:"说他们脱胎换骨一点都没有错,他们是不是也成佛了?"

要说是不是成佛,首先要知道什么是佛。简单地说,没有烦恼的人就是佛。那世界要有多少烦恼呢?六祖慧能说:"有八万四千个烦恼。"怎么办呢?那就要有八万四千个智慧,怎样获得?那就是要"觉悟",你能感觉到,悟出这个道理了,那就没有烦恼了。也就是说,成了"觉悟者"。慧能说:"觉悟者"就是"佛"。

应该说无论老王还是老张,他们都觉悟了一把。只不过,老王是在政府强制下而觉悟,才"放下屠刀",而老张是在生命发现危机感的瞬间觉悟了。如果说有相同一面,那就是他们同是在人生轨迹发生剧烈变化中,引起自己的思索,也就是"觉悟"。如果他们从此心静若水,众善奉行、了却烦恼,那他们就是"觉悟者"就是"佛"了,我祝愿他们能达此境。

和老婆以万分虔诚的心情,一边说着,一边走进南华寺山门。经放生池、宝林门、天王殿,到大雄宝殿。膜拜三尊高八点一三米的贴金大佛,还有四壁彩塑五百罗汉,然后来到了久慕盛名的六祖殿。

我在中学时听我二哥讲了一个烧火做饭的小和尚,直接成为六祖的故事。那时也不知道六祖是干什么的,只知道这是一件很伟大的事。在"文化大革命"时期,在韶关工作的二哥,回家很忧伤地和我说:"南华寺让红卫兵扫四旧了,六祖真身被红卫兵拉到大街游行示众,后来给破坏了。"一时间让我无限地莫名,当年我就是红卫兵,我知道当时扫四旧行动的"狂风暴雨"。北京红卫兵南下山东,组织万人搜孔庙,连孔子墓也被砸碑掘坟,更不用说寺庙了。但对于我二哥所说的南华寺六祖真身被破坏的事儿,我还是有些难过,因为我知道,我二哥对六祖的故事很有感情,说实在的我也有同感。

"文革"后我经常打听六祖真身情况,后来知道,红卫兵拉六祖、憨山大师和丹田祖师的真身游街是有的,后来经人巧妙建议又拉回寺院,锁到寺里,虽遭不测也总算躲过一劫。

今天我十分虔诚地站在了六祖真身面前。六祖慧能身着黄色斜领衫,外披袈裟,衣纹流畅,腿足盘结于袈裟之中,双手置于腹前,端坐禅定,闭目向前。似在讲经论道,又似若有所思,表情生动,栩栩如生。那一刻,我感到手有一点异常,原来是轻微的颤抖。我努力克制自己的情绪,因为此时此地,实现了我几十年前少年时代的梦想，终于站在大师面前，感悟大师经法。因为在我面前这位一千三百多年前的慧能大师，印证了"顿悟成佛"自身说法："佛在人间，人人都可以成佛"的道理。

老婆看出我有一点小小的激动，拉着我向六祖寺后面的卓锡泉漫步走去。老婆没话找话地说："你说老王也好，老张也好，他们都是遇到事了，才想起反思，才感到人生的美好，要是开始就这样多好啊。也不用'放下屠刀'遇事后成佛了。"老婆的话把我给说乐了，我说，你知道什么是"禅"吗？"禅"就是解决"放下屠刀"不遇事成佛的。这也是六祖慧能大师《坛经》里面佛经的要旨，因为"禅"就是思考，思考的目的就是"觉悟"。过去所说的是"坐禅"就是坐那儿思考。祖师达摩面壁九年，就是坐禅觉悟的过程。这个办法好是好，只是太麻烦。慧能大师提倡坐卧行走，一切形式都可以参禅。就像咱俩今天一面走一面参观寺院，同时也一面参禅。说白了就是不断思考，去"觉悟人生"。刚才你那一句话最值钱，"不要放下屠刀或事后成佛"。老婆说："我们在一起的拳友、泳友都这么说：'活着本身就是神仙'，没有什么能挡住我们的快乐。是不是我们都成佛了？"我笑了说，按六祖慧能讲："识心见性，顿悟成佛。""不悟即是众生，一念悟时众生是佛。"如果我们没悟出道理，就说自己是正确的，那就是被迷住了，都是芸芸众生。要是一念之差"觉悟"出道理，脱离迷惘，那大家就都是"觉悟者"，大家都是"佛"。

如果都能"放下屠刀"，如果大家都放下自己为自己所设的喋喋不休的烦恼，正如"春有百花秋有月，夏有凉风冬有雪。莫将闲事挂心头，便是人间好时节"，这个世界要多干净、清亮、安详、美好。也许这就是我们心中的佛界，这就是智药三藏所讲的"无上法宝"。

2014 年 7 月 24 日

柳宗元

永 州 印 象

柳宗元小的时候就聪明绝顶,学习优良,尤其是文章写得好。《旧唐书·柳宗元传》说柳宗元:"聪警绝众,精裁密致,璨若珠贝。当时流辈咸推之。"用这样精辟美句评价故人,在史书中实属不多。说起少年柳宗元,最经典的是他十三岁那年,和父亲在现在的武汉,时逢藩镇战事平息,他曾代一个称崔中丞的人给朝廷写表称贺。文辞精妙被时人称奇,一时轰动朝野,成为人们传颂的佳话。从此后,小小的柳宗元名扬天下。诗人刘禹锡在《柳集》序里记载了这件事,说:"子厚(柳宗元字)始以童子有奇名于贞元初",说童子时候就有奇名,所指的就是这件事。

柳宗元曾写一篇文章《梓人传》,他崇尚里面统筹全局的大木匠,希冀有一天自己也能统领团队,建造一座泱泱清明辅助朝廷的大厦。也许做大官为国家做大事,出仕入相是柳宗元少小时的志向,以至于二十一岁就取得进士功名,进入仕途,可谓少年得志,前途无量。

世事难料。顺宗永贞元年(805年),三十三岁的柳宗元,由监察御史擢升为礼部员外郎。正值春风得意之际,由于一场革新失败,柳宗元被贬永州。柳宗元没有因此消沉,尽情发挥自己的文学天才,依然荣获曜世之誉,成为唐宋八大家之一。随之他的贬所永州也名扬天下。

一次偶然的机遇,让我有机会流连于永州的人文山水间,追寻古人的足迹。2006年,应萧宏之约踏进这永山永水的古零陵,按指示投宿"柳子大酒店",据说当时在零陵是条件比较好的客栈了。酒店不错,也就是准三个星的水平,给我的第一感觉是有种味觉器官化学感受,这感受不是酸、甜、苦、咸的味觉,而是嗅到一种气息，是一种文化气息扑面而来。柳宗元，字子厚，人多称柳子。毫无疑问这家客栈以柳公的字命名无疑是提醒往来客人，永州曾是柳宗元贬谪之地。

酒店干净质朴，没有那些花哨的摆设，给人一种明快便捷回家的感觉。这和柳公文风相近，柳公一向不提倡华丽辞藻，生硬奇字充斥文中，喜欢一言中的。如《捕蛇者说》："永州之野产异蛇"，干净利落，让人过目难忘。酒店前是一个停车场，整洁明亮适用。后面一个小泳池水质清澈，周边铺就草绿色软垫，上面设有躺椅供客人消遣放松，提高了这个酒店的档次。

朋友见面免不了海喝狂聊。这里是个小地方，时间长了容易变得熟头熟脸。萧宏在这里土生土长，面对那些俊男靓女、政要达人点头应酬不暇。本想在这里和老朋友活出个世外桃源，结果依然没有跳出三界之外。

索性两人离开酒店漫步于山野，名为访古，其实就是图个清静。我记得经过零陵楼，顺着山梁往南走眼界豁然开朗。回头往东看，一片开阔低洼的竹林随风摇曳，再往里就是柳子大酒店，然后是一马平川，楼房耸立。往西看居高临下，满江潇水北流而去，对岸青山依潇水西岸走势蜿蜒北进，与我脚下的东山夹持那满江秀水，尽显山清水秀，风光如画。

我们来到高山寺，正巧赶上寺院开工修葺中，整个寺院仅存一大殿，尚有一口大铁钟，悬挂于院中。四五个农民工模样的人，在院子中休息。高山寺，又名法华寺，建于中唐，为著名禅宗古刹，至今已有一千三百多年的历史。当年寺中傍晚鸣钟，声绕全城，故名"山寺晚钟"，为永州八景之一。院子的西面还应该有个亭子，是当年柳宗元所筑西亭，现已了无踪影。那首《法华寺西亭夜饮》中："莫厌樽前醉，相看未白首"的名句似乎交汇着法华寺的钟声，环绕庭院中又传至远方。高山寺给我留下另一个印象是大殿外的四根雕龙青石大柱，雕刻技法是镂空透雕法，这种样式和规格在孔庙里见过，美观、华丽、伟岸，让我难以忘怀。

身置山水古寺，如果这个去处是当年闹革命分田地或开过农会之地，或许就是另一个样子，至少也是青少年革命教育基地，可是柳宗元只是个"秀才"。

"秀才造反，三年不成"在柳子身上得到了充分印证。二王是这个永贞革新集团的核心，所说后来的"二王八司马"就是一个"秀才"团队。两个首领，王叔文，浙江绍兴人，"因棋艺任翰林院侍诏"（《旧唐书·王叔文传》）。就是因为下手好棋才"以棋侍诏"陪太子下棋的；王伾，杭州人，也是翰林院侍诏，因为书法好,所以是"皇太子侍书"(《旧唐书·王伾传》),陪太子写字的。两个人都很受太子(后即顺宗)信任。还有刘禹锡、柳宗元,也加入了这个团队并属核心层,凑在一起推行新制。最不靠谱的是,他们的靠山太子在继位称顺宗前就已经中风,连话都说不出来,又值王叔文、王伾二人人品、言行在朝中多有质疑,因此"永贞革新"一开始就处于风雨飘摇、举步维艰的地步。屋漏偏逢连夜雨,偏偏在这关键时刻王叔文老母逝世。唐朝时老人去世,必须辞官回到祖籍,为父母守制二十七个月,这叫丁忧,是法律规定。王叔文只好宣布母丧去职。轰轰烈烈的"永贞革新"就这样随之土崩瓦解了,实际上不到五个月的时间。

提起柳宗元经常出现一个"孤"字,在脑海中几成定式,也许是那句"孤舟蓑笠翁",画龙点睛的"孤"字印象过于深刻,更多的还是柳宗元身处蛮夷,孤独一身的人生历程。

805 年(唐永贞元年)9 月,柳宗元被贬永州司马,治所零陵,地处湘桂交界,"一片蛮烟瘴雨,榛莽荒厉之地。"柳宗元一路弃车乘船逆湘江而上,伴着凛冽的北风,来到离长安二千多里的永州。贬来前就已经姐逝妻亡,他扶持着六十七岁的老母卢氏和五岁的女儿和娘。他扶老携幼,随行还有从弟宗直、表弟卢遵。到永州寄住龙兴寺西厢房,元和四年(809 年)底搬入愚堂。一年后,再迁新居"草堂"。柳宗元在《与杨诲之书》中说:"方筑愚溪东南为室,耕野田,圃堂下,以咏至理,吾有足乐也。"按图索骥,则愚溪之东南的"草堂"应该是在今七中校园一带。

柳母卢老夫人因病于元和元年(806 年),来后半年仙逝。柳公独带幼女的次年冬天(元和二年),永州降大雪绵延湖南、广东、广西,大雪下了四五天,应该是雪厚几尺了。在大雪飞扬的千秋岭上居高临下,极目远眺,南望群山叠嶂,如洁白的地毯,随山势起伏铺向极目远方,安静得悄无声响。北望雪原莽莽无边无际,仿佛回到了开天辟地前的混沌苍野之中。往下看满江潇水如黛在茫茫雪原中,静卧在一条优美的宽窄变化的曲线上。远看渡口凸显一船,船坐一翁,翁戴一笠,身着蓑衣。这一刻凝固在柳宗元的眼前,凝固在此时的柳宗元身处官场"万受摈斥""纵逢恩赦,不在量移之列"的绝境之中,只身栖于南楚荒蛮之野,举目无友,孤处一隅的真实境地。他把这一场景结合自己孤寂境遇的情感转换成写意丹青,用水墨凝固在三湘大地,凝固在中华文采的册页中。

　　"挥毫当得江山助,不到潇湘岂有诗。"这是陆游写下有关永州的诗句。此时此刻我深有感触:"纵笔难得江山助,诗画更贵情景融。"

　　那次回来后,一直想找个机会向萧宏说:我理解了柳宗元的那首《江雪》,其中我要说的就是"景"。我一向认为永州地处南方,不会下雪,至少不会下柳宗元笔下《江雪》中那么大的雪。重读柳宗元《答韦中立论师道书》中载:"前六七年,仆来南,二年冬,幸大雪逾岭,被南越中数州。……"元和二年冬确实大雪累日,覆盖周边广西、广东数州。查资料《湖南自然灾害年表》记载:在新中国成立以前的湖南,降雪连续十日以上的地区有永州。

　　2008年永州大雪,萧宏给我发短信:"停电、断水、少粮,雪封柴门已7日。"我问:"有鸟在飞吗?"萧宏回:"天无活物。"我回短信:"狗有叫吗?"萧宏回:"鸦雀无声。"我无语,我知道"千山鸟飞绝,万径人踪灭"这场景在永州是可以有的。想当初,元和二年,大雪蔽日,"数州之犬,皆苍黄吠噬,狂走者累日。至无雪乃已……"不同的是今天的狗没有叫,已经见怪不怪了。

　　我曾漫步"西涧",寻访"野渡无人"自横的那条舟。曾在"醉翁亭"开怀畅饮。曾站在"子在川上"的山川故地,感叹逝者如斯夫……所到之处每每都有一种我辈复登临之感。而今天身置千秋岭,展开那首犹若"水墨丹青"的《江雪》诗句,赞叹山水秀色之余,免不了又多了一丝伤感。

　　龙兴寺,应该在千秋岭上。《永州龙兴寺西轩记》载:"寺之居,于是州为高。西序之西属当大江之流。"这说明就在千秋岭上,柳宗元在这里孤独地度过了开始的四年。

　　萧宏的公事多,不过他还是尽可能来陪我尽朋友之谊。当然也有他难以推辞的,比如讲座都是排好的日程他只好舍我而去。用我开玩笑的话说是见利忘义(因有讲座费),用他的话说是美女约会可以辞,讲座还是要如约的,我笑他轻色重利了。

　　一个人也不错,烦了就没什么目的地闲溜。从柳子街出来,走着走着来到了江边,亲近了这条有着美丽名字的潇水。

　　择水而居是人类灵性的体现。永州这里是湘江、潇江汇集之所。湘江自西北进,潇江由南北上,两江在此交汇。湘江落差之大,一路跌宕呼啸而至。潇江一路千回百转娓娓流淌而来。从个性上讲,湘江如粗犷暴烈的男子,潇江似温婉柔顺的女人。从流程、流量对比无论哪一条都是湘江为上。两江交合,随中华民族礼数,女随男姓,合为一体后统称湘江扬长北去。

潇江西岸沿江路面不算宽阔,但洁净整齐。离开柳子街,前面临江处附近,是一个行船码头,所说的码头也不过是沿江路下面,有一窄条滩地,地面上由青条石铺就而已。从这里看上游下游都有大桥,名为码头,实际上只有一条带篷的小船来往两岸,渡船者多为学生、教师或径直就近居民不愿绕路者。

宽阔的江面,丰盈的江水悄无声息地流淌,没有浪花,没有涛声,偶尔清澈的江水浮起的几片绿叶随水流动,能看出江水在流。偌大的江面没有往来的驳船,见不到运输船队,更没有刺耳的汽笛声,一切都是那样的宁静、安详、古朴。

远远望去,对岸码头一片宽阔的滩涂,陡峭的石头台阶拾级而上,到上面的一条路为止,再往上面就是鳞次栉比的房屋,一派古渡风貌。

脚下西岸码头,长条青石的棱角已磨得浑圆、光滑。江边似乎有一邻水建筑,以我工科出身的直觉应是一个测水位的站点或是取水站之类小型建筑。抬头看对岸码头的小船已缓缓移动,船头一点红色。宁静的江面有了一点声音,细听是小型发动机的声音。随着声音的加大,小船已近渡半,再看是一红装女子立于船头,其他人多坐在船篷里或船尾,凸显女子傲立的身影。船渐行渐近,船头女子身着红裙,随着船身的移动,裙裾扬逸、长发飘飘,风姿绰约、亭亭玉立于船头,在我脑际立即出现四个字"红粉临风"。

正在我迷离之际,突然发现船已到我面前,船头径直向码头的青条石移动。就在船头要碰还没碰到那圆润光滑的青条石,刹那间红裙女子轻盈一跃,随之裙裾长发向后一荡之际,已稳稳地立在岸上。她看到全码头只有我一个人,两目相视一顾倏忽间,飘逸而去。那大大的眼睛、白皙的脸庞透着湘女的秀色,隐含着万种风情,那相互一顾之瞬间让我呆呆地站在那里。

手机的铃声让我恢复了理智,是萧宏打来的,正在酒店等我。今天我们喝的是本地特产蛇鞭酒,酒过三巡无意间提起潇江古渡上飘动的裙裾与长发。萧宏一听马上要打电话,原来那是他同学的妹妹,是一个学院的文学教授,是本地小有名气的才女。哎,这个世界真是太小了,我忙不迭压了下来,还是给我留下一个"人面桃花"的意境吧。

今天到渡口初衷是想告慰柳公,当年柳公在渡口"载肉,崇酒",为薛存义举杯送行,高调提出"官为民役"。一千二百年后的今天,已经写在我们各级政府的门前,用今天的话说就是"为人民服务",当年老先生用四个字,现在我们多写上去一个字。哎,就凭这,今天这桌酒应该摆到渡口邀柳公共饮一醉。

用萧宏的话说:那,那,那——是一种社会分工的理论,当官只不过是一项工作,只要尽职尽责就可以了,不要额外刻意地去当差役,所以不存在柳老先生的"官为民役"。最后两个人一醉方休了。

离开永州前,萧宏陪我一游朝阳岩。顺潇江南岸码头南行一二里地就是了。朝阳岩于潇江西岸高岩壁立,石壁临江有天然石亭嵌入壁中,圆形穹顶如锤凿刀刻光滑圆润,尽显鬼斧神工之妙,让我连连咋舌。凭栏东望,对面青山陡峭满目翠绿。南望两山夹持一江潇水悄无声息涌来。潇水西岸岩壁陡立,东岸青山入水半淹,江面束窄。清澈的江水漫涌而来,如闺中少女丰满轻盈长发飘动,按捺不住向往外面世界的急切心情,欲涌出深邃幽静的山谷。举目望去,满眼青山绿水,山静谷幽,水去无痕,好一个清凉世界。

柳宗元贬永州十年中,为后世留下了优秀的诗文作品,其中有《永州八记》《始得西山宴游记》《溪居》《江雪》《渔翁》等等,一生留下诗文作品六百多篇。

唐宪宗元和十年(815年),贬柳宗元为柳州刺史,世称柳柳州。在柳州四年中,他兴利除弊,遗惠一方,造福民众。元和十四年(819年),宪宗大赦,召回柳宗元。然而诏书未到,柳宗元已先离开了人世,享年仅四十七岁。

在永州的几天里,无论是高山寺、千秋岭,还是柳子街和那潇水古渡,还有朝阳岩上的《江雪》诗句,无处不感受到柳宗元的踪迹所在。柳宗元在这里独钓寒江,这一钓就是十年。如果当年顺宗没有中风还能说话,王叔文老母尚健在,永贞革新或许能够成功。当朝也许会多一个柳姓良相,但中国历史上或许会少了一位文学大家。

我一字一句地诵读镌刻在朝阳岩上的诗句《江雪》,我深深感到古人已溶入小城的山山水水之中。

我向往高山寺的钟声,它会提醒我们,是从山水人文中,一路走来。

我流连潇江古渡红裙淑女轻盈的一跃,裙裾长发向后一荡之际,我们已跨越千年。

2011 年 5 月 11 日

王　维

"遍插茱萸少一人"

那年,王维十五岁。离开四百五十里外的家乡蒲州(山西永济),途经骊山脚下。面对郁郁葱葱的山岚,作诗一首《过秦皇墓》:

古墓成苍岭,幽宫象紫台。

星辰七曜隔,河汉九泉开。

这四句诗,写出了秦皇大墓的恢宏。

在小伙伴家里,王维看到云母镶嵌的屏风,题五言诗一首:

君家云母障,时向野庭开。

自有山泉入,非因采画来。

两首诗不胫而走,传遍长安。《唐才子传》说:"(王维)九岁知属辞,工草隶,闲音律。"九岁的孩子谁信? 看到上面的二首诗,都信了。王维,就神童一个,不简单。

来京二年后,王维十七岁。正值九月初九秋高气爽,与好朋友祖六登山望远,情不自禁面朝河东。一晃离家二年,那些重阳节一起采摘茱萸、插于装束的发小们,今天安在? 随吟诗一首《九月九日忆山东兄弟》:

独在异乡为异客,每逢佳节倍思亲。

遥知兄弟登高处,遍插茱萸少一人。

　　这首诗就是一幅画看得懂,听起来也明白。要说"俗"是"每逢佳节倍思亲",要说"雅"是"遍插茱萸少一人"。俗是大俗,雅是大雅。就是一千三百年后的今天,那些走南漂北,节日不能回家,身在异乡为异客的人们,看到"遍插茱萸少一人"时,又有几人能不"倍思亲"呢? 何况当时长安,做工、经商、学子、兵卒……人文荟萃的大都市,又有几人在这节日里,看到"少一人"时不低头沉思,含泪望乡? 诗歌诱发了一种难以抗御的思乡情怀。一时间王维的这首诗名动京师,当然还有那遍插的茱萸。

　　又两年后,王维十九岁居长安。七月,赴京兆府试(相当于"乡试")中举人。次年再考,不中(相当于"会试")。王维会试不中,也和当时科举制度正在逐渐完善中有关。科举制度诞生于隋朝大业元年(605年),到王维考试时(721年)也就是一百一十多年的时间,在程序制度上都有待改进。当时科考不仅看考试成绩,还要看名人政要的推荐。所以,考生多走于公卿门下,向他们投献自己的作品,叫投卷。向礼部投的叫公卷,向达官贵人投的叫行卷。投卷确实能让有才能的人展现实际才华,如后期,16岁的白居易向顾况投诗《赋得古原草送别》受到极力称赞。此举虽能综合评价考生,虽然其中衣冠士子,欺世盗名的也不乏其人,但也确实能以防一卷之漏。

　　唐朝考试分明经、进士两科,明经科主要考儒家经典,进士科考诗赋和政论。都认为进士科不是靠死记硬背,没有一定的才华,是很难考上的。而诗赋和政论(就是写文章)恰恰就是王维的强项,"九岁知属辞"嘛,王维所缺的是举荐。

　　王维找到当朝皇上李隆基的弟弟岐王李范,不巧的是就在当年,开元八年皇上发布一项禁令:"上禁约诸王,不使于群臣交结。"(《资治通鉴》)在这种形势下,岐王直接找大臣办事是不恰当的。岐王突然想起自己的妹妹玉真公主,她不在此例,前段时间她还刚刚办过举荐的事。岐王嘱咐王维回去准备才艺和作品,约好五天后见。

　　王维如约而至,岐王给王维穿上定制的锦绣演出服,令随同带着琵琶直接来到玉真公主的宫中。岐王李范对玉真公主说:"承贵主出内故携酒乐,奉宴。"摆上酒宴,歌舞名流鱼贯而进。只见王维"妙年洁白,风姿都美",立于前行。玉真公主没见过王维,问岐王:"斯何人哉?"岐王回答:"知音者也。"即令琵琶独奏新曲,"声调哀切,满座动容。"玉真公主听后"大奇之",自询曰:"此曲何名?"王维站起回答:这是自己的作品《郁轮袍》。公主非常满意。岐王对玉真公主说:"此生非止音律,至于词学无出其右。"这人音律精通,诗词写得更好。公主十分惊奇地问:"子有所为文乎?"王维马上拿出准备好的诗卷。公主览读,惊骇曰:"这都是我平时喜欢读的诗句,以为是古人名篇,原来是出自你手!"马上令换衣服,坐上宾客位置。"维风流蕴藉,语言谐戏",为满座贵客所钦佩。岐王看火候到了,和玉真公主说起举荐之事。玉真公主笑对王维曰:"子诚取解,当为子力。"此等才华横溢之士不登榜首,更待何人?马上召试官来,由宫中婢女传话下去。主考官当然心领神会,王维考取成功,擢进士第。

刚才的一曲"郁轮袍"只是让公主"大奇之"。而读了王维的诗卷,让公主"惊骇"!立即让王维换上衣服,入上座。可见王维的诗句深深打动了玉真公主。而让公主动情的诗文,更应该是那首"遍插茱萸少一人"了。玉真公主和姐姐金仙公主与当朝皇上唐玄宗三人是一母同胞,母亲窦德妃在玉真公主二三岁时被武则天害死,她们是在战战兢兢中度过童年少年时代。哥哥李隆基当上玄宗皇帝后,哥三个第一个愿望是找到母亲的遗骸,但她们满皇宫搜遍问遍毫无结果。每到逢年过节,她们哥三个一起总要想起母亲,无限哀思。今天皇权在握,令行满宫,但是尽观天下却是"遍插茱萸少一人"。今天亲眼见到此诗作者,自然成为座上宾。更让玉真公主动心的是那"妙年洁白,风姿都美""风流蕴藉,语言谐戏"。这才华横溢的俊美弱冠,让公主心中难免为之一动。尽管玉真公主年龄比王维大十一岁,但在真挚的友谊中,年龄已经不重要了,王维和玉真公主成为知己的朋友。

开元九年(721年),王维二十一岁。春,擢进士第。在仕途官运中,有人开门三把火,一路通顺,或后有羁绊。也有人开门失意,或后一路顺畅。王维属后者。他第一个工作是太乐丞从八品下。掌邦国祈享宴所用乐舞。就在刚上任的同年,因太乐署中伶人舞黄狮子犯忌(《黄狮子》者,非天子不舞也),王维受牵累,被贬任济州(山东茌平)司库参军。王维在仕途上属于开门失意者,但后来官运一路顺畅。

王维的一首《九月九日忆山东兄弟》名动京师,亦助自己科考一臂之力。"每逢佳节倍思亲"成为千百年来人们的思乡情结。同时,那遍插的"茱萸",也深深地印记在人们心中。

屈原在《楚辞·离骚》中有:"椒专佞以慢慆兮,樧又欲充夫佩帏。"用樧来比喻淫慢佞谀的楚大夫子椒,因为"樧"不是一种好草。它不配放在香囊里,佩戴于君子身上,就如子椒不配为楚大夫一样。这里所说的"樧",就是茱萸。

近一百年后,人们又重新认识这个"樧"(茱萸),开始装在香囊里佩带于身上,汉代刘歆在《西京杂记》中说:汉高祖宫中已经在"九月九日佩茱萸,食篷饵,饮菊花酒,令人长寿"。

到了唐朝,茱萸的形象已经大变,"遍插茱萸"已风行于世,一些地方已经有了茱萸节。唐朝宰相张说在《湘州九日城北亭子》中说:

西楚茱萸节,南淮戏马台。

宁知沅水上,复有菊花杯。

亭帐凭高出,亲朋自远来。

短歌将急景,同使兴情催。

诗中"西楚茱萸节,南淮戏马台",说的就是西楚徐州,戏马台是项羽留下的古迹,而茱萸节是当时的茱萸寺每到九月初九,都插茱萸登山,庙会已成为节日。据史志记载:"茱萸寺始建于北魏,为彭城(徐州)一带闻名遐迩之古刹。茱萸寺因满山茱萸而得名,是东方琉璃世界药师佛的道场。""茱萸"最早由刘邦宫中开始佩带,徐州又是刘邦的老家,在这里建茱萸寺也就顺理成章了。

今天的茱萸寺建筑面积六千多平方米,以唐代风格展现在三面环山的原址上。三大殿——天王殿、大雄宝殿、药师殿金碧辉煌,两厢分别建有接引、伽蓝、观音、地藏、普贤、文殊六个偏殿。所有殿堂以木质廊道连接,整个寺院浑然一体,恢宏庄严。

漫步在茱萸寺前的王维路上,也许会想到,欧阳修的一篇散文,成就了一个醉翁亭;李白的一首诗,成就了一座敬亭山;而王维十七岁的一首诗,让人更加记住了那棵植物——茱萸。

茱萸有两种,一种是山茱萸科的山茱萸,一种是芸香科的,因产吴地(江浙)

固称吴茱萸。《本草纲目》说它气味辛辣芳香,性温热,可以治寒驱毒。古人认为佩戴茱萸,可辟邪去灾。

王维的《九月九日忆山东兄弟》诗,让人铭记了"每逢佳节倍思亲"的情怀,同时也把绿叶红豆的茱萸,深深地插在人们心中。虽然现在重阳节,人们已不再需要辟邪,或用什么花草来装饰自己,但仍让人们怀念古时重阳,人们曾插在头上肩上的茱萸。

王维,字摩诘,号摩诘居士,人称诗佛。官至尚书右丞(正四品),世称王右丞。存诗四百多首,书画别具其妙,后人推其为南宗山水画之祖。王维的诗多如:"大漠孤烟直,长河落日圆",给人一种画面感。苏轼评价其:"味摩诘之诗,诗中有画;观摩诘之画,画中有诗。"

761 年,王维卒,享年六十一岁,葬于蓝田辋川。

2017 年 2 月

宋朝

寇　准

澶 州 之 战

寇准天资聪明,少时就勤奋好学,英气豪迈,十四岁时已经写出了不少优秀的诗篇。十五岁时就能精习《春秋》,十九岁考取进士。最值得称赞的是七岁三步成诗。家里招待客人,酒过三巡。有人提议:"闻令郎善诗,何不即席吟哦一首以助酒兴?"寇准父亲说:"犬儿献丑,求诸位方家赐教也。"这一年寇准七岁,他恭敬地说:"请出题。"客人说:"以华山为题吟咏一首《华山》。"小寇准踱步思索:一步,两步,刚迈出第三步,高兴地说:"诸位见笑,有了!"一首五言诗脱口而出。诗云:

> 只有天在上,更无山与齐。
>
> 举头红日近,回首白云低。

此诗一出,满座皆惊。

说寇准,要先说吕端。说"吕端大事不糊涂",其中一件事,应该说太子赵恒即位的故事。

997年(至道三年)3月29日,太宗驾崩了。宦官王继恩暗中串联参政知事(副宰相)李昌龄等人,与李皇后谋立太宗长子赵元佐,企图擅改皇权,就是发动政变。李皇后让王继恩通知吕端,身为宰相的吕端当机立断,把宦官王继恩扣在自己办公室里,吩咐严加看守不准他动一步。自己急忙来到万岁殿,为实现太宗生前意愿,和李皇后据理力争。最后拥立赵恒即位,实现太宗生前愿望。真宗即位第一天,垂帘引见众大臣。吕端率群臣不拜,自己站在大殿台阶上,请求侍臣把帘子卷起来,看看到底是谁。确认是赵恒后才退下台阶,率群臣高呼"万岁"!遇此大事他真是一点都不糊涂。

另有不糊涂的大事,举荐寇准也应该算一件。先前有人说:"端为人糊涂"。太宗说:"端小事糊涂,大事不糊涂。"决定提拔吕端为宰相。时年六十岁的吕端提出一个条件,请三十四岁的参知政事(副宰相)寇准与自己一道"分日押班知印,同升政事堂",太宗同意。宰相就是众大臣的领班,现在提出让年轻的寇准和自己分日领班,就是平起平坐。这一请求是让皇上对寇准引起足够的重视,以让寇准在朝廷发挥更大的作用。吕端的愿望在后来的"澶州之战"中得以实现。

景德元年(1004年)九月,辽国圣宗耶律隆绪和萧太后自南京(今北京)出发,由南京统军使萧挞凛为先锋,统率二十万大军,冲破宋朝边界三关:瓦桥关(雄县)、益津关(霸州)、淤口关(霸州信安镇)。大军遮天蔽日,烟尘滚滚向南杀来。他们攻定州,被阻于唐河;战徐水(威掳军)、高阳(顺安军)不胜;攻保定(保州)、完县(北平寨),遭宋军固守;围困瀛州(河间)受挫。大军虽然一路屡战不克,仍然不顾一切地向南,决心饮马黄河,直扑澶州(濮阳)。

辽国大军杀向澶州,跨黄河二百里就是京城汴梁。兹事体大,朝廷一片惊慌。副宰相王钦若,江南人,一看大事不好,请求皇上立马渡江移驾金陵(南京);更有甚者,时任枢密副使的四川人陈尧叟,主张马上迁都四川成都。在一片慌乱中,寇准力排众议。对皇上说:"凡替陛下筹划迁都南避的都是杀头之罪!陛下神明威武,朝中将相团结听令,如果您亲自出征,敌人必败。"寇准不是让皇上东躲西藏,而是开赴最前线,然后就请求皇上亲临澶州。无论如何,真宗还是听从了寇准的意见出发河北了。景德元年(1004年)十一月二十日,真宗离开京师赴澶州督战,此时辽军进抵天雄军已经逼近澶州。说真宗此次督战澶州不是太积极,主要是五年前,咸平二年(999年)十二月,也是这条路上,御驾亲征去河北督战,驻跸大名府,"躬御铠甲于军中"。虽然契丹(辽军)主隆绪"知帝亲征,纵掠而去",知道大宋皇帝驾到,就决定撤兵,可当时大名府北面的河间府正杀得昏天黑地。宋、辽大军层层包围,血流成河。河间与大名虽相距六百里,却也难免心惊肉跳。而这次督战澶州不同,不是与敌军相距六百里,而是最前线,一城墙相隔,怎能不让皇上踌躇不前。前行到韦县(今滑县万古镇)皇上有意不过黄河,大家也都要求御驾暂时停留,观察一下军情再动。可寇准决心已定,坚决请求说:

"陛下不过黄河,人心就不安定,敌人也不会惧怕。"此去不但过河,还要登上城楼,以示皇上威严,皇上只好如计划前行。大约就在此时的前两天,离开京城第二天,二十二日,澶州城下一突发事件,影响了战争的走向。

话说这一天辽军南京(北京)统军萧挞凛,带一队人马首次来到澶州城下,在很远的地方查勘地形。城上军士天天守城,总算见到辽军了,远远望去还有一个军官模样的人站在那里。宋军威虎军头领山东寿光人张瑰,突然想起城墙上那张刚刚检修好的床子弩,摆在那里几十年,从来没在战场上用过,听说射程能达千步开外,今天有机会,可以试试,明知不行也吓唬吓唬他们。说干就干,军士排队拉纤,对好机头,就瞄准那个当官模样的人。一声令下听得弓弦响处,几支梭镖大小的箭飞了出去,全体士兵全呆住了,第一反应是这家伙真能射出去啊。反应过来后才想起城下箭落的地方,远远看去,一群士兵围着躺在地上的中箭军官。射中了,城上一片欢呼。

说起这床子弩,还要提到一个人叫魏丕。在周世宗镇守澶渊时,就召他为司法参军。《宋史·魏丕传》说:"赵匡胤即位,魏丕改为作坊副使。""下令修造兵器,无不精心操办。当时旧床子弩射程是七百步,下令魏丕增造到一千步。"一千步有多远?唐代以唐太宗李世民的双步(左右脚各迈一步)为尺寸标准叫作"步","步"的五分之一为一尺。唐代一尺合现在0.303米,一步为1.515米。宋制与唐相仿(有说宋朝为一步 = 1.536米)。就按一步1.5米计算,一千步为1 500米。九百年后日本在明治天皇三十八年(1905 年)研制成三八式步枪,俗称三八大盖,有效射程才460 米。仅为床子弩有效射程的三分之一。再说今天不经意射出的那支箭,中箭者不是别人,正是大名鼎鼎的南京(北京)统军萧挞凛。

此时辽军萧挞凛中箭身亡。萧太后在军事上没了主心骨,接连五天不上朝。床子弩远程射中萧挞凛,辽军中疯传:"宋军发明先进武器,三四里地取人头不费吹灰之力。"一时间军中谣言四起,军情涣散。萧太后经过几天的反复斟酌,知道一路南下的河北重镇保州(保定)、定州(保定与石家庄之间)、瀛洲(河间)、冀州几经大战,一个没拿下。宋军主力部队在后面虎视眈眈,就等她往回走呢。还有五年前瀛洲那场血战,本来还是胜利了,可是回退到莫州(任丘)被宋军团团围困,最后是连滚带爬地往回跑。宋军一路狂追,追过三关直到拒马河,抢来的东西和人都扔在路上了。现在军事主将萧挞凛已死,大军孤军深入一千五百里,现在不是怎么打下去，而是怎么往回走。"神机智略""习之军政"的聪明的萧太后，最后选择议和。《宋史》记载："是时王继忠为契丹请和，以书遗普，且置密表以请。"

再说萧挞凛中箭身亡四天后，二十六日，寇准总算是连拉带拽地把真宗皇帝拖过黄河，坐临澶州的北城门楼上。远近的人们看见皇帝车上的黄色伞盖，欢呼万岁震天动地，声音传到几十里以外。辽军兵士相互看看，无不惊慌失措，连阵势都排不成了。

显然敌军已处险境，议和还是打，成为宋朝大臣激烈争论的问题。寇准主战反对言和，认为战局对我有利，可一举全歼辽军主力。明言："如此，可保百年无事，不然，数十岁后，戎且生心矣。"而不同的是，宋真宗心中厌兵，实在不愿意再打下去了。别的不说就说近期，四五年前连年战事不息，整个河北人心惶惶，现在只要让辽朝对和约满意不再骚扰边境就行了。同时朝中多数辅臣认为寇准的主张不妥，甚至"有潜准幸兵以自取重者之嫌，准不得已而许之"。寇准主战已为众所攻之，于是寇准又提出即便议和也要辽"邀使称臣，且献幽州地"。意思是至少也得收回北京附近八州之地。而辽朝胁迫宋归还后周从辽手里收复的关南（雄县、霸县以南）十县。宋拒绝割地又担心快到冬季，黄河一封冻，辽军从冰上过河攻进京城（开封）。最后宋真宗交代曹利用，去和辽军交涉，"必不得以，虽百万亦可。"给她几个钱就算了，实在不行百万就百万吧。这下急坏了寇准，他担心曹利用办事不力，把他拉到一旁，拼命一样恐吓说："中有敕旨，汝往，所许不得过三十万，过三十万勿来见准，准将斩汝。"就算真宗同意，你也不能超过三十万，你要超过这个数，你别回来见我，我先让人把你杀了。曹利用不敢违背寇准的嘱托，最后答应每年给银十万两，绢二十万匹，达成撤军协议。十二月初七，在澶州东南（濮阳子岸乡故县村）的一片水泽旁互换誓书，史称"澶渊之盟"。议和签罢，宋朝将领提出借辽军疏于防范起兵追堵，全歼敌军。杨延昭请求："敌遁澶州，去境北千里许，人马罢乏，虽众易败，凡所剽掠，悉在马上。原饬诸军扼要路掩杀，其兵歼，则幽、易数州可袭取也。"真宗不同意各路武将八面埋伏置辽军于死地的请求，急下诏："诸路部署及诸州军，勿辄出兵马，以袭契丹归师。"寇准和将士们只好眼睁睁地将辽军全部放回本国。

濮阳，春秋战国的古战场，今澶州西南四十公里的城濮（鄄城临濮镇），演绎过一场著名的"城濮之战"。晋文公在这里退避三舍，一舍三十里，共退九十里，楚军四万多人盲目跟进，最后大败。城濮一战，晋国大胜，晋文公从此建立霸权。此役被誉为"诱敌深入"的经典战例，也成为千百年来的著名战法。一千六百年后的"澶州之战"中，陷敌深入不是九十里，而是"千里许"，遗憾的是宋朝没有把握住这天赐良机，"诱敌深入"的战法没能在同一个地方再次上演。

"澶渊之盟"让宋、辽百年无战事，但是也由此开创了一个向敌国奉送钱财，换取和平的耻辱先例。

"澶渊之盟"也为寇准招来不实之词，当年那个让皇帝移驾金陵的王钦若和真宗说："澶渊之举，是城下之盟也。以万乘之贵而为城下之盟，其何耻如之！"又说："博者输钱欲尽，乃罄所有出之，谓之孤注。陛下，寇准之孤注也，斯亦危矣。"就是说皇上去签的是城下之盟，寇准就像一个赌徒，是孤注一掷。真宗听罢心里不快，第二年免去寇准宰相，为刑部尚书、知陕州，几年后又复任宰相。

真宗晚年身体日衰，在刘太后当权、太子监国一事上，寇准遭误伤被贬。又发生造反事件意外牵连，寇准被一贬再贬。刘太后与丁谓趁势加以迫害，其中丁谓把寇准贬死雷州。

说起丁谓和寇准，要从成语"溜须"说起。丁谓是寇准亲自举荐的参知政事（副宰相），他侍奉寇准很小心。有一天在中书省聚餐，寇准的胡须沾上了菜汤，丁谓起身替寇准擦拭胡子。寇准笑着说："参政国之大臣，乃为官长拂顺邪。"意思是你身为国家重臣，是替官长擦胡须的吗？尽管寇准是笑着说的，但还是产生两种后果：给后人留下一条成语"溜须"。丁谓十分羞愧，从此陷害报复寇准。

天禧三年（1019年），寇准被贬湖南道州司马。当时身体日见维艰的宋真宗，本意想贬寇准到江、淮之间好一点的地方。同僚大臣不敢作声。沉疴中的宋真宗问随从说："我眼睛中很久不见寇准的影子了，怎么回事呢？"随从没人敢回答。1022年（乾兴元年）4月3日（真宗死后十天），丁谓再次迁贬寇准为广东雷州司户参军。

丁谓在工作中一直是对上奉迎、献媚的作风，最后演变成和宦官勾结串通，架空太后与当时十三岁的仁宗皇帝，又涉妖言荒诞。乾兴元年（1022）七月，遂贬丁谓为崖州（今三亚）司户参军。

哎，真是"欲见雷州寇司户，天下何处不相逢"。想当初，丁谓一手策划，把寇准贬至道州,再贬雷州时,丁谓稍犹豫了一下,对当时副丞相冯拯说:"崖州再涉鲸波如何?"也就是说干脆把寇准直接贬到崖州(三亚)算了,冯拯未置可否。丁谓一念之差才写上雷州,寇准才免受渡海之苦。不久丁谓亦被朝廷贬放,冯拯当了宰相,便决定把丁谓贬至比雷州还远的,需要"涉鲸波"(渡海)的崖州。

丁谓赴贬所崖州,必经雷州。在寇准贬来五个月后,丁谓踏上雷州地界。寇准派人以一只蒸羊迎接丁谓于雷州境内,丁谓表示希望同寇准见一面,但被婉拒。寇准被贬雷州全是丁谓一手操作的结果,因此家仆便打算就此报仇。寇准得知后,把家仆扣留在家里不准外出,直到丁谓已经远离雷州之后才把家仆放出来,说:"不要计较前仇,得饶人处且饶人。"

寇准到雷州十八个月后死于贬所,结束了名人、名相的一生。

寇准,字平仲,华州下邽(今陕西渭南)人。寇准墓位于渭南市临渭区官底镇左家村南一里许。

2017 年 6 月

王安石

拗 相 公

林语堂在《苏东坡传》中,说王安石是"拗相公",这也是当时宋人送与王安石的戏称。

王安石还真是"拗",一参加工作就"拗"。他考取进士第四名,第一个工作是以秘书郎签书淮南节度(扬州)判官公事,简称淮南签判。任满后,他本应该有机会去朝廷工作,但他偏偏不干。他"拗",只好调任鄞县(宁波)知县。结果赶上鄞县先旱后涝,时年 26 岁的王安石指挥全县"修筑堤堰,浚治陂塘,兴修水利"。还做了一件开天辟地没人做过的事,"把官谷借贷给百姓,秋收后加利息偿还,官仓陈谷换新谷,百姓高兴,一举两得",缓解了连续两年大灾的百姓之难。

王安石在基层干出了名堂,宰相文彦博向皇帝推荐他,请求越级提拔。朝廷召他考试"馆阁"职。这馆阁是由昭文馆、集贤院、史馆三馆组成,总称"馆阁"。在这三个馆做官,职务高,工作轻,名声好,晋升快,宋时几乎所有高官,都是从这三馆走出的。而能进三馆的人,必须是考试甲科高等的人才,王安石考取进士第四名,属甲科高等之列。本来淮南工作任满后,就应该自己来献卷考试,历来都是争先恐后,偏偏王安石不理这一套。这一次是朝廷指定他来考试,他依然拒绝,一拗到底。朝廷无奈只好破格提他任谏官,他依然不干,申请去常州做知州。他"拗",就一门心思,只要去基层干实事就行。

一年后,任命他同修起居注,这个活就等于是皇上的秘书,天天和皇上在一起混,俸禄丰厚,这是打破脑袋争抢的职位。再说皇上看中了他,还能辞吗?到了馆阁,献卷考试也就自然免了。一说回京城任职,他总借口家里养老娘,做京官工钱少生活困难。同修起居注这个活"俸禄丰厚",也不存在困难了,他没理由再推辞。结果他还是推辞不就，连续好多天就是不答应，他就是"拗"。门吏拿着委任敕命到他府上交给他，他拒不接受。门吏随即下拜，他却躲避到厕所里。门吏没办法，把委任敕命放在桌上回身就走，王安石火急火燎地追上去，把委任敕命硬塞给门吏。又接连上章辞谢了三次、五次、八次，最后是第九次，他确实也再没理由辞了。在皇上也坚决不允许他辞的情况下，只能接受同修起居注的任命，任知制诰，纠察在京刑狱。从此他不再辞官了。这是他没有"拗"过皇上少有的一二次之一。

王安石在法律面前也是"拗"。有个案例，说有个少年得到一只好鹌鹑，朋友向他要，他不给，朋友仗着和他关系不错，拿了鹌鹑就走，少年追上去把朋友杀了。开封府判决这个少年死刑，王安石不同意，说按照法律，人家没同意给他，他拿了就走，就是强盗行为。把他杀死，就是追捕盗贼，不应该追究刑事责任。更有趣的是他反过来还弹劾开封府审判机构，开封府官员不服集体上疏朝廷。皇帝把这件事交给审刑院、大理寺重新审理。审刑院、大理寺都认为开封府判决无误，王安石弹劾开封府审判机构证据不足。皇帝下诏免于追究王安石这次弹劾，按规定他应当到被弹劾机构门前谢罪（道歉）。王安石就是"拗"，说："我没有罪。"坚决不去谢罪。最后是御史气急了，组团上奏皇帝，对他不谢罪表示愤怒。皇帝也知道他"拗"，也只能置之不问，不了了之。

王安石认准的事，谁说都不行，老婆说了也不行。有一天他在书房看到一个漂亮女子，问她："你是干什么的？"女子说："夫人让我在你身边伺候你。"王安石问："你是谁啊？"女子说："妾之夫为军中大将，监运粮米时船沉了，家里值钱的东西全都用来赔偿还不够，又卖妾以偿。"王安石明白了，这是夫人给自己买的妾。问女子："夫人用多少钱买的？"女子说："九百缗。"王安石把她还给了她丈夫，告诉他不必退钱。这个故事发生在王安石进京任职知制诰期间，老婆看京官们家里都有三妻四妾的，所以给他左挑右选地买个妾，价格不菲，档次颇高。结果王安石愣是给人家送回去了，钱也搭进去了，王安石是真"拗"。

王安石和朋友之间也"拗"。《宋史·王安石传》说："安石与光素厚"，这里的"光"，就是司马光，说他俩是好朋友。既然是朋友，大多兴趣也一致。《邵氏闻见录》载："荆公（王安石），温公（司马光）不好声色，不爱官职，不殖货利皆同。"俩人都以国事为重，不爱官，不爱财，还不爱色。刚才说到王安石拒妾，这司马光也一样。那次到岳父家去赏花,张夫人和母亲又偷偷地找了一个秀丽、温存的丫鬟,准备供相公使用。这是第二次了,结果司马光阴沉着脸训斥说:"走开!夫人不在,你来见我作甚!"屈指算来,北宋时和他们同朝大臣,不纳妾者,算来算去只有他俩。这么好的朋友结果还是翻脸了,原因是"俩人都以国事为重",俩人都"拗"。

熙宁三年(1070年),时年五十二岁的王安石升任参知政事,开始大力推行变法(改革)。王安石变法开始实施,遭到以司马光为首的保守派的坚决反对。司马光上疏皇帝七八次,反对变法。并讲"士大夫沸腾,百姓骚动"。都不同意变法,现在只有王安石、吕惠卿拥护,难道就与他们共治天下吗?最后辞去枢密副使(主管军事)不再过问国事,不干了,远去洛阳组织人专写《资治通鉴》去了。

王安石在变法中,一"拗"到底,把欧阳修、文彦博等曾经推荐过自己的人,韩绛、吕公著等自己的友人,全部加以排斥。把内外老臣基本罢免光了,而大多提拔以江宁吕惠卿为首的一些新人。

1075年,王安石第一次被罢相,他一手提拔的吕惠卿开始内斗,次年王安石被召回,吕惠卿又开始陷害王安石。吕惠卿被罢黜,王安石已无意再干下去,多次请辞,于1077年最后一次罢相。

王安石性格倔强,说白了还是"拗",遇事决定后不肯轻易改变。他学识颇丰,口才超群,引经据典,动辄数百言。说也说不过他,驳也驳不倒他。王安石开始从政的特点,就一心想做点事,"强国"是他最大的愿望。到他二次罢相止,他的变法已经全面展开,在某种程度上说,他已经完成了自己的愿望,同时他也和神宗流露过,早晚有离职那一天。不爱官职,不愿上,只愿下。做事,是他为官之道的全部。从他性格来讲,第二次申请去职还是对的,也因为他拗,太拗。1085年,神宗去世,哲宗执政,司马光为相,废除了王安石的各项变法。

元祐元年(1086年),司马光病重,当时青苗、免役、将兵之法还存在,而西戎之议没有决定。司马光叹气说:"这四患不除,我死不瞑目。"随之青苗、免役等法被废除。当年十月司马光去世,之前五月间,在江宁重病中的王安石,听到青苗、免役法也被废除的消息,长叹一声离世而去。

王安石变法共计有:青苗法、免役法、方田均税法、农田水利法、市易法、均输法、保甲法、裁兵法、将兵法、保马法、军器监法、取士之法等。

最受争议的就是青苗法、免役法。用一句话说其内容:青苗法,就是农业贷款。青黄不接时国家贷款买种子钱,待有收成后还回带利息。免役法,就是以钱抵工。形象地说就是一种税种,大家出钱,国家顾工,免出徭役。如果坐下慢慢分析,在实施中,或许利息钱稍高,或有强制行为,以行政管理代替专业管理等,或许免役钱分配不均,宽数太大等。所有这些,都可以边推广,边改进。而遗憾的是,把解决问题变成存、废的争吵。不能不说这里面包含有"拗"的因素,或是双方的。冷静下来的苏轼曾说"择利者从之",其中免役法应该保留,结果引起自己一派的不满。尽管王安石变法造成了一系列严重后果,受到苏辙等人的抨击,但今天我们不得不承认,王安石确实准确地把握到历史发展的脉络。

纵观变法的效果,变法前苏辙奏折说:"有害于财的事有三项:一是冗官、二是冗兵、三是冗费。"此"三冗"(超编)已经成为阻碍国家发展的顽疾,使当时国家经济萧条,难以为继。

细究三冗,先说冗吏。皇祐元年(1049年),包拯《冗官财用等》说:"臣伏见景德祥符中,文武官总九千七百八十五员。今内外官属总一万七千三百余员,……较之先朝四十余年,已逾一倍矣。"到王安石所在的宋神宗又二十年过去了,官员数量与日俱增。清代赵翼感叹:"自古滥官,未有如此之多。"宋祁上疏言:"朝廷有三冗,于下官无定员、一冗也。"官无定员、数无止境是当时朝廷一大患。再说冗兵。宋太祖后期的开宝年间,全国共有军队三十七万八千人;到宋真宗末期天禧年间,全国军队已到九十一万二千人;宋英宗治平元年,全国达到一百十八万一千五百三十二人(《宋朝军制初探》)。军队人数达百万以上,成为占用朝廷费用的无底洞。最后说冗费,宋朝杂费繁多,仅举祭祀费用为例,景德郊祀(郊外祭祀)至七百余万,东封(封禅泰山)又八百余万……到了仁宗一朝仅享明堂(祭祀祖先),就达到一千两百万,比当年封禅泰山还多了一半。到了宝元元年,会计京师所入金帛一千九百五十万,而出者二千一百八十五万,是岁以郊祀故(《食货志》)。仅仅因为郊祀,祭祀费用就成倍数地增长。

以上"三冗"的逐年增长的势头,将宋朝拖入日渐维艰的困境。难怪到宋神宗即位,三司使韩绛报告:自宋夏战争以来,"百年之积,惟存之空簿。"老本吃光了,国家真是没钱了。

《文献通考》记载:改革前的国家税收,治平中回升到一千二百万石(最高点),而改革后的熙宁十年(1077年)剧增到五千二百万石,增长了四倍。中央积蓄的钱粟,"数十百巨万",作为户部的经费,"可以支二十年之用",这个变化实在是巨大的。《宋史·安焘传》云:"熙宁、元丰之间,中外府库,无不充衍,小邑岁积钱米,亦不减二十万。"《续资治通鉴·宋神宗元丰四年》:"熙河民兵,惟西关最得力,又地接皋兰,岁入特厚,刍粟充衍,人马骁勇。"财政收入的迅速增加,彻底改变了北宋"积贫"的局面。《宋会要辑稿》记载,在改革期间,"全国兴修水利工程一万七千多处(17 093处),收益民田达三千六百万亩(36 177 888亩)。"这一成绩不仅在宋代,即使在整个封建社会也是非常突出的。

王安石变法,达到了富国强兵的目的。有人说,这一时期,在经济发展上,达到了唐宋元明清五朝中的一个高峰。其中免役法将"役"折成货币,比张居正的"一条鞭法"早五百年,比雍正的"摊丁入亩"早六百年。斗转星移,九百多年后的今天,我们回头看,王安石确实是一位历史进程的先行者。还有,当年唯一支持他的人,神宗皇帝赵顼。尽管在变法中,受到几乎是全天下铺天盖地的抨击和不满,神宗赵顼依然坚定不移,支撑着王安石把变法进行到底。当然,支撑变法进行到底的,还有王安石那固有的可爱的性格"拗"。

神宗去世,保守派掌权,他们以"死不瞑目"的决心,彻底废除了各项改革。尽管如此,还是有一项改革保留了下来,那就是科举制度改革。熙宁四年(1071年),颁布改革科举制度法令:"罢诗赋及明经诸科,以经义、论、策试进士。"

自隋朝科举以来,科考中一向以诗赋为举进士的主科。王安石说,青少年时为了科考天天学诗赋,当官以后根本就用不上,凭诗赋什么都干不成,是败坏人才。法令颁布后,诗赋再不列为科考主要科目。我们常说的唐诗宋词是我国文化的瑰宝,原来唐宋二朝一直把诗赋作为科考主科,或有一定关系。

王安石变法中,唯一留下的这项法令,使以后的元明清三朝,诗赋不再成为科考内容。以后的诗词佳句与时俱下,传世精品已是凤毛麟角了,这也是事实。试想如果王安石变法中没有此项法令,即便有也随其他法令一概废除,诗赋仍然不排除科考主科之外,那又经元明清三朝,我们所称颂的"唐诗宋词"又会发展到什么程度?又会有多少"李白"、"杜甫"、"苏东坡"现于世间?(哎!说句题外话,真是该废除的没废除,不该废除的都废除了。)也算是给后世留下一个想象空间。尽管王安石晚年认识到改革科举的片面性:"本欲变学究为秀才,不谓变秀才为学究也。"无论如何诗赋已经排除科举试题之外,今天回顾往事,更多的是对古代诗赋一种难以割舍的情怀而已。

当年第一个反对科考罢诗赋的是苏轼,他说:"自唐至今,以诗赋为名臣不可胜数,何负于天下,而必欲废之?"他说从唐朝到宋朝,那么多的诗赋名家作为重臣,有谁负于国家了?为什么就一定要取消诗赋呢?当然苏轼也因此遭受排挤。

如果我们今天,把宋后元明清各朝学者、名士加入微信群,征询意见,作为科考主科"罢诗赋",是否合适?率先反对的,应该是王国维先生。王国维最早提出教育的"四育"思想即:德智美体。其中的美育说:"美是盖人心之动,使人忘一己之利害而高尚纯洁之域。"而诗赋正是一种美,是撼动人心的美。"腹有诗书气自华",淡化私欲溶入高尚纯洁的境界,这是官员应该具备的基本修为。这么重要的科目应该考虑列入科考主科。当然如果把有史以来的历代名人都加入微信参加讨论,另一个反对的,一定是孔老夫子了。孔子说:"兴于《诗》,立于礼,成于乐。"(《论语·泰伯》)也就是说,人的修养是从学《诗》开始,修养同样是官员应具备的品德,科考当然不能少了诗赋了。无论如何诗赋已经排除科举试题之外,科举制度在清光绪三十一年(1905年)也被废除。

王安石,少年时喜好读书。说孩子聪明,多以过目不忘来形容,而《宋史·王安石传》说王安石少年时"是一过目终身不忘"。他写文章落笔如飞,初看好像随意挥就,完成后,见到的人都佩服他的文章精彩奇妙。

王安石在文学领域中成就突出。其文章论点鲜明,短文简洁。其诗"含蓄深沉,深婉不迫",名列唐宋八大家。以王安石一首《泊船瓜洲》为证:

京口瓜洲一水间,钟山只隔数重山。
春风又绿江南岸,明月何时照我还。

王安石"拗",写这首诗时同样体现了王安石的性格。在写"春风又到江南岸"认为不妥,遂改为又过、又吹、又满……一直改了十几个都不满意,最后改为"春风又绿江南岸"才感到满意,他真是"拗"。应该说王安石的"拗"是"大拗",充满自信的"拗"。

无论如何,王安石实现了自己富国强兵的愿望,在自己任上全面推行了改革的举措。但对改革的前景、国家的前途，仍是一种复杂沉痛的心境。王安石罢相后谪居金陵任江宁知府时所作《南乡子》一首，或能反映出王安石当时的心迹：

自古帝王州，郁郁葱葱佳气浮。四百年来成一梦，堪愁。晋代衣冠成古丘。

绕水恣行游。上尽层楼更上楼。往事悠悠君莫问，回头。槛外长江空自流。

2017 年 8 月 5 日

苏 东 坡

黄州　惠州　儋州

　　话说 1101 年 6 月初的一天,江苏镇江金山寺,迎来了从五千里地外的南海(海南岛),大赦北归的苏东坡。此时的苏公正值瘴毒大作,几到四肢无力的行进艰难之中。在润州(镇江)太守王觌的陪同下,重游久违的佛家胜地金山寺。这一次来金山寺与往次不同的是寺里多了一幅画像,是好友李公麟所画的东坡像。苏东坡望着画像里的人曾相识,百感交集。太守王觌准备好笔墨朝苏公点了点头:"写点什么吧。"写什么呢? 自己以风烛残年之身从海外归来,一路上尤其出南京以来民众列岸相迎,今又有自己画像供于金山寺中,自己何德何能受此厚爱。苏东坡强拄手杖坐在画前,大口大口地喘着气,逐渐安定下来,脑海中快速回放着平生影像。

　　首先出现在脑际的应该是二十二岁考上进士,同年母亲病终,守孝三年。服出任职福昌、凤翔主簿、签判。又逢父亲卒,再守孝三年。1069 年,三十四岁的苏东坡正式服出还朝。正碰上王安石上任参知政事(副宰相)筹备变法。从以后政局形势发展的客观情况而言,对正式迈入仕途的苏东坡来说,算是出师不利。纠结苏东坡一生的王安石变法,就这样与之仕途人生同时起步了。

　　以变法中第一个颁布的"均输法"为例,就是以前向各地征敛实物税收,是你种什么就换算赋税征收什么,说白了就是种瓜交瓜,种豆交豆。那变法以后呢? 是从灾荒歉收、物价高涨和原本就物价高的地区收钱不收物,再拿这些钱,到物价便宜及就近的地区购买所需物品上供朝廷,这就是"徙贵就贱,用近易远"。这一反一正余下的钱财就起到平抑物价、丰厚国库的目的,这就叫"均输法"。用古人桑羊之说:"买贱卖贵,谓之均输。"

这个法案遭到了初涉政坛,尚属官场小人物的苏东坡的坚决反对。苏东坡指出,要执行"均输法"弊端是:一、要从中央到地方将增加无数环节,建立庞大的机构,雇用大批国企官员,领导各级商业环节,这叫"设官置吏"成本费用巨大,叫"为费已厚";二、官企经营难免人员冗杂,效率低下,又极利于官商勾结、贪污受贿,这叫"非良不售,非贿不行";三、国家操作最后结账不会有盈利,反而会适得其反,这叫"以官买之价,比民必贵";"及其卖也,弊复如前,商贾之利,何缘而得?"这样下去,"均输之利,何缘而得?"这样算来,均输法就不会有利润了,同时也起不到平抑物价的作用,是与商贾争利。

熙宁四年,苏东坡上洋洋万言的《上神宗皇帝书》,反对变法。他三十四岁丁忧(守孝)服出,当年冬身为判官告院,后转开封府推官从六品,算是初入政坛。准备好了罢官而去的决心,三个月中连上三书给宋神宗,成为反对变法中青年官员里的中坚力量。也由此自熙宁四年(1071年)六月通判杭州开始,到元祐元年(1086年)王安石变法的首尾十六年中,付出了被迫降职外放,又以"乌台诗案"入狱、贬谪黄州的代价。

王安石变法失败,司马光、苏东坡等旧臣被重新启用,苏东坡到京城八个月,连升三次,由七品直接跳到四品。最后止于三品翰林,为皇帝草拟诏书,时年四十九岁,正值春风得意之际。结果元祐诸臣全盘否定王安石各项变法,而冷静下来的苏东坡认为其中"免役法"还是有实用价值的,应"参用所长",不能一概而论。由此原因,苏东坡频遭非议,起因又是这个王安石变法。后来发生"洛蜀党争"成为派系攻击的众矢之的,几到无法在朝廷任职地步,只好申请再度外放。直到哲宗绍圣元年,王安石余党重新执政,苏东坡首当其冲,立贬惠州后移贬儋州,以致再无出头之日。

王安石的变法,纠结了苏东坡从政的一生。过去了,都过去了,此时在自画像前的苏公微微抬起头,轻轻摇了摇,也许心里想到:孰是孰非都不重要了,但愿能给后人一点启示就好。

第二个冲入苏公脑际的应该是一生中外放任职加流放,所经历的一县一府十二州了。西到陕西凤翔府,东到山东的登州,北到定州(石家庄),南到海南儋州,东坡足迹遍布了大半个中国,自谓"身行万里半天下"。在所经历的一县一府十二州中,八州任太守,不满一年者为五州,自诩"二年阅三州"最短任期是登州,仅五天,可往来路途三千五百余里,九月自常州启程,十二月半回到京都(开封)。四州被流放有黄、惠、儋、廉。一生中经常"座席未暖,筋力疲于往来,日月逝于道路",想到这里,苏公免不了一声叹息。

还是想点开心的吧。黄州临长江,一天晚上和朋友喝酒到三更,步履蹒跚地回到家里,一时兴起捉笔写道:

> 夜饮东坡醒复醉,归来仿佛三更。家童鼻息已雷鸣。敲门都不应,倚杖听江声。
>
> 长恨此身非我有,何时忘却营营。夜阑风静縠纹平。小舟从此逝,江海寄余生。

第二天,谣传苏东坡已经顺流而下逃走了。太守大惊,去他家里发现苏东坡还在床上没有起来,正鼾声如雷。这谣言也传到了京都,甚至传到皇帝的耳朵里……想到这里,苏公双手拄杖头靠后稍稍一仰,显出难得的笑容。

在惠州,苏公和王云朝相依为命的日日夜夜,美丽的王朝云正在另一个世界等他,有一种冥冥的感觉,她们好像是越来越近了……苏公脸上显出一种幸福的笑容。

喝酒大醉找不到家,在草木丛生的小道中,循着牛粪和牛的足迹踉踉跄跄地找回家里……回想到这里苏公眼前一亮无意间笑出声来,那是在儋州。

此时的苏公颤颤巍巍地站起来,提起早已准备好的笔墨,面对自画像题道:

> 心似已灰之木,身如不系之舟。
>
> 问汝平生功业,黄州惠州儋州。

搜索自己一生的轨迹,让自己能引以为怀的还是贬谪中的黄州、惠州、儋州,因为那是一种自由的天地,广阔的空间,是平生中最值得怀念的时光。苏东坡题此自画像诗一个多月后,于七月二十八日逝于常州,享年六十六岁。

苏轼,字子瞻,号东坡,四川眉山人。苏东坡自幼喜欢读书,十岁时父亲苏洵游学在外。在家里母亲教他学习经史,给他讲解古代和现代,成功或失败的经验教训。读到《后汉书·范滂传》时,小苏轼郑重其事地问母亲:"如果我长大和范滂一样,你愿意吗?"母亲说:"你可以做范滂,我能不做范滂的母亲吗?"母亲知道,东汉范滂品德高尚举劾权豪为国家无怨无悔,是"江夏八俊"之一,正义的人都以他们为榜样,为了国家他们虽死但伟大。

少年苏轼不幸一言成谶,他的一生没有像范滂那样,为国家正义而献出生命,而他为国家献出的是一生的磨难。

话说当年苏东坡在王安石的案几上,看见两句诗"明月当头叫,五狗卧花芯",哎,月亮怎么会叫啊? 狗也不会趴在花心里嘛。苏东坡摇了摇头提笔改成:"明月当头照,五狗卧花荫。"后来苏东坡贬谪海南儋州,看见了美丽的明月鸟,还有漂亮的狗仔花,想起了当年往事……当然这只是一个戏说。也说明世界之大万物生灵识无止境,就是苏东坡这样的大学士也难免遇到新课题。

金秋十月,有机缘来到海南古儋州的东坡书院,拜访心慕已久的豪放派诗词大家苏东坡。书院在中和镇古儋州的城东,院外一泓池水。从这"城东"和"池水"两个条件验证,这就应该是当年苏东坡好友黎子云二兄弟家附近。以诗为证:

> 城东两黎子,室迩人自远。
> 呼我钓其池,人鱼两忘返。

从地域地物上看符合诗中的意境。当年苏东坡教书的载酒堂就在黎子云家旁边,看来书院位置无误。

东坡书院正厅是曾经琅琅读书声的载酒堂,院子里有两棵盛开的狗仔花,这一切无不让人想起那个放歌大江东去的苏大学士,在这里度过了艰苦、愉快的三年,成为在自己的一生中难以忘怀的一段生活。

站在东坡书院载酒堂前,我凝视北方大陆黄州、惠州的方向,脑海中浮现出:苏东坡自诩"平生业绩"的"黄州、惠州、儋州"。

在黄州。说起苏东坡贬谪之路,最早是黄州,是以水部员外郎黄州团练副使,本州安置的名义贬谪黄州(今湖北黄冈)。在黄州最有名的就是那片农场了。到黄州第二年,日见贫困衣食难为之际,老友马正卿给找了十几亩荒地,苏公在此建了五间房子，种有水稻、麦子、桑树、青菜，还有果园、茶树，除此外还筑水坝、修养鱼池、打井一口。至此农林牧渔齐了，成了一个典型的小农场。由于这块地坐落在城东的一片坡地上，从此苏公以东坡为号。

苏公"身耕妻蚕，聊以卒岁"，过着自给自足的生活，余暇时间完全沉浸于修身养性之道，体验了仰慕已久的"采菊东篱下，悠然见南山"的田园生活。少不了的，还有交友、喝酒、游江，当然喝酒游江更是生活主流，在这里苏坡东写下了《念奴娇·赤壁怀古》：

> 大江东去，浪淘尽，千古风流人物。故垒西边，
> 人道是，三国周郎赤壁。乱石穿空，惊涛拍岸，卷起
> 千堆雪。江山如画，一时多少豪杰。
> 遥想公瑾当年，小乔初嫁了，雄姿英发。羽扇纶巾，
> 谈笑间，樯橹灰飞烟灭。故国神游，多情应笑我，早生
> 华发。人间如梦，一樽还酹江月。

黄州的生活给予苏东坡以无限的欢快、自由和豪放，多想田园自乐，终老其乡。但是，调离黄州的日子还是来了，这应该是个好事，因为所调汝州生活条件要好一些，离京城近，也预示着随时有升迁的机遇。可是苏公实在是难以割舍这种远离政治的田园生活，面对这个任命用他自己的话来说，犹如"小儿迁延避学"，实在是躲避不及。在回去的路上经过庐山，在西麓的西林寺写下了《题西林壁》：

> 横看成岭侧成峰，远近高低各不同。
> 不识庐山真面目，只缘身在此山中。

他真的不想再回到那"此山中"的政治旋涡之中，因为他才知道，还有东坡农场这样自由自在的田园生活，这不是传说，但他只能告别黄州。

在惠州。苏东坡第二贬谪之地，给苏公第一印象是看到了有那么多人在追捧他，当下叫"粉丝"。金秋时节，天晴气爽，阳光普照。船到惠州码头，苏公低头

跨出船舱，抬头看码头上扶老携幼，男女老少集于两侧，所有目光集于这位当朝大学士一睹为快。苏公顿时感到"仿佛曾游岂梦中"，大有"苏武漠北归来"之感。应该说这一部分"纷丝"来自民间，权称"民粉"。还有一伙就是来自周围各州县的官员：惠州太守詹范、博罗县令林杯、循州太守周文之、苍梧太守李亨伯、程乡县令侯晋叔、归善县主簿谭汲。这些官员久慕苏公大名，难得一会为快，经常来惠州拜访苏公，时有送些酒食。这一伙可谓"官粉"。再者就是从苏杭各地特来探望的如苏州定慧院的卓契顺，扬州的昙秀，还有吴复古、法舟、法荣等知道东坡贬惠后，好些人都不畏艰险，长途跋涉来看望东坡。据说有一个四川老乡还死在来惠州的路上，这就属于"老友粉"了。在惠州真是"粉丝"大集汇，苏公每天在新老官民的朋友中喝酒话天地好不痛快。

如果说在黄州是办农场，来惠州就是建宅第了。以五十八岁高龄贬来惠州，几经探求北徙已绝望。只好在这里"作久计矣"。既来之则安之，既然回中原无望，就安心地在这里终老吧。到惠州五个月后开始在白鹤峰兴建宅第，一年后建成共二进二十间，正厅名号为："德有邻堂"。居南有一块地栽种柑、橘、柚、荔枝等各种所能找到的果树，并且要求是成树能速挂果。历尽艰辛一世漂泊居无定所，现在总算有了自己的家，苏东坡感慨万千。

在惠州比粉丝会、造宅第更让苏公留恋的是和王朝云的爱情。王朝云当年三十岁陪他来岭南，在这里两人相依为伴，本想造成宅第，二人在此终老，结果宅第未成，朝云先行一步，对苏公来说是最伤感的事。这段美好的爱情故事传颂千年，直到现在白鹤居仍叫朝云堂。

还有不可思议的是府第建成两个月后，一道皇命又贬赴海南儋州，一林果树虽尽选挂果成树栽培，终未及品半粒鲜果，两天后只好赴儋州绝尘而去。

在儋州。想当年贬黄州是批评新政、毁誉朝廷罪当处死，是皇帝宽恕叫死里逃生。贬来惠州是一朝天子一朝臣，王安石旧党执政，元祐儒臣均遭惩处，对苏公来说也算是命了。可这次再贬儋州就不同了，自宋太宗贬卢多逊到琼崖的诏书中有"特宽尽室之诛，止用投荒之典"的字样，从此以后，凡放逐到海南的罪臣，都视为仅比满门抄斩罪少一等而已。说明被贬海南基本是有去无回，这对苏东坡来说无疑是一种绝望。在接到调令的三天后，惠州东江码头两个儿子搀扶东坡刚一上船之际，岸上两个儿媳、三个孙子、孙子媳妇，全家十多口人一片哭声，好似生离死别。东坡的朋友、岸上的百姓见此情景无不动容。

绍圣四年(1097年)六月十一日，六十二岁的苏东坡携幼子苏过，从徐闻递角场渡海，自澄迈通潮阁登岸，然后先去海口当时的琼州报到，再返回经澄迈、临高于七月十三到儋州当时的"昌化军"。

说起东坡来儋州的背景之一，就是"责授琼州别驾，昌化军安置，不得签书公事"。在任职中有三不许：一、不许住官家馆舍，就是不能住招待所。二、不许吃官粮，说白了就是不发工资。三、不许看文件问政事，就是没有工作。背景之二，是苏东坡原本就是一个不会理财的人，从弟弟苏辙那里拿了七千缗钱，在惠州建完房屋，身上的钱已捉襟见肘，生活难以为继。背景之三，是以六十二岁的高龄"垂老投荒"，立好遗嘱，已自知无生还之望。这三个背景用几句话概括就是：身无立锥之地，囊无应急之资，手无缚鸡之力，旁无旧识之友，已绝生还之念。应该说苏东坡来海南，已经是穷途末路了。

无论如何苏东坡还是用自己仅有的一点钱，在村民、学生的帮助下建起三间草房，总算有了一个安身之处。草房建在城南草木丛生的桃榔树林中，苏公题名为桃榔庵，住的地方总算有了着落。

儋州军守张中对苏东坡敬慕已久，张中和苏东坡新结识的两个好朋友黎子云兄弟合计大家出钱，在黎子云家旁边建房，作为以文会友的地方。更重要的是可做讲学授业的场所，这就是今天站在这里的东坡书院。学校正式办起来了，以"载酒问字"的典故为房屋取名"载酒堂"。顾名思义，来上学只要拿酒就可以，当然有钱人家拿米肉来也不反对。有了这个教学的地方，一方面有了一个以文会友的场所，另一方面解决了孩子们上学的实际需要。更为重要的是苏公生计有了着落，改善了食无肉、居无所的生活处境。

如果说当年在黄州是开农场，在惠州是建宅第，那么到儋州就是办学堂了。苏公对开农场一定是个外行，因为他出身书香门第，金榜题名后一直在官场之中，对农场只是效仿采菊南山下而已，更多的是一种自由闲散的生活情趣。对于建宅第，更是外行，只是自己筹划，匠人操作罢了。办学校就不同了，教书应视为苏公的本行，说教书是苏公的本行更有力的佐证是，苏公确实当过老师，不过他只教过一个学生，这个学生就是当朝皇帝哲宗赵煦〔苏公于元祐二年(1087年)任翰林学士兼侍读〕。只是他所教的学生不再是皇上而是民众学子，办学也就顺理成章得心应手了。

　　天子老师办学堂，显然生源是不愁了，本地的外地的学子多慕名而来，一时间载酒堂书声琅琅。要说名师出高徒，经过苏东坡的指导，以后从载酒堂的学子中走出的有，海南第一个举人姜唐佐，第一个进士符确。这一成绩打破了自隋朝开科考以来海南榜上无名的沉闷气氛。苏公曾发自内心地呼喊："沧海何曾断地脉？"为海南无人登第而不平。姜唐佐、符确两个学生的成功，不得不说打通连接狭窄海峡的科举文化地脉，苏公是立了首功。

　　苏东坡以海南为家，这里的村民待苏公如一家人。每年腊月二十三乡亲们会把祭灶后的祭肉分送给苏东坡，还送给他当地土产吉贝布以抵挡海风的寒气。在这里无论是开饼店的老妇，下地送饭的农妇，苏东坡都会打招呼或以诗作答，他的朋友不分年长老幼都可在地头上、槟榔树下话家常，苏东坡成为这里实实在在的一员。教书、交友、话家常，苏公在这里无拘无束地度过了一生最开心最难以忘怀的三年。

　　宋元符三年（1100 年），哲宗死，徽宗继位。朝廷下诏：苏东坡为琼州别驾量移廉州。也就是说换个地方生活，无论如何算是离开这号称海外的"穷荒绝岛"回大陆了。

　　六月十日就要离开儋州了，黎家兄弟、全体学生、村民乡亲都来送行。苏东坡望着这朝夕相处三年的乡亲好友弟子们，感慨万千，老泪纵横，在他的心目中这里就是他最温馨自由的家。他抬头看了看前程难料的远方，回头望着那无以回报的儋州乡里。想起了当年写给弟弟苏辙的"他年谁作舆地志，海南万古真吾乡"的千古绝唱。

　　六月二十日，苏东坡在澄迈通潮阁准备最后渡海离岛。三年前的六月十一日，六十二岁的苏东坡是写完遗嘱以"垂老投荒，无复生还之望"的心情，从大陆渡海来通潮阁，来到海岛，环视天水无际，凄然而伤之曰："何时出此岛耶？"悲壮的呐喊，犹如昨日。三年零九天后的今天，真要从这里渡海生还，此时此刻心如潮涌，世事难料若有天助。苏东坡在通潮阁上，面对海峡对岸，吟诵《澄迈驿通潮阁》绝句诗曰：

　　　　　　倦客愁闻归路遥，眼明飞阁俯长桥。

贪看白鹭横秋浦，不觉青林没晚潮。

余生欲老海南村，帝遣巫阳招我魂。
杳杳天低鹘没处，青山一发是中原。

渡过二十几公里的琼州海峡，也就是大半天的工夫，当天夜里在对岸徐闻递角场登陆。下船的那一刻，苏东坡感到终于踏上了大陆的土地，心潮澎湃，夜不能寐。心向海峡对岸，咏出自己的诗句《六月二十日渡海》：

参横斗转欲三更，苦雨终风也解晴。
云散月明谁点缀，天容海色本澄清。
空余鲁叟乘桴意，粗识轩辕奏乐声。
九死南荒吾不恨，兹游奇绝冠平生。

就这样苏东坡一步三回头地走了，他以离乡游子的心情告别了儋州，他怀着一颗感谢上天恩典的感恩的心告别了海南，他以无怨无恨的心情回首那"穷荒绝岛"他心中的美好家园。

回顾苏东坡在黄州、惠州、儋州三个地方，共度过了九年八个月的时光，这近十年中给苏公留下了美好的回忆，是苏公一生中最开心快乐、自由自在的十年，也是在文学诗词创作中硕果丰厚的十年。

在黄州。上书鄂州太守朱寿昌，号召共同治理当地杀婴恶俗（溺死初生婴儿），成立救儿会。黄州因东坡一词两赋《赤壁怀古》《前赤壁赋》《后赤壁赋》，当地民众骄傲地把那段长江命名为东坡赤壁、和文赤壁，与当年曹操号称八十万大军的武赤壁齐名。

在惠州。促官号众组织建桥，自己拉弟弟苏辙义捐钱财，建成东西两新桥。两桥建成之日，全城民众欢庆的盛况是"三日饮不散，杀尽西村鸡"。惠州民众自豪地告示每一个人："一自坡公谪南海，天下不敢小惠州。"苏公的谪临使惠州声名大噪。

在儋州。打井劝农，力推中原文明，教化黎民乡里。在儋州东坡书院"开琼甲第破天荒"，自此后，南海一岛从宋、元、明、清诸朝，共出举人七百六十七人，进士九十七人，陆续走出丘浚、海瑞等一批国家栋梁之材。也许，这是回报苏公的一种特殊方式。

在这十年中虽一再贬官，属众之一民，但遇民之急情能以己之力尽维之，而想办能办成也是对苏公最大的慰藉。也许所有这些就是苏东坡心中的平生功业。苏东坡在风烛残年之际，仍然不能释怀的是黄州、惠州、儋州，而这三州的民众世世代代敬仰苏公并引为荣耀。

苏东坡到底还是走了范滂的道路。同样为了国家，只不过范滂是举劾权豪被诬致死，而苏东坡是上书直陈反对变法，度过了累遭贬谪的一生。

王国维推崇苏东坡说："三代以下诗人，无过屈子、渊明、子美、子瞻者。此四子者，若无文学之天才，其人格亦自足千古。故无高尚伟大之人格，而有高尚伟大之文章者，殆未有之也。"

大江东去……苏东坡以豪放的诗词文赋光耀于中华文坛，也以豪放潇洒的气质，融入了黄州、惠州、儋州，融入了中华这片博大的土地。

用苏东坡《定风波·莫听穿林打叶声》来结尾，或能体现苏东坡豁达、潇洒、从容、乐观的一生：

莫听穿林打叶声，何妨吟啸且徐行。竹杖芒鞋轻胜马，谁怕？一蓑烟雨任平生。

料峭春风吹酒醒，微冷，山头斜照却相迎。回首向来萧瑟处，归去，也无风雨也无晴。

2011 年 10 月 4 日

司马光

司马光砸缸

司马光在六七岁时，做了一件惊天动地的大事，就是砸了一口缸。

司马光父亲司马池，在1019年（天禧三年）3月，来到河南光县任县令。十月司马光出生，不用说司马光的名字，就是因为复姓司马，又是出生在光县，也就名光了。

砸缸是因为和小朋友在庭院中玩耍，一个小朋友不小心掉在装满水的大缸中。其他小朋友一时不知所措四散逃走，唯有司马光急中生智，捧起一块石头向水缸砸去。只听"哗啦"一声响，缸被砸破了，里面的水喷涌出来，小孩得救了。

说起司马光砸的那个"缸"，距我们今天说来似乎不太遥远。缸是什么？汉字"缸"是"缶"（否）字旁，按《说文解字》解释："缶，瓦器"，说明缸是陶器（或瓷器）一类，是存放散状物体如粮食和液体用的，当然主要是指存水用。古时候的"缸"除存饮用水和工程用水外，还有一个功能是储存消防用水。随着岁月的流逝，缸的材质也不仅是陶、瓷了，也有由金属或其他质料组成的。北京故宫据《大清会典》记载，宫中有铜、铁大缸三百〇八口，今天能看到的只有二百三十一口了，这些缸的作用就是储存生活用水与消防用水。司马光砸的缸就是庭院消防用的陶或瓷质的水缸，所以平常装满了一缸水备用。之所以说"缸"距我们今天并不遥远，指的是过去没有自来水，要用缸储存生活用水，这是家家必备的物品。这种生活状况直到20世纪80年代，部分家庭开始有自来水了，家用水缸的状况才逐渐改变，缸也随之消失在人们的视野中。

小小的司马光，捧起石头向缸砸去的一个不经意的举动，不但救出了小伙伴，还名声远播，并且悠久绵长。当时就有人把它画成《小儿击瓮图》，在京都（开封)到洛阳一带到处粘贴广为流传,七岁的司马光一时声名鹊起。不仅如此,更重要的是这个故事一直流传到一千多年后的今天,我们还在喋喋不休地说起当年砸缸的往事。究其原因,就是砸缸的本身是一种智慧,是一种责任,用现在的话说就是一种担当。社会需要责任,国家需要担当。担当是值得赞誉的一种个体生存态度,更为可贵的是出现在一个孩子身上。担当,成了司马光的一生追求。

仁宗宝元初(1038年),司马光考中进士甲科,时年二十岁。嘉祐元年(1056年),仁宗皇帝已经四十七岁,没有儿子,一直没法立太子,满朝文武为继嗣而着急。时任并州(太原)通判的司马光,虽职位低下又远在边地,当他得知这一情况时,认为皇储对稳定国家极为重要,因此直接上疏《请建储副或进用宗室》,要求立太子。司马光连上三疏,如石沉大海。他又托付范镇在奏事时代为转达,请仁宗有个明确答复。结果这一切均未说服仁宗,一时让远在边镇一个小小的官吏司马光无可奈何。

两年后,司马光调任新职进京,见到仁宗皇帝当头就问:"我在并州任通判时候,连上了三个折子,让皇上果断处理,怎么没有回音啊?"司马光这突兀一问,弄得仁宗一时有点蒙,不知所措。过了一会儿,才想起是解决继嗣的问题。仁宗皇帝高兴地对司马光说:"这是忠臣的表现,这种事人家都不敢说,也不愿意提,而你竟连上三折。"以后司马光又接连上疏催促,仁宗觉得这个司马光官不大,不过是真心为国家负责,很是感动,遂将奏折转至中书省。司马光穷追不舍,又直接到中书省催办,一直到赵曙立为太子,才算作罢。

嘉祐六年(1061年),仁宗又下诏,命司马光为起居舍人,同知谏院。谏院是一个专职劝谏皇帝的机构,宋朝真宗天禧元年(1017年)开始设立谏院,其工作内容是专门劝谏天子过失,给皇帝提意见的。当然下自百官,"事有可违,皆可谏正"。很明显,这是得罪人的差事,所以都不愿意干。司马光却欣然就任,毫不推托。司马光知谏院,"知"就是管理,知谏院就是管理谏院。司马光从此走上了专门给皇帝提意见的职业生涯。司马光当谏官首先是"陈三德"进"五规",就是给皇帝上一堂应该如何治理国家的专业课。同时也向皇帝传达了一个信息,这就是我今后进谏的原则。司马光的谏劝方法更趋向系统化、专业化。司马光说到做到,在做知谏院的五年中,一共上了一百七十道折子,可谓尽职尽责,凸显了一种担当。

熙宁二年(1069年)二月,宋神宗任命王安石为参知政事(宰相),开始实施"王安石变法",受到时任翰林学士、御史中丞的司马光的坚决反对。以青苗法为例:青苗法,国家出钱贷款给农民。方式要五户或十户结为连保,再由富户有钱人作保,各收息二分。听起来这是一个不错的主意,可是司马光坚决反对。他的观点是:"现在政府贷给百姓从中收取利息,又害怕贷款人还不起逃避,一定是让穷人、富人相互担保,穷人还不起债就会流落他乡,富人家有财产走不了。时间长了,穷人都跑了,富人因担保还贷也都还穷了……"司马光认为兹事体大,连续上疏诚恳至极,苦谏皇帝七八次。

宋神宗支持王安石变法决心已定,司马光反对变法坚定不移,只要在翰林学士、御史中丞的位置上,就决心反对到底。1069年7月、9月,均输法、青苗法相继颁布实施,其新法令逐步出台。显然司马光已不适应在皇帝身边,请求辞职,说白了就是不干了。

青苗法实施五个月后,皇上任命司马光为枢密副使,这是一个有职有实权的职务,属"安国"重臣。神宗派人对他说:"枢密院是执掌军事的,百官各有职守,就不要说和本职无关的事情。"意思就是告诉他,不要给变法添乱。司马光回答说:"我还没有接受这个职务,现在还是侍从官。对国家大事没有什么不可以说的。"明显是重用司马光,但不同意他发表不利变法的言论。

司马光以"不通财务""不习军旅"为由,坚决推辞枢密副使一职,拒不上任。理由是:"皇帝所以任用我,是看到我秉性刚直,希望对国家或有裨益。如果只给我职位,而不采纳我的意见,让我上不能匡主,下无以益民,这不是尸位素餐吗?如果皇上真能够废除三司条例司,不颁行青苗、助役等法,即便是不给我官职,只要国家好,我也心满意足了。"自此,从十五日到二十七日,十二天内连上五疏,直到辞职为止。其实对司马光来说就是一句话,只要当朝不废除新法,在朝廷里给我再大的官也不干了。

神宗熙宁四年(1071年)四月九日,司马光请求任职西京留司御史台,自己退居洛阳,从此绝口不论政事。任职下达后,司马光潸然泪下,仿佛从此将放下肩上为国担当的一份责任。他恋恋不舍地再次陈述六事,中间又写信责备宰相吴充。从此以后,他再不问政事,在洛阳专门著述《资治通鉴》。

《宋史·司马光传》说："光生七岁，凛然如成人，闻讲《左氏春秋》，爱之，退为家人讲，即了其大指。自是手不释书。"少年时代对《左传》这部文史著作的兴趣，激发了他接着《左传》再继续往下续写的决心。司马光于仁宗嘉祐年间即开始《通志》一书的编修，于英宗治平三年（1066年）进呈英宗。这部书的时间是从《左传》结束的周威烈王二十三年，三家分晋起，到秦朝灭亡为止。英宗看后大为赞赏，并给司马光两条指示：一是接续《通志》往下编修；二是设立书局，由司马光自择官属。英宗死，神宗继位后，对司马光同样支持，他以"鉴于往事，有资于治道"为《通志》命名为《资治通鉴》，在迩英阁第一次进读时当面"赐序（亲自写序）"。

自1066年，在崇文院内设立编辑局，开始组团编修史书。司马光以前都是兼职，现在率领书局全体人马，迁至洛阳，开始全身心投入《资治通鉴》的编修工作。

1084年，《资治通鉴》全书完成，全书从周威烈王二十三年（公元前403年）三家分晋写起，到五代后周世宗显德六年（959年）征淮南停笔，涵盖十六个朝代、一千三百六十二年的历史。该书是司马光与助手刘攽、刘恕、范祖禹、司马康等人，共用十九年编纂成的一部编年体通史巨著。司马光在《进书表》中说："臣今骸骨癯瘁，目视昏近，齿牙无几，神识衰耗，目前所为，旋踵遗忘，臣之精力，尽于此书……"说的是这本书耗尽了他所有的体力与精力。

宋神宗元丰八年（1085年），司马光六十七岁。三月七日，神宗病死，年仅十岁的赵煦继位，是为哲宗。哲宗年幼，由祖母皇太后当政。随之召司马光回朝。司马光上疏《乞开言路札子》，建议"广开言路"，让大家说话。朝廷内外，上书言事者以千数，仅农民上奏疏就达一百五十道之多。说的都是变法带来的疾苦。司马光提议对农民施以"仁政"，这就是他一再提出的"三言""五规"治国纲领。不久朝廷又下诏授司马光门下侍郎（副宰相）。司马光向皇太后进言：废除新法，把因反对新法而被贬的官员范纯仁、苏轼、苏辙等人召回朝中任职。

司马光废除新法，态度坚决，他主张（新法）"既知其为害于民，无益于国，便当一切废除。"在废除募役法上，反变法派自己内部也进行了激烈斗争。冷静下来的苏轼提到募役法"民甚便之"，并列举有五利，但丝毫不能动摇司马光的决心。司马光病重卧于床上，得知募役法、青苗法尚未废除，无限伤感地说："吾死不瞑目矣!"皇太后正式拜他为宰相。随之废除募役法、青苗法。这两项法令的废除给王安石以沉重的打击。消息传来,病中的王安石失声惊叹:"亦罢至此乎?"不久离开了人世。至此,自司马光回朝短短一年时间,王安石所定之法就基本全部被废除了。司马光实现了自己的政治主张,认为终于完成了自己为国担当的夙愿。在这里暂不评说新法的对与错,对司马光个人来说,推翻新法似乎解救民众于水火,又"砸了一口大缸"。

司马光一生清廉。早前,仁宗皇帝赏赐司马光诸大臣奖金,司马光带头上疏说,国家困难,不愿接受。但上疏几次都没批准,最后他还是将自己的那份奖金交给谏院,充作公费。司马光为官四十载,仅有薄田三顷。妻子去世后,无以为葬,最后,他把仅有的三顷薄田典当出去置棺理丧。

司马光去世后,《宋史·司马光传》载:"京师人罢市往吊,鬻衣以致奠,巷哭以过车。及葬,哭者如哭其私亲。岭南封州父老,亦相率具祭,都中及四方皆画像以祀,饮食必祝。"灵柩送往夏县(原籍)时,"民哭公甚哀,如哭其私亲。四方来会葬者盖数万人,家家挂像,饭食必祝。"

司马光去世九百一十八年后,2004年6月1日,国家邮政局在其故居成功举办了"司马光砸缸"特种邮票首发式。

2017年5月

李 清 照

"天独厚其才而吝其遇"

宋代朱彧评李清照说:"天独厚其才而吝其遇,惜哉。"上天给了她才华,可惜,没有给她好的命运,可谓一语中的。

说到李清照的才华,从她十六七岁两年中所写的词中或能感到非同凡响。从其中一首《如梦令·咏海棠》说起。都说宋人爱海棠,欧阳修、苏轼、刘克庄都写海棠,尤其是陆游,写有关海棠的诗词就更多了。不过提起海棠,总要想起李清照那句"绿肥红瘦",能把"昨夜雨疏风骤,浓睡不消残酒"那一场景,写成如此境界。难怪此词一出,轰动京师,"当时文人雅士莫不击节称赞"。陈祖美先生在《李清照评传》中说:"此词在当时受到的赞赏可以说无以复加"。张爱玲说:"人生有三恨,一恨鲥鱼多刺,二恨海棠无香,三恨红楼梦未完。"现在回想九百多年前那一夜的"雨疏风骤",那枝繁叶茂的旺盛风采,突显"海棠依旧",对此恨来说,有香无香,或许已经不重要了。

另一首是李清照的《如梦令·常记》:

> 常记溪亭日暮,沉醉不知归路。
> 兴尽晚回舟,误入藕花深处。
> 争渡,争渡,惊起一滩鸥鹭。

让人难以相信的是,此词出自一个十六七岁的少女之手。酒醉,把船划到荷花深处出不来,用力往外划,结果惊起一滩鸥鹭,这个画面太美了。所以《草堂诗余》说是苏东坡写的,《唐词纪》说是吕岩(字洞宾)所作。还好南宋黄昇的《花庵词选》、曾慥的《乐府雅词》都把它说是李清照的词,总算是了却一桩公案。真是多才少女出手,惊起一滩"鸥鹭"。

还有一首《点绛唇·蹴罢秋千》:

> 蹴罢秋千,起来慵整纤纤手。露浓花瘦,薄汗轻衣透。
> 见客人来,袜刬金钗溜。和羞走,倚门回首,却把青梅嗅。

凸显了少女的情趣。荡完秋千,见到客人来便含羞走,忍不住倚门回头,做闻着青梅的样子。形象地勾勒出少女荡完秋千后的神态。见到客人惊诧,整装回避,娇羞,顽皮活泼而又心思细致的少女形象。有人推测,从词人的表情上透露出,来者一定是位翩翩美少年,当然不排除是赵明诚。

李清照,山东济南府章丘人。十五六岁被朝中做官的父亲李格非带来京城生活。结果少年词成,名声广播。南宋王灼的《碧鸡漫志》说:"易安居士,自少年便有诗名,才力华赡,逼近前辈,在士大夫中已不多得。"这说明,这个十六七岁的少女,确实已经名满京城了。

说起李清照成亲更有传奇色彩。赵明诚与李清照堂兄李迥,在元宵节相国寺赏花灯时与李清照相识,俩人一见钟情。赵明诚回去以"言与司合,安上已脱,芝芙草拔"的字谜,向父亲谈及此事。身居高官的赵挺之一解谜底是"词女之夫"就明白了,一定是那个大名鼎鼎的李清照了,便派人去李家求亲。

1101年,十八岁的李清照,嫁给了二十一岁的太学生赵明诚。门当户对,两情相悦,这无疑是一段天赐良缘。遗憾的是,李清照命运的坎坷也就随此而生。

先前1085年,王安石变法失败,宋神宗去世,年仅九岁的哲宗继位,实际由宣仁太后执政。同年启用以司马光、苏轼为代表的反对变法一派,被称之为元祐党人。世事无常,谁知宋徽宗崇宁元年(1102年),也就是李清照婚后二年,蔡京为宰相,同年七月,朝廷重新启用变法派人士,同时严酷打击元祐党人。和李清照直接关联的是,父亲李格非是元祐党人碑三百〇九人中,排位第二十六名,属元祐党人一派的骨干分子,随即罢官全家遣回山东济南府章丘明水。

1103年,厄运接踵而至。时年九月,也就是李清照婚后第三年,宋徽宗下诏:"宗室不得与元祐奸党子女为婚姻""党人子弟不得与宗室通婚,亦不得居京。"

李清照被遣离京城,只身返回娘家老家明水。才新婚三年的一对伉俪,就这样被分离两地天各一方。

《一剪梅·红藕香残玉簟秋》就是当时最好的写照:

> 红藕香残玉簟秋。轻解罗裳,独上兰舟。云中谁寄锦
> 书来,雁字回时,月满西楼。
> 花自飘零水自流。一种相思,两处闲愁。此情无计可
> 消除,才下眉头,却上心头。

大雁归去,依然没有消息,有的只是"月满西楼",一天又过去了,依然没有赵明诚的半点音信。

李清照出身官宦世家,自小就聪颖机敏,对朝廷政策、诏令精神应该明了通透。其实明摆着,赶李清照离京回娘家,根本不是什么朝廷诏令所遣。因为赵明诚家,根本就不是什么宋太祖赵匡胤的本家宗室,只不过也姓赵,同姓而已。不应在"宗室不得与元祐奸党子女为婚姻"之列。并且诏令明确规定:"已定未过礼者并改正",很明显,就算是皇亲同族,但已婚者不在此列。李清照嫁到赵家,就成为赵李氏,更不在"党人子弟……亦不得居京"之内。起初元祐党人当政,赵家提亲应有示好李家之意。今天李家沦为阶下囚,赵家遣李清照离京,多有划清界限之嫌,至少是有借机疏远之意。媳妇被驱出门,在古代讲"七出",也就是说有七种情况之一可休妻,其中一条就是"无子"。清照嫁过赵家三年未育,完全符合这条件。可是这一切又向谁去说呢?"花自飘零水自流",就算全天下人都反对,连皇上都想拆散这门亲事,那赵明诚你呢?眼看"月满西楼",今天又过去了,仍没信来,"才下眉头"不得不"又上心头"。

清照离家的第四年,崇宁五年(1106年)二月,蔡京罢宰相,赵挺之复授尚书右仆射兼中书侍郎。与此同时,朝廷毁掉"元祐党人碑",大赦天下,解除对元祐党人的一切禁令。李清照经过四年的离异之苦,终于等到这一天,回到赵家,一颗心总算是放下了。

紧接着又一厄运降临,这一回轮到了婆家。李清照回赵家第二年,1107年正月,蔡京恢复宰相,三月赵挺之被免职,五天后去世。赵家全族被捕入狱。虽然

不久获释，但其子的荫封之官亦因此丢失。作为一百姓，赵明诚偕李清照回到青州。

赵家祖籍山东诸城，在青州建了宅第。《宋宰辅编年录》载："始挺之自密州徙青州"。1108年，赵明诚偕李清照归来，名为归来堂。在这里"起书库，置大厨，分门别类置放各种书册"。用现在的话说，创造一个高标准的金石研究所"冠诸收书家"，他们在这里轻松愉快地度过了十年的好时光。其间，两个人共同完成了《金石录》初稿，李清照完成了著名的《词论》。

从这个时期的词作《鹧鸪天·桂花》可以看出，李清照那种安逸、细微、轻松、愉快的心情：

> 暗淡轻黄体性柔，情疏迹远只香留。
>
> 何须浅碧轻红色，自是花中第一流。
>
> 梅定妒，菊应羞，画栏开处冠中秋。
>
> 骚人可煞无情思，何事当年不见收。

女人为了所爱的男人，可以献出自己的青春、智慧、劳苦以至于生命。她们追寻的终极目标就是两情相守共白头，如果"封侯"与"相守"选其一，也许多数是"悔教夫婿觅封侯"。这就是中国古代女人的传统意识，在李清照、赵明诚两人青州厮守的时光里，得到了验证。李清照在《金石录后序》说："后屏居乡里十年……每获一书，即同共勘校，整集签题；得书画彝鼎……夜尽一烛为率。故能纸札精致，字画完整，冠诸收书家。余性偶强记，每饭罢，坐归来堂烹茶，指堆积书史，言某事在某书某卷第几页第几行，以中否角胜负，为饮茶先后。中，即举杯大笑，至茶倾覆怀中，反不得饮而起。甘心老是乡矣！……目往神授，乐在声色狗马之上。"这十年加上刚结婚第一年，共计十一年间，是李清照与赵明诚共度三十九年中，最舒心灿烂的十一年，是唯一没有幽怨的十一年。心甘情愿就这样老死一生，"老是乡矣！"可惜，上天给李清照的幸福生活，也只有这十一年。

"生怕离怀别苦，多少事、欲说还休。"打破这种美好生活的是"离怀别苦"，直接原因是"觅封侯（外出做官）"和外出采风，其实无论外出做官，还是游历采风，跟着走就行，全家就两口人，不是拖家带口。但事与愿违，还是伤离别。在赵明诚做莱、淄、建康各州太守、知府期间，和在莱州、淄州期间访古采风中，都体现了李清照的别离、幽怨之情。

1021年夏，赵明诚离家只身赴任莱州太守，当年秋，李清照前往莱州途中昌乐驿馆，作《蝶恋花·泪湿罗衣脂粉满》寄青州姊妹：

> 泪湿罗衣脂粉满，四叠阳关，唱到千千遍。人道
> 山长山又断，萧萧微雨闻孤馆。
> 惜别伤离方寸乱，忘了临行，酒盏深和浅。好把
> 音书凭过雁，东莱不似蓬莱远。

用这首词慰藉自己的孤单和凄苦。八月十日到莱州作"感怀"诗，有"寒窗败几无书史，公路可怜合至此""静中吾乃得至交，乌有先生子虚子"句，说房间里一片破败，没人理会自己，孤单地只剩两个朋友子虚、乌有。体现这个时期李清照心境的还有《凤凰台上忆吹箫》：

> 香冷金猊，被翻红浪，起来人未梳头。任宝奁闲掩，日
> 上帘钩。生怕闲愁暗恨，多少事、欲说还休。今年瘦，非干病
> 酒，不是悲秋。
> 明朝，这回去也，千万遍阳关，也即难留。念武陵春晚，
> 云锁重楼，记取楼前绿水，应念我、终日凝眸。凝眸处，从
> 今更数，几段新愁。

清照与所有女人一样，生怕离怀别苦，"多少事欲说还休""不是悲秋，休休""念武陵春晚，云锁重楼"。"武陵源"因与"桃花源"有关，而"桃花"在我国古典诗词中又是代表美女的特定意象，丈夫的"桃花运"，往往就是妻子的"烟锁秦楼"，由此又添"一段新愁"。

1124年，赵明诚任淄州太守，独自上任，李清照留住青州，自叙："至靖康丙午岁，候守淄川，闻金寇犯京师，四顾茫然，盈箱溢箧，且恋恋，且怅怅，知其必不为己物矣。"足见李清照仍然是孤零零的一个人，在"金寇犯京师"兵荒马乱之际，自

己孤苦伶仃独守青州。赵明诚不仅仅是守莱、守淄独自上任，在守莱、淄期间，游仰天山、访灵岩寺、登泰山，几次到京师（开封）都没有携李清照同往的记载。

靖康二年（1127年）二、三月间，金废宋徽、钦二帝为庶人，北宋至此灭亡。正当国亡兵燹的三月之际，赵明诚告别清照，依然独自南下奔母丧。四十四岁的李清照只身在国破兵乱中，收拾归来堂文物书册的残局。李清照独自精心挑选，先把沉重大部头的印本去掉，又把重复藏画去掉，再把古器当中没有款识的去掉。又去掉书籍里的国子监刻本，最后把画卷中的一般作品及古器中分量重、体积大的去掉。经过反复削减，优中选优，还装了十五车书籍（文物）。时间已经到了秋八月，随即率领车队南下，"至东海，连舻渡淮，又渡江，至建康（南京）。"回望"青州故第，尚锁书册什物，用屋十余间，冀望来春再备车船载之。"结果，"十二月，金人陷青州，凡所谓十余屋者，已皆为煨烬矣。"

在李清照的殚精竭虑、全力以赴的努力下，总算抢救出十五车精品。其他十间屋里的书册文物，成为第一批失去者，已灰飞烟灭。

建炎二年（1128年），赵明诚任建康（南京）知府，又当官了，李清照重新陷入幽怨之中。一首《临江仙·庭院深深深几许》表达了其时的心境：

> 庭院深深深几许？云窗雾阁常扃。柳梢梅萼渐分明。春归秣陵树。人老建康城。
> 感月吟风多少事？如今老去无成。谁怜憔悴更凋零。试灯无意思，踏雪没心情。

李清照的这首《临江仙·庭院深深深几许》，是联想到欧阳修那首《蝶恋花·庭院深深深几许》，其中有"楼高不见章台路"之句。章台，秦有章台宫上演过"完璧归赵"的故事，汉朝有章台街是花街柳巷、歌妓聚集之所。在建康，李清照的情思已经降到了最低点，从诗中婉约地呐喊："楼高不见章台路"，幽恨怨愤之情表现得淋漓尽致。是对自己命运的不平，也是对那个时代的控诉。

宋朝时期官员纳妾已经是司空见惯，不纳妾反而是凤毛麟角。处在这个时代，又摊上一个少情寡义之徒，这就是李清照的命运。在建康住了一年半，用"人老建康城""踏雪没心情"来描述这个时间的心迹也许更加妥帖。尽管如此，厄运又一次降临李清照面前。

建炎三年(1129年),清照时年四十六岁。二月,明诚被罢免建康知府。三月夫妇备办舟船上芜湖,入姑孰(安徽当涂)。五月,至池阳(安徽贵池),接到通知,诏令明诚为湖州知府。赵明诚当即决定,家就安在池阳,老规矩清照留家,赵明诚独自赴召。清照乘船相送,至明诚改走陆路的地方。李清照深深地记得六月十三日这一天,是日,赵明诚身着夏衣,非常洒脱地翻起额前的头巾,端坐在岸上,精神如虎,目光灿烂射人,与船上的清照告别。清照惶恐急切地大声问:"如果局势紧迫,怎么办呀?"赵明诚戟手(伸出食指和中指指人,以其似戟),远远应道:"跟随众人跑吧。万不得已,先丢掉那些生活器具粮食用品,丢掉衣服被褥,实在不行再丢掉书册卷轴,最后丢弃古董,剩下的宗庙祭器和礼乐之器,要抱着背着跑,人在物在,与自己共存亡,千万要记住!别忘了!"说罢策马扬鞭绝尘而去。

赵明诚朝见皇上心切,又时值大暑,放马奔驰,途中劳累感疾。到了建康,患了疟疾。半个多月后,清照才得到消息,乘船直驶,一日夜行三百里。到了建康,发现明诚果然大服柴胡、黄芩等性寒退热之药,结果疟痢并发,病入膏肓。清照慌乱不知所措,只顾痛哭,不忍心问他后事该怎么办理。到了八月十八日那天,明诚再也起不来了,取笔作诗,绝笔而终。

葬毕夫君心茫然,山河破碎,家破人亡,清照无限悲痛,大病一场。从此,清照如孤雁一只,守着归来堂抢回的十五车书册文物,此时尚有书两万卷,金石刻本两千卷和大部文物。时事紧急,清照只好找人,先送一部分给明诚妹夫时任兵部侍郎,在洪州(南昌)。结果金兵攻陷洪州,所送物品全部丢失,至此"连舻渡江"十五车书册文物中的第一批,散为云烟。

建炎四年(1130年),清照四十七岁。八月,因前有"颁金之语"(传言与他人玉壶投献金人,有瓜葛),又传有赵构医师王继先以黄金三百两恫吓清照交出所藏古器。孤独无依的李清照真是吓坏了,决心尽将家中所有铜器等文物,全部献给皇上。时值朝廷也在逃亡剡(嵊州市)中,遂不敢放家里,写书一封,连同器物一道寄往剡。后被官军趁乱取去,据说被一个李姓将军私人占有。至此"连舻渡江"十五车书册文物的第二批散失民间。最后只剩下五七箱笼,又让房东联手贼盗,墙上打洞,偷去五笼,虽出重赏买回十八轴卷,但已微不足道。最后,所有十

119

余间屋,和十五车书册文物,所剩手头无几,全部烟消云散,或流失民间。

李清照十八岁进赵家,至赵明诚去世二十六年中,两人"饭蔬衣练,脱衣典当。食去重肉,衣去重采,首无明珠、翠羽之饰,室无涂金、刺绣之具"。只要能省下一文钱,都投入书画文物中。加之"赵家久富收藏""观古书帖甚富",这是赵家两代人垒积起的文化宝藏,今天,归来堂赵家全部心血,与夫君赵明诚一起,都无影无踪,云消烟灭,唯剩李清照自己孑然一身。那首《孤雁儿·藤床纸帐》也许正适此时心声:

> 藤床纸帐朝眠起。说不尽、无佳思。沈香断续玉炉寒,
> 伴我情怀如水。笛里三弄,梅心惊破,多少春情意。
> 小风疏雨萧萧地。又催下、千行泪。吹箫人去玉楼空,
> 肠断与谁同倚。一枝折得,人间天上,没个人堪寄。

清照改嫁。我们叹息李清照的一生时运不济,时乖运蹇,身心交瘁,无家可归。1132 年,李清照已四十九岁。就在重病缠身,病情严重到连牛和蚂蚁的叫声都分不清,已经开始准备后事的情况下,轻率地相信了张汝舟的花言巧语,答应了改嫁张汝舟这门婚事,不想厄运接踵而来,再一次降临李清照。

婚后发现,张汝舟图谋不轨,他的目的是觊觎自己手中的文物书画,同时他欺瞒腐败,是一个官场的无赖。在达不到自己的目的后,他恼羞成怒,对李清照拳脚相加。于是,李清照宁为玉碎不为瓦全,在《投内翰綦公崇礼书》中说:"视听才分,实难共处,忍以桑榆之晚节,配兹驵侩之下才。"意思是:"我怎能在自己的晚年,以清白之身,嫁给一个低劣有罪的人呢?"决不忍辱偷生,毅然和张汝舟提出离婚,并告发张汝舟"妄增举数",有欺君之罪。

宋朝时举人参加科考到一定次数,落榜后也可以给安排官职。张汝舟虚报考试的次数,"填表"弄虚作假。经调查判决张汝舟"妄增举数"罪名成立,李清照胜诉,张汝舟被发配到柳州。

按照当时的法律,妻告夫,不管事实如何、丈夫有无过错,女子都要坐牢两年。就在李清照身陷囹圄之际,得到了赵明诚的表哥,翰林学士兼兵部侍郎綦崇礼的帮助,没坐牢,只拘留了九天。在李心传《建炎以来系年要录》卷五十八中,

提到了这件婚事："右承奉郎，监诸军审计司，张汝舟属吏，以汝舟妻李氏讼其'妄增举数'入官也，其后有司当汝舟私罪徒，诏除名柳州编管，十月己酉行。遣李氏格非女能为歌词自号易安居士。"

清照老矣，躺在床上，看到手头只剩下的一两件残余零碎的书册，平平庸庸的书帖，还像保护眼睛一样爱惜它。又曰："今日忽阅此书，如见故人。因忆侯在东莱静治堂，装卷初就，芸签缥带，束十卷作一帙……今手泽如新，而墓木已拱，悲夫！"哎！写到此处，不由心颤眼湿。那光彩愉悦的瞬间，是生命最精彩绚烂的一刻，苍天虽给清照无尽才华，但给予她的际遇也只有那倏忽间而已……

清照豁达、淡泊。面对失散的用平生的心血积累的所有文物书册，从容地说："人亡弓，人得之，又胡足道。"有人丢失弓，就会有人得到弓，这没有什么。

明诚或纳妾或婚外情，已应属实，然终未有嗣。清照无育，奈何！

天独厚其才，而吝其遇，极矣。

1950年，在南京发现《金石录》三十卷宋刊本，行款版式与残存的十卷本全同，被认为即宋龙舒郡斋初刊本，为目前最好的本子。今藏北京博物馆。

李清照，中国古代四大才女之一。

2017年6月29日

明朝

唐 伯 虎

"谁信腰间没酒钱"

说起唐伯虎,老百姓首先津津乐道的是唐伯虎点秋香的故事。至于腰间有无酒钱的问题,大概从来就没想过。

唐伯虎是寅年出生,所以家里起名唐寅,在家又是老大,也就字伯虎(另字子畏)了。他幼年聪敏好学,在家里闷头读书,甚至不认识家门外的街道。他志向高远,十六岁考秀才,得苏州府第一名,一时声名大噪。其实在青少年时代他不喜欢考试,在他二十八岁时,好朋友祝允明动员他参加科考,他有所动心,同时约定,豁出一年时间复习,去考场走一遭。

明朝弘治十一年(1498 年)八月,唐伯虎到南直隶应天府(南京)参加乡试。乡试前三名叫解元、亚元、经魁。结果一不留神又考个第一名,乡试第一就是解元。以后的唐伯虎又多了个名称:唐解元。应天府考生来自十四府、十七州、九十五个县,相当于现在的江苏、安徽、上海地区,又在南都(南京)应试,立时轰动朝野。这样的大才腰里还缺酒钱吗?

刚才说起唐伯虎点秋香的故事,是唐伯虎去世六十多年后,嘉定府人项元汴在《蕉窗杂录》说:"唐子畏(唐伯虎字)被放后,在画舫中见一女郎姿媚俏丽,朝自己嫣然一笑,于是换简装,雇一小船跟踪到吴兴,知道是一官家,装作落魄状,求职家教,主人同意教两个儿子,成绩日佳,子畏提出回家娶亲,两个儿子说家中丫鬟尽随挑选,点到秋香,就是金阊画舫相顾一笑的那个美女。成亲后主家认出唐子畏,又出金送银做嫁妆,送归吴中……"

又四十多年后,冯梦龙在《警世通言》卷二十六"唐解元一笑姻缘"中,使这个故事更加丰满、生动而极富艺术魅力。故事情节除已有了秋香外,又增加了华府华太师。使唐伯虎点秋香的故事,名声大噪自始传开。

尽管经人考证,秋香确有其人,据梅鼎祚《青泥莲花记》卷八《从良二·林奴儿》云:南京旧院妓有秋香,后从良,有旧相识求见,以扇画柳,题诗拒之云:

> 昔日章台舞细腰,任君攀折旧枝条。
> 如今写入丹青里,不许东风再动摇。

是秋香不假,人家是妓女,又已经从良,年龄要比唐伯虎大二十岁之多。

尽管华太师也确有其人,即华察,字子潜,号鸿山,江苏无锡人,嘉靖五年(1526年)进士。算起来又比唐伯虎小二十多岁。

尽管比冯梦龙早二十年左右的王同轨,在他的《耳谈》中叙述了苏州才子陈元超的故事:同样的点秋香情节,只是换了个陈元超名字而已。

尽管清代学者俞樾,在《茶香室丛钞》中说:"三笑姻缘,有好事者借重唐伯虎的名气,把别人的事,转移在他的名下,是一段张冠李戴的故事……"

尽管无论还有多少个"尽管",老百姓还是乐见,那个点秋香的就应该是唐伯虎。唐解元才高八斗,一见钟情,敢爱敢追,个性阳光,这是千百年来,才子佳人文化的经典,口口相传羡之,赞之,喜之。当然回头说起"买酒钱"免不了还是一头雾水。

能和"腰中买酒钱"联系到一起的,是1499年与唐伯虎经历的那场"弘治会试舞弊案"有关。在明朝说起"科考舞弊"那可是让人胆战心惊的大事。起因是早在洪武三十年(1397)发生的那场震动朝野的"南北榜案"。那年三月,京城会考结束,共录取五十二人,殿试参加五十一人。金榜公布名次后,考生大乱。原因是所有金榜题名者,也就是所录取的五十一人,全是南方籍人士,北方人无一进榜,故称"南榜"。会试落第北方考生联名上疏,告考官刘三吾"私其乡"。刘三吾本身南方人,有徇私南方考生之过。告发考官白信蹈有偏袒南方考生之嫌。北方考生的闹考抗议,惊动了当朝圣上朱元璋。明太祖朱元璋命侍读张信、侍讲戴彝等连同刚刚考上的状元陈安、榜眼尹昌隆、探花刘谔等共十一人,全面调查考情。调查结果是"经复阅后上呈的试卷文理不佳,并有犯禁忌之语",结论是此次会考没问题。正当此时又有人告发说刘三吾、白信蹈暗嘱张信等人故意以陋卷进呈。朱元璋大怒，五月下诏刘三吾以老戍边；新科状元陈安、探花刘谔等人遣戍；白信蹈、张信等多人凌迟处死，就是一刀一刀地割死。六月，朱元璋亲自过问，重新录取任伯安等六十一名，因为这一回所录六十一人全系北方人，故称"北榜"。这就是明朝惊心动魄的"南北榜案"。到唐伯虎"弘治会试舞弊案"已是一百〇二年过去了，一旦提起还是让人不寒而栗。

话说唐伯虎在考中乡试第一名解元后，写给乡试主考官梁储的诗中有：

......

红绫敢望明年饼，黄绢深惭此日书。

三策举场非古赋，上天何以等吹嘘？

当年冬天，唐寅告别乡间父老及好友祝允明，登船顺运河北上赶考会试，同行好友有江阴徐经。唐、徐二人都肩负父辈荣宗耀祖的愿望，昂首伫立船头，豪情万丈，以此去必得"红绫饼"一举夺魁的百倍信心，迎着凛冽寒风向北京行进。

到达北京，唐寅依仗两考皆魁（秀才、举人都第一）"文誉籍甚"，招来"公卿造请者嗔咽街巷"，就是请他会面的人太多了。富家子弟的徐经"带着戏子数人，随从六如（唐寅）日驰骋于都市中"，他们二人组团东拜西访，极尽招摇。而且每拜访一处，由徐经携带厚礼，十分惹人注目。《明史·文苑二》说："二子矜夸雀跃，舆论沸腾。"他们不仅拜访了同乡诸位前辈和当年乡试几位考官，更为显眼的是，拜访了礼部尚书大学士李东阳和礼部右侍郎兼学士程敏政。最不应该的是，唐寅和徐经在程敏政家"慕敏政学问，以币求从学"，送金币求学问，埋下祸端口实。

在唐寅、徐经进京的几个月后，也就是弘治十二年（1499年）二月丙申，皇上任命李东阳、程敏政为主考官，宣布会考正式开始，拉开了会试科考的大幕。三场陆续考完，就在会试即将宣布结束之际，户科给事中华昶上疏曰："程敏政考场作假，江阴徐经、苏州唐寅狂童孺子，天夺其魄，开考之前就将试题显示于众"，当朝下令严加调查。最后判程敏政免去官职退休，华昶言有不实降职处理，徐经、唐寅到浙江任一小吏。结果，程敏政出狱四天病死，徐、唐二人出狱后，未去就职直接回家。此案后，徐经多次进京要求平反，政德二年（1507年），病死京师。唐寅在徐经认罪后"不复辩",此生也不关心平反。这就是那场没有"舞弊"结论的"弘治会试舞弊案",给后人留下无休无止的探索空间。对于这场"弘治会试舞弊案",后人和史料主要有如下四种说法:

1."家童说"是最流行的说法。"敏政家童,得试题"疑为"自家人窃卖"。《明史拟稿》说:"同舍生徐经,以币交敏政家人。经、寅,俱下狱。"《明史·文苑二》说:"江阴富人徐经贿其家僮,得试题,事露。"《明史·唐寅传》说:"江阴富人徐经贿其家僮,得试题。"所言都是"程敏政家童卖试题"一说。

2."夺位说"。《明史·程敏政传》载:"或言敏政之狱,傅瀚欲夺其位,令昶奏之,事秘,莫能明也。"民间也有子畏无辜受牵连入狱,成为朝廷党争牺牲品之说。

3.作弊说。《明史·选举志》中对此事记载:"华昶劾敏政鬻题与举人唐寅、徐经。敏政谪官,寅、经皆斥谴。"祝允明在《唐子畏墓志铭》也说:"有仇富子者,抨于朝,言与主司有私,并连子畏。"

4."乐祸说"。"高才剩买红尘炉,身后尤闻乐祸人。"这是唐寅好友祝允明,在悼诗《哭子畏》中的一句话,指向那个同乡都穆。

这四种说法除"乐祸说"外,其他三种各引《明史》为据,言之凿凿又互相矛盾,记述纷杂。据说《明史》修成后受到诸多历史学家的好评。但唐寅"弘治会试舞弊案"的《明史》记载中,却众说不一。也许史料浩瀚在所难免,也许另有难言之隐。综合看来《明孝宗实录》的说法,还是比较贴切。如下:

1."按弥封号籍,二卷俱不在取中,正榜之数有同考官批语可验。"徐、唐二人试卷都不在录取中,有同考官批语为证。

2."查二人朱卷,未审有弊与否。"礼部在卷子上,没有查出作弊迹象。

3."午门前对置,程敏政不服。"因徐、唐均未录取,程敏政不认为泄题。

4.最后拷问徐经交代:"对程敏政是以币从求学,聊天时议论那个范围有出题可能。回去和唐寅做成了文字,宣扬于别人。最后公布真是程敏政出题,所出题也有所说过的范围,所以人家以为是买的题。而实际上没有贿赂程敏政,以前说的都是屈打成招,这回说的是实情。"

最后判决说的也非常清楚。敏政撤职退休,原因是"临财苟得,不避嫌疑,有玷文衡,遍招物议"。罪在收钱不顾影响,招惹大家议论,有失体面而已;华昶降

125

职,罪在言过其实,卖题作假证据不足;"经、寅等汇缘求进之罪",徐经、唐寅定个"汇缘求进"的罪名。"汇缘求进"就是与大臣交往过于频繁而已。最后安排徐经、唐伯虎二人去浙江任小吏。整个案件没有确认"舞弊"字样,没有确认"买题"或"卖题"字样。但"弘治会试舞弊案"几个字仍然没有变,其中"舞弊"两个字没有改动。我想徐经执意进京谋求平反的,也不外乎就是"舞弊"这两个字而已,或者还有那个"汇缘求进"不应是罪的罪名。同时"以币求从学""作文字,致扬之外",花钱了,成文字题致扬试前,成为事实。招摇过市"矜夸喜跃"引起妒忌,祸起张狂而已。

应该说陷入"弘治会试舞弊案"是人生的不幸,当年的天才神童唐伯虎曾"两榜居首",如今轰然受重挫,从此沉沦,以卖画为生。还有程敏政,少年时读书过目成诵,有"神童"之称。当年十岁由皇帝下诏,破格就读于翰林院,成化二年考中一甲第二名进士,为同榜三百五十余人中最小者,如今怆然离世。徐经终未完成父亲的祈盼,但曾孙徐霞客名留千古,对徐家一族也算是一慰藉。应该说"弘治会试舞弊案"中的人也是不幸中的万幸,如果按洪武三十年"南北榜"案论罪,无疑是一片血腥了。

唐寅没有去浙江小吏的公务员职位报到。回家后妻子何氏嫌贫爱富与之反目。留下两句话:"若待夫妻重相聚,除非金榜题名时。"唐寅只好休妻,困顿中游历名山大川,唐寅认为这是天命。作诗:"万事由天莫苦求,子孙绵远福悠悠。"从此淡泊名利,以酒、茶为伴,"闲来写就青山卖,不使人间造孽钱。"生活无着,被迫开始以卖画糊口。这个时期的唐伯虎,虽名声在外,但刚刚出道在起步中,何况正值孤身一人穷困潦倒。既然如此困境,也从未影响出入青楼,潇洒风流,不过很难说腰里能有买酒钱。

几年后,在青楼遇到了比自己小五岁的官妓沈九娘,得到九娘的经济支持和精神上的慰藉,同时画技也突飞猛进。沈九娘知书达理,端庄文雅,才艺过人,成为唐寅的红颜知己。应该在唐寅三十六岁1505年左右,两人结为夫妻,倾其二人所有财力,买下城北桃花坞的一座宅子叫桃花庵(今苏州廖家巷),取名桃花庵别业。两年后沈九娘生下女儿桃笙。他们以卖画为生,夫唱妇随,在这桃花盛开的园子里,在美丽勤劳的沈九娘陪伴下,唐伯虎度过了一段平生少有的快乐时光。为九娘作诗为证:

镜里形骸春去老,灯前夫妻月同圆。

万场快乐千场醉,世上闲人地上仙。

至此,唐寅画有所成,多见求画者慕名而来,也应合情合理。他也非常满足。诗曰:

……

我也不登天子船,我也不上长安眠。

姑苏城外一茅屋,万树桃花月满天。

就在这个时期 1508 年,在桃花庵画的一幅《松崖别业图》手卷,五百年后的 2013 年北京保利春拍,以 7 130 万人民币成交。无论如何,这个时期的唐伯虎,是最幸福开心的,应该是腰里不缺买酒钱。

可是适逢涝灾,平地为湖,民生凋敝,画市日下,全家柴米无着。正如唐寅以后诗曰:"湖上水田人不要,谁来买我画中山。"九娘勤俭苦撑度日,终日操劳,于婚后七年不幸离世。最后留给唐寅撕心裂肺的一番话:"承你不弃,娶我为妻。本想尽力操持好家务,让你专心于诗画,成为大家。但我无福,无寿,又无能,我快死了,望你善自保重。"唐寅泪如雨下,回想一生娶三个妻子,十八岁娶徐氏为妻,婚后不久病故。第二个妻子何氏,因慕高官而离去。第三个妻子沈九娘,与之生下唯一的女儿起名桃笙。九娘逝去后,再未续妻。时逢宁王朱宸濠相邀,唐寅随去南昌,发现宁王有反迹,佯装疯癫脱身。后来宁王起兵反叛朝廷被王守仁平定。唐寅幸免杀身之祸,从此信佛,自号"六如居士"。看破红尘,人生不过如梦、如幻、如泡、如影、如露、如电而已。

从此唐寅身体每况愈下,画量锐减,多有朋友接济度日,书法家王宠又娶了唐寅唯一的女儿为儿媳,得以欣慰。不久唐寅离世,时年五十四岁。坎坷的仕途,凄凉的晚景,灿烂的诗画,还有传奇的一生,到此结束。

笑舞狂歌五十年,花中行乐月中眠。

漫劳海内传名字,谁信腰间没酒钱。

这是傲视万物,人世超脱的一种境界,至于腰里到底有无酒钱,已经不重要了。

苏州市西郊横塘唐寅墓还保存完好。

2017 年 7 月 15 日

张 居 正

"工于谋国，拙于谋身"

张居正，江陵人。字叔大，号太岳，幼名张白圭。在张居正儿子张敬修撰的《文忠公行实》中载：张居正是母亲怀胎十二个月生出的。出生的前一天晚上，父亲张文明做梦，家里突然淌进很多水。爷爷张镇梦到院子里的水缸浮着一只大白乌龟，梦境奇异，张居正才得以出世。爷爷给取名张白圭，张白圭二岁会识字，五岁会作诗，十岁写出一手好文章，十二岁在荆州府考试获第一名。

说来也巧了，当年主考官，荆州知府李士翱开考之前也做了个梦，天帝交给他一块玉印，委托他交给眼前带来的这个小孩子。考完试，荆州府以试卷名次点名，第一个点到的就是张白圭。李士翱突然想起，白圭不就是白色的玉印吗？这和梦里上天交给他的玉印不是一样嘛！李士翱或有所悟，再看看应声喊"到"的，真是个小孩儿，一问才知道十二岁，再一细打量，和梦中那个小孩儿差不多。他心里想，这个孩子不一般，十二岁上考场，能考出这个成绩无疑是少有的神童。他打量着孩子，琢磨着白圭的名字，心里有数了。对张白圭说："我给你改个名字，叫张居正吧。"

原来中国传统有一个隐喻文化，就是什么事都不能说破。当年心学大师王阳明，也是爷爷梦到有人从天上云彩中送来个小孩，小孩生下就起单名一个"云"字。结果到五岁还不会说话，一个云游道士看到这个孩子，摸着头说："孩子挺好，可惜言破。"给说破就没意思了。爷爷马上给改名叫"守仁"立马就会说话了。荆州知府李士翱当然会知道发生在六十年前的这个故事。从此十二岁的张白圭改名张居正，成为年龄最小的秀才，声名远播。

嘉靖十六年(1538年)，张居正十三岁，参加乡试，就是近似于现在的高考。

少年张居正,意气风发,胸有成竹赶往考场,特作《题竹》诗一首:

> 绿遍潇湘外,疏林玉露寒。
>
> 凤毛丛劲节,直上尽头竿。

他以"直上尽头竿"志在必得的初生牛犊之气势,准备一考功成,遗憾的是发榜后名落孙山。而湖广巡抚顾璘正是这次乡试的设计者,由于张居正十二岁时,荆州府考试第一名,荆州神童之誉不胫而走,所以顾璘有意在这次乡试中设置障碍不录取他,给他一个挫折。用顾璘的话说:"防止如唐朝王维那样,做一个官场中风花雪月的文人。"经过反复做主持招生工作的赵姓监察御史副考官与湖广按察佥事陈束等人的工作,终于取得一致意见,促成张居正落榜。

考完后,巡抚顾璘接见张居正,"一见即许以国事,呼为小友",请到家里做客,以成人礼仪相待。并且告诉儿子,这是江陵张秀才,将来是国家的栋梁之材,你要向他学习,将来投靠他可以做一番事业。同时解下腰中犀牛带送给张居正说:"我这条带子是配不上你的,以后你是佩玉带的,今天送你做个纪念吧。"张居正感觉到了,顾璘把二品大员的犀牛带送给自己,还说配不上,认为自己是应该佩玉带的。说明对自己的希望远比想象的要高,一种责任感油然而生。

三年后,1540年张居正第二次参加乡试中举人,再次见到顾璘。顾璘告诉他:"上次落第是自己一手安排的,让你过早地体验一下失败和坎坷,耽误你三年时间。古人说大器晚成,这主要指中等人才,我看你不在其中。无论如何,我希望你有更远大的抱负,要做'伊尹名宰'或者颜渊那样的学问家。我不希望你做一个泛泛的官员及扬名四海的风流才子。"

嘉靖二十六年(1547年)张居正中进士,时年二十三岁。由编修官至侍讲学士令翰林事,正式踏入了仕途征程。

也许引导你一生的走向,是因为一个人,一句话,一件事……但影响张居正人生走向的,一定是因为顾璘那句"伊尹名宰"这对张居正来说,是一生的震撼。那一刻,什么官宦、才子……都打入俗不可耐之列。此时的张居正已经从博取功名,光宗耀祖的狭窄思维中,升华到革除弊端、匡扶社稷、治国安邦、报效国家的宏图伟业之中了。以后张居正给朋友写信提及这件事:"仆自以童幼,岂敢妄意今日,然心感公之知,思以死报,中心藏之,未尝敢忘。"(《张太岳集·卷三十五》)张居正觉得顾璘于己有知遇之恩,故把其奉为人生的精神导师。人生只要有了目标,其他就迎刃而解了。因为他一心在想着,一切应给"伊尹名宰"的大目标让路,在处理人际关系上首当如此。

张居正爷爷张镇,在荆州辽王府做护卫。张居正十六岁考中举人,惊动了和他年龄相仿的玩伴、儿时的朋友小辽王。换句话说是惊动了小辽王的母亲毛妃,她虽然不是小辽王的亲生母亲,但享有监护权。以前就因为张居正的品行学识,经常数落小辽王朱宪㸅的不是,这回更是恨铁不成钢地数落个没完没了。一时激起这个凶残的纨绔子弟,第六代辽王的法定继承人的报复心理。他摆好一桌酒宴,叫来张镇以给张居正祝贺考取功名为由,组织家丁,把张镇活生生地用酒灌死。张居正满怀愤懑,但表面上依然如往昔一样,找小辽王朱宪㸅玩耍,因为他心中还有更重要的大事。

张居正在通往内阁首辅(宰相)的道路上,与所有上下级同事,都保持着良好的配合关系,最有代表性的是和严嵩的相处。嘉靖末期,严嵩为内阁首辅,他的政敌是礼部尚书兼翰林院掌院学士徐阶。作为一个小小的翰林院编修张居正,要是从前途考虑应该投靠严嵩,两人本来关系就挺好,但张居正却毅然投靠老师除阶,同时依然和严嵩保持良好的上下级关系。《明史·张居正传》说:"严嵩为首辅,忌阶。善阶者皆避匿,居正自如,嵩亦器居正。"说的是严嵩是首辅,人家都躲着徐阶,唯张居正与徐阶相处如故,而严嵩依然器重张居正。后来徐阶扳倒严嵩,由张居正领衔,主持打倒严嵩后的拨乱反正工作。在张居正给徐阶的一封信中说:"丙寅之事,老师手扶日月,照临宇,沈几密谋,相与图议于帷幄者,不肖一人而已。"说的就是这件事。严嵩下场很惨,在《明史·严嵩传》中明确提到:"嵩老病,寄食墓舍以死。"年老多病,没有吃的,经常吃人家墓地供品。死后没人安葬,当时身为副首辅的张居正,拜托江西分宜县令把严嵩下葬。之后回信说:"闻故相严公已葬,阴德及其枯骨矣,使死而知也,当何以其为报哉。"以后在高拱任内阁首辅,张居正为次辅,张居正与高拱间依然"相期以相业",配合非常好。

通过张居正和小辽王朱宪㸅及严嵩、高拱的关系,看出张居正为人亦敌亦友,很会处理官场复杂的人事关系。在通往内阁首辅的仕途中,没有人反对过张居正,他一路顺畅。

隆庆六年(1572年),万历皇帝登基后,四十七岁的张居正升为内阁首辅,一路顺风地走到宰相位置。说起宰相要从明朝初说起,朱元璋听说手下宰相胡惟庸被疑叛乱,不禁勃然大怒,清洗"逆党"株连杀戮三万多人。从此下令,以后各朝不得再立丞相一职,胡惟庸也成了中国最后一位丞相。朱元璋后各朝立内阁制,内阁首辅也就相当于丞相(宰相)位置。张居正以与上下同僚和睦,以未树一人为敌的战绩,终于走到了当年顾麟祈托的宰相位置。也许这只是一个开始,如何成为"伊尹名宰"最大的考验还在后面。

自张居正接手朝廷首辅,之前五十年中,先是那个明武宗朱厚照皇帝,在宫中模仿市集开酒馆、店铺、妓院。武宗则扮作富商,夜以继日玩耍。当时的朝鲜使臣回国报告说:"明朝皇帝所为之事,非如陈后主、隋炀帝,而如小儿之戏。"说白了就是这孩子把皇帝这个活儿当成了儿戏,是个典型的无赖。他那个贴身宦官刘瑾,贪污成性。他的财产,据清赵翼《二十二史札记》所载,刘瑾被抄家时有黄金250万两,白银5 000余万两,其他珍宝细软无法统计。有这样的蛀虫,国家还能好吗?武宗后,进入嘉靖朝也就是海瑞所说:"嘉靖嘉靖,(百姓穷的是)家家皆净。"再到隆庆朝六年中,也变化不大。今天,到了万历张居正首辅这里,国家经济萧条,一片破败景象,已经处在一个极其危险的边缘。国库极度空虚,户部连百官的工资都成了问题,每年财政赤字三百万两白银。这还不算,更重要的是官僚机构的臃肿和办事效率的极其低下,上面急政,下面混官,成为大明官场难以医治的绝症。

大厦将倾,现实中的张居正,此时此刻什么名宰良相、扶危救困,对他来说都不重要了。最为现实的是,如何支撑起这个国家,支撑起岌岌可危的大明王朝,才是头等大事。在国家处于危急关头之际,他不由地拍案而起,在心里高呼:"得失毁誉关头若打不破,天下事无一可为者。"他果断打破一路走来的宁静,决定推行一系列改革,史称"万历新政"。

"考成法"于万历元年(1573年)十一月提出,这是"万历新政"推出的第一项改革。办法非常简单,要求六科、六部把计划、目标、数据、时间、地点,实时登记,做计划上报朝廷。一式三份发送六科、六部、内阁。六科考六部每月一考核,内阁考六科一季一考核。从中央到地方,层层有计划、有考核、有检查,量化工作成绩。

万历三年(1575年),考成法实行才二年多的时间,查出各省巡抚、巡按名下没完成工作量共计二百三十七件,其中巡抚、巡按诸臣五十四人。实行考成法八年后,万历九年(1581年),朝廷裁减官员四百一十九人;地方裁减官员九百〇二人。原来冗官冗员(官、员超编)的官场,每天都为不被提升而充满怨气的氛围所困扰,现在都兢兢业业、胆战心惊地工作,唯恐出错,唯恐被裁。吏治的改革,或许从驿传费的变化上,可看出端倪。明朝的法律大典《明会典》记载:"自京师达于四方设有驿传(驿站),在京曰会同馆,在外曰水马驿并递运所。"这条记载说明,明朝的"会同馆",是当时设在首都北京的全国驿站的总枢纽。会同馆及地方驿站有两种职能,一是起邮驿传送作用,另外是高级招待所。一来二去变成官、要、达人,享受公款消费的高端场所,同时成为一种时尚,一时间京师会同馆及地方驿站的"堪合"(招待券)满天飞。太祖时,有资格使用驿站的只有六条规定,而现在已扩充到五十多条,公款消费已成为顺理成章的惯例。

据《明实录》记载:"万历八年五到十二月间,仅仅八个月中,经过整顿,违制使用驿站受罚者三十多人,其中革职者七人,降六级者十一人,降三级者八人,降一级者一人,降职者一人。"以孔子后人衍圣公、六十四代孙孔尚贤为例,每年进京朝拜皇帝,都要借此机会,稍带进京做生意,运送大量地产货物。几十辆大车,浩浩荡荡,人喊马叫,组团启程绵延数里。孔家运货大军从山东到北京,往来驿站都是免费吃住,供应草料,已成惯例。考成法实施后,只能只人匹马进驿站免费,其他概不接待。从此,进京也改为三年一次。考成法实施后,因层层把关,没人再敢动用公款消费。

万历新政施行两年后,国库每年财政盈余,从以前的赤字三百万两白银,变成了盈余三百万两白银。一个考成法,使朝廷上下为之一新,同时反对张居正的官员也蠢蠢欲动。这个考成法,势必与数万官员为敌。想不到的是,率先发难的是张居正的两个弟子门生。

万历四年,辽东巡按刘台,越权误报辽东大捷,被张居正"奉皇帝圣旨责备"。虽然此事后果波及部分官员情绪,但对刘台个人来讲,也就是被批评一下,并无过分。但刘台上疏弹劾张居正,其中一条说:"在江陵(老家)修宅,费钱十万,其形制与宫中禁地一样,派遣锦衣官监督修建,乡郡钱财都耗尽了。""富裕甲全楚,宫室舆马与姬妾,等同于藩王。"这里最重要一条是"其形制与宫中禁地一样",犯了大忌。家里远在荆州,老爹在家还能捅出什么乱子来?再者,刘台属自己一手提拔的,又曾在自己家乡任过要职。张居正真是心中无底。刘台在奏疏中也坦白地说:"臣任部曹,张居正推荐臣为御史,臣受张居正的恩情是浓厚的,君臣的义重,私交就顾不得了。"张居正看后勃然大怒,上廷辩护说:"……这是自明朝开国二百年中,没有门生弹劾老师的。我唯一能做的就是辞去职位以赎罪。"皇上下诏不允,最后"在廷上打(刘台)一百大板"发配到广西浔州(桂平市)了事。

当初刘台事没完,又蹦出一个御史傅应祯也来凑热闹。傅应祯也是张居正的门生。上疏陈述"重视君之道德,解除百姓负担,广开言路三件事",然后说:"这三不足,是王安石耽误宋朝的原因,不能不引以为戒。"上疏呈上,张居正认为疏中提到王安石之语,是影射自己。不由大怒,将他逮捕下狱,贬到定海(今舟山市定海区)。

考成法的实施,自万历元年到万历十年中,使上千官员的乌纱帽随之落地。同时,在官场指挥系统,有计划,有落实,有检查,从朝廷到地方雷厉风行,成为大明中兴的一个亮点。《明史·张居正传》说:"居正为政,以尊主权、课吏职、信赏罚、一号令为主。虽万里外,朝下而夕奉行。"朝廷与地方,早上下的命令,到晚上能到达全国各地,政令畅通,可谓一呼百应。

有了行政的统一号令,接下来施行"一条鞭法",进入了万历新政的核心内容。原来,明朝百姓为躲交赋税,手里的土地,多被地主兼并。地主把兼并来的土地藏匿不交赋税,交赋税的土地越来越少,反而是大地主家的土地兼并越来越多。"一条鞭法"就是清丈田亩,改革税制。以前里甲制,十甲为一里,十一户为一甲,轮流摊派徭役,收什么庄稼就交什么粮食,太麻烦。这回改成丁亩制,家有几个男人,有多少土地,一年的赋税徭役合成银子(钱),一交了事。所有的税制改革,关建问题都在清丈田亩上。当下考成法正按部就班,各负其责,一声令下,全国清丈田亩,岂有不认真行事,唯恐核查有误,或误了限期时间。到万历八年(1580年),张居正重新核查到全国的耕田数为七百多万顷(7 013 976顷),比弘治十五年(1502年)增加纳税田亩近三百万顷。经过这一次彻底清查,整个国家的税收,陡增了将近1.5倍。

到1582年,也就是张居正去世的时候,只朝廷库存白银就已经达到了创纪录的一千二百五十万两,仓库储存的粮食足够支撑十年。而在之前的明王朝,几乎完全没有储备,吏部工资都成问题,往往因为军饷发放不到位而引起军队哗变,甚至巡抚被杀等恶性事件。国库空虚,在边防及大型工程方面,更是一无所为。张居正以一己之力,及时抵住摇摇欲坠的大明帝国,在摇摇欲坠形同败落的明王朝,呈现一派中兴景象。也许这就是传说中"伊尹名宰"的作为,自己终于达到了"富国利民"的目的。

张居正没有什么发明创造,在万历新政中的考成法在朱元璋《大明会典》中就有:"凡各衙门题奏过本状,俱附写文簿,后五日,各衙门具发落日期,赴科注销,过期稽缓者,参奏。"一条鞭法是嘉靖时期确立的赋税及徭役制度,由桂萼在嘉靖十年(1530)提出。考成法、一条鞭法两种法令都是前朝用过而废止的,只不过重新丰富了内含而已。张居正说出一句最走心的话:"天下之事,不难于立法,而难于法之必行。"张居正的努力均在"法之必行"之中。支撑他的座右铭是:"苟利国家,生死以之。"只要有利于国家的事,还顾什么生死呢?"得失毁誉关头若打不破,天下事无一可为者",没有破釜沉舟的决心,只顾个人名声得失,什么事都干不成。

张居正所颁布的考成法,在客观上形成与朝廷及地方数万官员为敌的局面,"一条鞭法"则无形中与天下地主结了怨。张居正为了国家终于打破了"得失毁誉"的关头,创造出大明王朝一派富裕的景象。

1582年6月20日,张居正病逝,享年五十八岁。四天后,言官迫不及待地开始弹劾拥护张居正的官员,随即指向张居正本人。神宗下令抄家,北京家中无物。荆州太守下令先逮捕张家人口,把各房屋大门全部上锁,以防财物流失。张家子女多逃避空屋中,等房门打开时,已活活饿死者十多人。张诚等尽挖掘张居正儿子及兄弟的私藏,据刑部当时所列的清单,共计为:黄金2 400两、白银17 700两、金器3 710两、金首饰900两、银器5 200两、银首饰10 000两,另有玉带16条等等。这与神宗原先的估计相去甚远。张家的财产,后来被运到了北京,共110抬。这是三个身为进士的兄弟及儿辈,加之张居正一生积下的财产。据说这个数字,大约只有严嵩一个人的十分之一二。

张居正最终没有成为伊尹。伊尹以一个做饭的奴隶,陪嫁到商汤。辅佐汤打败夏桀灭掉夏朝,建立商朝。汤死后,又辅佐外丙、中壬两朝。最后又辅佐汤的孙子太甲当商王,结果太甲残酷暴虐,不讲德行。伊尹把他关进桐宫,关了三年,太甲深深悔悟,后来成为一位仁德睿智的君主。

张居正没有教育好自己的学生,那个喜欢抄家贪财的小万历。最后还是没有把考成法、一条鞭法继承下来,使万历中兴只存于倏忽间。同时张居正以身作作也不尽如人意,自己在生活上妻妾成群,奢侈有之。回乡葬父乘坐三十六抬大轿过于招摇,老家造房工程巨大,家人诸子涉科场舞弊……这一切都说明,那个"伊尹名相"不是好当的。

当朝大臣海瑞给张居正做了一个十分中肯的评价:"工于谋国,拙于谋身。"把所有心思都用在了谋划国家强盛上,而对自己身后事的安排,足显笨拙。海瑞口出此言,难免让人惊讶不已。刚直不阿的海瑞,敢抬棺骂皇帝,而对自己的名声和后事,也有独到之处。而张居正精于谋国,积劳成疾,五十八岁便亡殁,死后被朝廷众臣攻击诋毁,被万历帝清算,家产被抄没,大儿子自杀,其他儿子被发配充军,他八十岁的老母尚在。人死政息,家破人亡。海瑞以七十五岁高龄善终,生前和死后均享有盛名,几乎成了五百年来中国清官的代名词。两相比较,让人啧啧不已。

天启二年(1622年),明熹宗为张居正平反,予以复官复荫。

张居正人亡政息,六十二年后明朝亡。

梁启超说张居正:"明代唯一的大政治家"。

2017 年 1 月 8 日

顾炎武

行万里路，读万卷书

顾炎武生来双瞳，就是一个眼睛里有两个瞳孔，又叫重华。据说，自古有虞舜、仓颉、晋文公重耳、项羽、李煜等都是重华。

顾炎武自幼勤奋好学。六岁启蒙，九岁读《周易》，十岁读兵书和史书，十一岁开始读《资治通鉴》。最有创意的是，温习经书，家人为他请了四名声音洪亮的学士，坐在周边。顾炎武面前放一本经书，四人前面还放着该经书的注疏（注解）。他先叫一人读一段经书，遇到其中字句不同的或他忘记了的地方，则与四人辩论或再记一遍。一人读二十页书，之后再叫另一人读二十页，他每天温习经书二百页。少年顾炎武打下坚实的儒学基础，遗憾的是满腹经纶的他在科考上，屡试不中。他在二十七岁时终于放弃科考，开始《肇域志》和《天下郡国利病书》两本书的撰写。

行万里路，读万卷书，是顾炎武最有代表性的一种治学方式。做学问，在路上，是他一生的写照。用一幅画来表现顾炎武，是如下场景：一个裹着头巾，一缕漂亮的山羊胡，骑在马上，眼睛微眯似在背书，后面跟着一个头戴宽沿圆帽的从役（所雇随行者），牵着一匹马两头骡组成的驮队，驮着箱形马驮，里面装着书籍，和一应文房四宝及简单的户外生活用品，行进在华北山川大地，寂寥苍凉但阳光充足的驿道上。

画面上的头巾，是顾炎武标志性的装束。顾炎武生在明末清初，清兵杀至江南，他痛心疾首，几番投奔反清武装不成。他崇拜文天祥的学生王炎武，从此改名顾炎武以明志。他不愿剃头留辫子，清朝初期，不蓄辫子就砍头，所以他的画面，全是包个头巾，或一顶帽子以示抗议。他终身效忠明朝，誓死不在清朝做官，不为清朝做事。《清史稿·顾炎武传》载："康熙十七年（1678年），诏举博学鸿儒科，又修明史，大臣争荐之，以死自誓。"在众多大臣多次荐举顾炎武进明史馆参加修明史之际，而顾炎武却以"愿以一死谢公，最下则逃之世外"回拒，向推荐自己的大臣们表明态度，如果让我为清廷做事，宁可死，最差也是逃之世外而已。

康熙十九年（1680年），顾炎武夫人逝世于昆山，他在妻子的灵位前痛哭祭拜。作诗云：

> 贞姑马鬣在江村，送汝黄泉六岁孙。
>
> 地下相逢告公姥，遗民犹有一人存。

已经是六十八岁的他，仍萦系前朝念念不忘，头上的那块方巾表达了他对大明朝的忠贞不贰。画面上的二骡二马是出发时朋友赠送的脚力。他所率领的驮队，游走在历史文化积淀深厚的土地上。用现代常见的情景来描述，就是开着房车，指哪儿打哪儿，名街闹市，旅游胜地，品茶聊天，欣赏山川秀色，享用美食佳肴。而顾炎武不同的是，每到必须寻访的古迹郡府，或临时发现的疑难，随机在古道旁及长亭中，和从役席地而坐。驮箱为桌摊开纸墨，从役执书一字一句地诵读，顾炎武对照书中经义，环视周围山川古迹，如有出入，执笔书写记录成书。时有到边关要塞，叫老军到道旁酒馆喝酒尽兴，询问风土人情、地方掌故，如果和书中或以前听说的不一样，立即行书纠正。如果正常行走无事，就把住马鞍默背经书注解，神情专注，有时遇故友好像没看见一样。也有马坠石崖的情况。这对顾炎武来说都不是个事，最重要的是学问，别无旁念。

康熙四年（1665年）顾炎武五十三岁时，干脆在山东长白山西麓郑公山（长白山下的一个小山）下买田产，置房屋住了下来（章丘大桑家庄置田十顷），把这里当成自己的第二故乡。同时积累经费用于行途川资。

说起山东长白山，还是历史上的一个不解之谜。《史记》中说："帝以乙卯封泰山，明日下阴道。丙辰，禅泰山下阯东北肃然山。"说的是汉武帝在泰山顶上祭天。第二天又在山下东北的肃然山祭地。这泰山都知道了，这祭地那个肃然山在什么地方？就不知道了。东晋《抱朴子》说："长白，泰山之副岳。"说章丘邹平的长白山是"泰山副岳"，都是"副岳"了，此山一定不凡。所以，唐朝段成式来凑热闹在《酉阳杂俎·卷二·玉格》中载："长白山,相传古肃然山也。"既然是肃然山,必然也是汉武帝当年祭地的地方了,这突兀出来个肃然山,引起史学家的疑虑。

顾炎武经过实地考察认为,汉武帝在泰山顶上的祭天仪式结束后,第二天就从泰山的北坡下来,在肃然山举行"祭地"仪式。由于是下山后当天举行,肯定走不远,一定是在三五十里的范围之内。而长白山离泰山一百多里,要当天从泰山后坡下来,再到邹平长白山举行仪式是不现实的。顾炎武在《辨肃然山》一文中说:"今泰安东关往北七十里,地名王许堡。其北有山。碑云:古宿岩山,恐即肃然山也。"想汉武帝封禅泰山,这么重要的活动,没让当年患病在身的史官司马迁之父司马炎参加,结果随行记录不详,把宿岩山记成个肃然山。不但让当年史官因未召随行,感到莫大耻辱,因而愤然离世,而且由于记录的疏忽,凭空出来个肃然山,造成千百年的谜团。今经顾炎武实地调研,当年历史瞬间在这个节点上,总算是清楚了。

顾炎武对百姓故事也很关心。顺治十六年,顾炎武折返昌黎。清兵曾在明崇祯二年(1629年)"下永平而攻昌黎也","是时昌黎知县左应选与其市民婴城固守",最后坚持到山海关援军到来,清兵退走。在这次战斗中,有一人拽走清兵云梯,使梯上清兵登城失败,却没有留下姓名的壮士"拽梯郎君"。顾炎武走访亲历此役的张庄临老人,据其口述作《莫衷一是》诗一首、《拽梯郎君祠记》文一篇,歌颂了这次昌黎战斗中"拽梯郎君"的爱国主义精神。

顾炎武"行万里路,读万卷书"可以从顺治九年(1652年)说起。这一年,顾炎武完成了《天下郡国利病书》的初稿,书中对全国各地的形势、险要、卫所(驻军)、屯田等方面著述论证。书名是"利病"书,就是指天下州府县乡,各有哪些优势和不足。既然是初稿,就有必要到有关北方各地进行实地考察,希望得到各地学者的匡正及书籍、资料方面的提供,同时对书稿中所涉及的史地及典章制度做实地考察。说走就走,出发在即。

准备出行中,他的好朋友杨彝、万寿祺、归庄诸友联名作《为顾宁人征天下书籍启》赠给顾炎武,为"北学中国"创造条件。该书原意是征读有关书籍资料所用,同时希望得到各地学者的接待照拂,结果实际成为联络名人府第的介绍信。该书文末署名者共计二十一人,都是当时的江南名流雅士。

顾炎武自己作诗《丈夫》一首以励行程：

> 丈夫志四方，有事先悬弧。
>
> 焉能钓三江，终年守菰蒲。

正当万事齐备，准备北行出发之际，家庭突遭变故，世代相沿的仆人陆恩，叛投豪强，"诬宁人不轨，将兴大狱"，告发顾炎武曾与抗清武装有联系。此事非同小可，被顾炎武一怒之下给杀了。家里数百亩良田被豪强觊觎吞占，"尽其累世之传以去"，祖业家产被洗劫一空。又在南京侥幸躲过暗杀，性命受到威胁。一时间仇杀、家破，时局的险恶，一股脑降临头上，最终被起诉入狱。

五年后，顺治十四年（1657 年），时年四十五岁的顾炎武，诉讼完解，变卖现有的家产，决定远离故土，到他久已系念的中原大地。

沈岱瞻有《同志赠言》，潘柽章有《送宁人北游诗一首》：

> 征骑翩翩落叶深，知君此去有知音。
>
> 宝刀自试中宵恨，老鹤谁怜万里心。
>
> 登岱文应探玉简，游燕客岂市黄金。
>
> 悲歌击筑相逢地，还忆山中梁父吟。

诸友人为顾炎武北行饯行，好友归庄为之作序。归序曰："……今于宁人之北游也，而不能无感慨焉……请歌以壮其行，而归子为其序"，以壮行色。顾炎武在朋友的欢送中，似乎带有一丝悲壮的气氛，此去"北学中国"迎着和煦的秋风，积于五年的祈盼，终于出发了。

自此顾炎武开始行走在东至山海关，西到西安，北到古北口，南到绍兴的广袤大地上，游走在历史文化积淀深厚的土地上。他的治学理念是："经世致用""必古人之所未及就，后世之所不可无！而后为之……事关民生国命者，必穷源溯本、讨论其所以。"也就是说凡古人没来得及作而需要者，我们都要补上。所以他著述研究的学问的广泛、类别之多，前所未有，自他开启了学问探讨的一代新河。梁启超在《中国近三百年学术史》中认为："清代许多学术，都由亭林（顾炎武字)发其端,而后人衍其绪。"顾炎武的代表作有《日知录》《天下郡国利病书》《肇域志》《古音表》《金石文字记》《亭林诗文集》等等。他于经史诸家、金石、音韵、考古、地方志,州县掌故、国家典制、水利、河漕、兵农田赋、天文仪象、经济贸易等等众多领域都有深入的研究,为清代学术开辟了众多门径。在音韵学上,被誉为古音学的奠基者。

我们经常说某某一生出了多少本书,用"著作等身"来形容学问的高深。而对顾炎武来说,是按"种"算,《顾炎武全集》收录顾炎武各类著作 34 种,可谓气象广大。不能不说顾炎武取得如此成绩,"是行万里路,读万卷书"的结果。他的好朋友归庄曾经说过一段极为中肯的话:"使兄不遇讼,不避仇,不破家,则一江南富人之有文才者耳,岂能身涉万里,名满天下嵌哉?"

出发五年后,顾炎武在《书杨彝万寿祺等为顾宁人征天下书籍启后》中说:"右十年前友人所赠。自此绝江逾淮,东蹑劳山、不其,上岱狱,瞻孔林,停车淄右。入京师,自渔阳、辽西出山海关,……折而南谒恒岳,逾井陉,抵太原。往来曲折二三万里,所览书籍又得万余卷,爰成《肇域记》。"由于有当年北游二十一位友人联名为顾炎武写的这封"介绍信",才"所览书籍又得万余卷"。再加上"往来曲折二三万里"书始成,当然所指的只是《肇域记》。顾炎武写这封信的时间是1662 年,虽然信写了"右十年",其实北行只走了五年"凡五阅岁",就已经走了二三万里路。再往后一直到去世的前一年 1681 年,接着又走了十九年,读书一定不止"又得万余卷"了。

顾炎武曾自述其北游经历曰:"频年足迹所至,无三月之淹,友人赠以二马二骡,装驮书卷,所雇从役,多有步行,一年之中,半宿旅店。"又述:"壬寅(1662 年)以后,历晋抵秦,于是有仆从三人,马骡四匹,所至之地,虽不受馈,而薪米皆出主人。"队伍不断壮大,六年以后,仆从已增至三人,所到地方柴米都由主人供应。

今天计算顾炎武往返行程的距离,以周可真《顾炎武年谱》为脚本。按 1657年秋北行算起,到 1681 年(去世前一年)的二十四年中,按年谱顺序计算,以现在高速路及就近公路,自驾行路线为基准,以明代量地尺:32.7 厘米计,每里为588.6米计算(清始循明制,清光绪以后将一里改为 576 米),总共行程四万八千九百〇三公里,换算当时里数为八万三千零八十三里。考虑当年道路弯曲,山河相阻难免绕行,与今高速穿山越水,多有直行相比应有一定系数。另有所到目的地只是州与州、县与县之间距离，考察地点多有分支路程均无计算。如果多项比较增加百分之十二系数或为妥帖。如此二十四年中北行总行程约为十万里不为过。

顾炎武逝世于山西曲沃。于康熙二十一年（1682 年）正月初九（2 月 15 日）丑刻卒，享年七十。

梁启超说："亭林的著述，若论专精完整，自然比不上后人。若论方面之多，气象规模之大，则乾嘉诸老，恐无人能出其右。"

顾炎武生于明朝万历四十一年（1613），汉族，昆山千灯镇人。名绛，乳名藩汉，别名继坤、圭年，字忠清、宁人。因故居旁有亭林湖，学者尊为亭林先生。

昆山千灯镇现有亭林故居、亭林祠和亭林墓及顾园。北京市西城区广安门内大街路北，报国寺西院建有顾炎武故居。

顾炎武著名语录之一是："天下兴亡，匹夫有责。"原句是："保天下者，匹夫之贱与有责焉耳矣。"

2017 年 5 月

142

清朝

林 则 徐

虎 门 销 烟

看到巨型雕塑：一杆撅断的烟枪。我告诉老婆："虎门到了。"在香港，老婆一直纳闷，这香港不就是中国土地吗？咋就成英国的了呢？我说："咱们从深圳入境回海南经过虎门，到那儿就知道了。"这支撅断烟枪的雕塑，告诉人们，鸦片战争从这里开始。

1839 年 3 月 18 日，钦差大臣林则徐来到广州，发布逾贴，其中两个是，《收呈示稿》宣明钦差大臣到广州的目的，是查办海口（海关走私）事件；另一个《关防示稿》无异于钦差大臣此行的第一个宣言，是采取禁烟行动的先声。这个告示是林则徐作为钦差大臣向广州官员、百姓和外国人的首次公开亮相，责令外国鸦片贩子限期缴出走私鸦片。

几经周折，英国驻华商务总监义律向林则徐呈送了《义律遵谕呈单缴烟二万零二百八十三箱禀》。《剑桥中晚清史》说："3 月 28 日英商交出的鸦片共二万零二百八十三箱（约 237 万余斤）。"但是，英国驻华商务总监义律率领商人，虽然交出走私的鸦片，坚决拒交干结（再不走私鸦片保证书）。在不交干结的情况下，清政府拒绝贸易往来，驱使部分商人离开广州。同年 7 月 7 日，他们在九龙尖沙咀，五名酒后英国水手与当地村民林维喜发生斗殴，林维喜伤重不治身亡。按《大清律》英方必须交出罪犯。而义律自行审判，并送回英国监狱服刑。林则徐宣布英商不准居住澳门九龙并驱逐出境。9 月 4 日中午 12 点，义律率领五艘舰船，以"求为买食"为名接近我方，下午 2 点 30 分下令开炮轰击我水师船。1840 年 1 月 5 日，林则徐根据道光帝旨意，宣布正式封港，断绝和英国贸易。1 月 8 日英国"窝拉疑"号舰长宣布，自 1 月 15 日起，封锁广州口岸与珠江口。

1840年4月,英国国会经过3天的激烈辩论,最终以271票对262票通过对中国的军事行动议案。1840年6月第一次鸦片战争开始,懿律(义律弟弟)率领舰船四十余艘及士兵四千人(最多参战兵力两万人,舰船六十艘)杀向中国口岸。

战端开起,英军区区两万之众,六十艘舰船,依仗船坚炮利,经过两年多的打打停停,相继攻入广州,克宁波,占领上海,溯江而上,攻进镇江直扑南京。最后于1842年8月29日迫使清政府在南京签订中英《南京条约》共十三条,其中第三条割让香港。

老婆似乎明白了,说:"原来起因是走私鸦片和林维喜案。"又问,以后他们又有作案贩卖鸦片了吗?哎!这是哪儿和哪儿啊!以后的一百多年中,他们在中国土地上,是公开的横行霸道,贩卖鸦片已经是合法化了。中华人民共和国成立后,2007年英国人阿克毛携带四公斤海洛因入境。2008年10月29日,乌鲁木齐市中级人民法院一审判处阿克毛死刑,阿克毛提出上诉,被中国最高人民法院驳回。12月29日,阿克毛将被执行死刑。据英国广播公司(BBC)报道,在过去六个月内,英国政府曾就阿克毛的(贩毒)案件同中国进行了十次交涉。英国首相布朗还曾亲自致电中国总理,最后的结果显示,布朗的求情并没有取得效果。英国在最后时刻展开了与中国的"疯狂谈判",英国首相布朗表示震惊及失望并表示"强烈谴责"。英国在中国执行判处毒贩阿克毛死刑前二十四小时中,曾两度召见中国驻英大使,仍然表示极大的不平与愤慨。不同的是这一次,英国国会没有因为国民走私鸦片(海洛因)受阻而讨论是否出兵,同样英国军舰也没有同上次一样,强行封锁中国口岸。

如果说第一次鸦片战争,是英国单挑中国,那第二次鸦片战争是英法联军进攻中国。1857年12月末,英法联军攻陷广州,攻占大沽,兵临天津,攻入北京。1860年10月7日上午,英法联军闯入圆明园,联军统帅指挥三千五百人冲进圆明园,肆意抢劫,拿不动的雇用车辆拉回军营。能带走的大包小包全部带走,带不走的全部砸烂。抢劫用了十一天的时间把圆明园一扫而光。10月18日,英军指挥官、八世额尔金伯爵詹姆斯·卜鲁斯,下令烧毁圆明园。成群结队的士兵,被分配到园中各处放火烧毁了各种各样宫殿、塔、亭及其他的建筑物。大火持续了两天两夜,以任亮为首的圆明园太监顽强抵抗,终因寡不敌众,最后与文物书籍一道葬身火海。英军随军牧师罗伯特·麦吉这样写道:"一个也不留,一栋房

144

屋也不剩,让这里再无宫殿的痕迹吧。"他们说到,也做到了,整个圆明园最后是一片残砖碎瓦,夷为平地。迫使清朝与英国签订《天津条约》五十六款,《北京条约》九款,划九龙给英国,被迫同意鸦片贸易合法化。

法国作家雨果,在给友人的一封信中说:"有一天,两个来自欧洲的强盗,闯进了圆明园,一个强盗洗劫财物,另一个强盗放火……将受到历史制裁的这两个强盗,一个叫法西兰,一个叫英吉利。"信中所指的就是火烧圆明园这件事。

1900 年英国再次组团,这次是八国联军杀入北京,这一次冲进中国皇宫(故宫),打砸抢掠。留下了故宫里鎏金大缸,被刮去鎏金痕迹的惨状……同时将香港北部新界租用九十九年。

老婆若有所思,有一点明白了,原来在六十年中,单独或合伙发动三次战争中,分别割让香港、九龙、租借新界,使香港划离中国。此时的老婆关注度似乎不在香港地界,她弱弱地问我:"土地还给咱们了,那抢去的东西呢?"我想了想说,联合国教科文组织的数据表明,大英博物馆是收藏中国流失文物最多的地方,目前收藏中国文物达两万三千多件。

2003 年 7 月 22 日,在中英建立全面战略伙伴关系前夕,英国首相布莱尔,走进与圆明园遗址比邻的清华大学,与近百名大学生进行友好座谈。徐博同学风趣地对布莱尔说:"我喜欢您的领带。"首相布莱尔指着他的花衬衫说:"我喜欢你的衬衫。"大家轻松一笑。徐博问:"如果有一天你的孩子问你,中国的文物怎么跑到英国博物馆来,你怎么回答? 谢谢。"布莱尔回答说:"您指的是中国文物收藏,我表示遗憾,这是很久以前历史遗留的问题(中央电视台现场直播)。"布莱尔用了两个词,一个是"表示遗憾",另一个词是"历史遗留的问题",我看到了老婆有点一头雾水的样子。

距虎门销烟一百一十年后,中华人民共和国成立后的第二年,英军又一次组团,这一回不是两国联军,也不是八国,而是十六国联军侵入中国邻居朝鲜,战火烧到了鸭绿江我国一侧。我们被迫迎敌。20 世纪 70 年代在绿皮火车上,一个手拿印有"献给最可爱的人"红色字样的搪瓷缸的老兵,坐在靠窗口的位置,一面喝茶,一面给我讲述了朝鲜战场上的一幕。1951 年横城反击战,我们三十八军、二十七军对阵敌方的其中一部有英国第七坦克旅及第五步兵师。司令部特别关照,这是英军作战骁勇,参加火烧圆明园的部队,让我们谨慎拟定作战方案。老兵说："那场战斗打响后，我们不顾死活地往前冲，整个部队打'疯'了，那是平生打得最痛快的一仗。"老兵又补充说："战斗下来是全胜。但是，不少战士都哭了。"

通过在香港和虎门的"现场教学"，老婆总算是明白点了，强买强卖、硬行推销鸦片，都属商业不正之风，弄不好还涉嫌贩毒触犯刑律。其实，随着人类文明的进步，殖民政策也在逐步转向中。比如，和我们建立全面战略伙伴关系的英国，就率先起模范带头作用。我们收回香港后，英国原有殖民的国家与地区共五十八个，现在只剩下十几个了。

下一站是虎门销烟池，也是当时虎门销烟最壮观的地方。车载 GPS 显示距离不到十公里，我们驱车南下。同时我们想起这次禁烟的那位重要人物林则徐。

林则徐，福州人，生于 1785 年 8 月 30 日。林则徐少年聪慧，四岁时父亲"怀之入塾，抱之膝上"，口授"四书五经"。七岁时便教他作文。他十四岁考中秀才后，就到福建著名的鳌峰书院读书，二十岁参加乡试，中第二十九名举人。1805年初，参加京城会试不中。1808 年 11 月，林则徐第二次进京会试依然不中。嘉庆十六年（1811 年），林则徐会试考中，金榜题名，名列第七十四，殿试二甲第四名，赐进士。林则徐虽然三次会试方中，但在仕途上，还是一帆风顺。在京师为官七年。嘉庆二十五年（1820 年），林则徐外任浙江、杭嘉湖道后转江南淮海道……每当遇到关系到河道民生重大问题，决心"破除情面""力振因循"，以求"弊除帑节，工固澜安。"后任江苏巡抚……

1837 年 2 月，林则徐任升湖广总督。他上奏指出，历年禁烟失败在于不能严禁。警告："若犹泄泄视之，是使数十年后中原几无可以御敌之兵，且无可以充饷之银。"九月应召进京，在连续八次召见中，力陈禁烟的重要性和禁烟方略。由于在湖北禁烟成效显著，受命为钦差大臣，前往广东禁烟，并节制广东水师，查办海口（海关）。

1839 年 3 月 10 日，林则徐在广州露面，成千上万人挤满珠江两岸，争先恐后一睹钦差大臣的风采。林则徐这次禁烟，对内发布《禁烟章程十条》，有各种断瘾药方，颁发全省。同时缉拿吸毒、贩毒罪犯，收缴烟器。到 5 月 20 日止两个月中，捕获吸毒、兴贩罪犯一千六百名，缴烟土烟膏四十六万一千五百两，烟枪四万二千七百根，烟锅二百一十二口。对外发布《催取不带鸦片干结谕帖》，全文如下："谕英国领事义律知悉：照得本大臣敬承大皇帝特命来粤，断绝趸船鸦片，历经剀切晓谕，该领事于接奉之后，能知感戴天恩，恪遵禁令，传示所属各国夷商，将趸船烟土全数呈缴。"这个谕帖表达两个意思：一、所有外商都要写以后不携带鸦片的干结(保证书)；二、全部收缴趸船上的鸦片。

趸船，本身无动力，就是水面上的漂浮体。英商将不能靠岸船只的货物，卸到趸船上，待转驳到陆地。鸦片在中国属禁运走私品，不能正当交易，所以不能卸落在码头上。《清史稿》曰："十六年，英吉利商人以趸船载烟，廷桢禁止不许进口，犹泊外洋，严旨驱逐。沿海奸民勾结，禁令猝难断绝。"说的是早在道光十六年(1836年)时任两广总督的邓廷桢禁止进口鸦片，英国商人只好用趸船载烟土，在海上私下交易，当时内外勾结，难于断绝，又越发猖狂。

英商明目张胆地将鸦片卸在趸船上，等待交易。但凡卸在趸船上的鸦片，都属走私之例。所以林则徐只收缴趸船鸦片。当时趸船有多大？清梁廷枏(楠)《夷氛闻记》说："每千六百八十斤为一趸，约三百趸为一船，故名趸船。"此次收缴不是把趸船鸦片强硬没收，而是要求烟商自己交出，于公于法都在情理之中。外商在义律的统一指挥下，虽然交出二十二艘趸船上囤积的鸦片，但是号召外商拒绝交出不再走私鸦片的干结(保证书)。英国驻华商务总监义律当场撕碎干结式样，率领外商表示坚决走私鸦片到底的坚强决心。林则徐只好驱逐十六名英国烟贩出境，义律率全体商人退出广州，到澳门、九龙。

说话间，车已到达林则徐销烟池旧址，我们走进暗红色城堡式的大门，站在林则徐手捻胡须端坐远望的雕像面前。我们默默地、庄严地向林公行注目礼。我们站在十五丈见方的销烟池旁，一百七十五年前的一幕似乎就在眼前。1839年6月3日，人们扶老携幼，从四面八方赶到虎门，密密麻麻的人群，环绕外围。下午二时许，林则徐登上礼台，宣布销烟开始。礼炮响起，一伙伙袒胸赤脚的民工，行走在横跨销烟池的木板上，向池里均匀地撒下厚厚的一层盐巴，把劈开箱子、过秤后的鸦片，切成四小瓣，均匀抛撒池内，放水入池后，经过浸化，把一担担烧透的石灰均匀倒下一层。用锄、耙等工具，反复搅拌，顿时，销烟池沸滚。"浓油上涌，渣滓下沉，秽臭熏腾，不可向迩。"销烟成功，远近人群欢声雷动，掌声四起，蔚为壮观。一池销毁完毕，打开涵洞冲刷入海，另一池又重新开始。直至夕阳西下，已有一百七十箱鸦片尽化渣沫，流向大海。林则徐面对南天，下令擂鼓鸣炮,顿时山呼海啸,欢声如雷。

二十三天后,6月25日,销烟结束,共销毁鸦片一万九千一百八十七箱,又两千一百一十九袋,实重二百多万斤(2 376 254斤)。

虎门销烟一百四十八年后,1987年6月12日至26日(正是当年虎门销烟期间),联合国在维也纳召开由一百三十八个国家共三千多名代表参加的"麻醉品滥用和非法贩运问题部长级会议"。与会代表一致同意6月26日(当年销烟结束日次日)定为"国际禁毒日",以引起世界各国对毒品问题的重视。会议提出了"爱生命,不吸毒"的口号,当然也包括不贩毒在内。同时向全球人民表示,人类拒绝毒品的坚强决心。据悉:参加此次会议的国家中有英国。

当年的虎门销烟一年后,鸦片战争打响。又一年后1841年6月28日,道光皇帝下旨,革去林则徐"四品卿衔","从重发往新疆伊犁"。三年半后道光二十五年(1845年)开始,朝廷重新起用林则徐,调任陕甘总督、陕西巡抚。道光二十七年(1847年)三月,清廷命林则徐为云贵总督。九月,又被清廷命为钦差大臣。他抱病起程,十月十九日(1850年11月22日)病逝于潮州普宁行馆,享年六十六岁。

林则徐去世后,清廷赠其太子太傅,照总督例,谥文忠。赐恤,历任一切处分悉行开复。

自1840年鸦片战争后的一百多年中,中国门户大开,沦为殖民地半殖民地,鸦片被迫成为合法贸易〔1858年,根据《天津条约》中的有关原则,《通商章程善后条约》中又规定:"洋药(即鸦片)准其进口,并降低税率。"〕。同时,外国军舰,在内河外海肆意横行。

1840年1月5日,林则徐根据道光帝旨意,在英国驻华商务总监义律当场撕碎干结式样,率领外商表示坚决走私鸦片到底的情况下,宣布正式封港,断绝和英国贸易。1月8日,英国"窝拉疑"号舰长宣布:"英国自1月15日起,封锁广州口岸与珠江口",并同时开炮轰击我水师船,开外国列强向我国动用武力之先河。而最后撤出中国的外国军舰,是英国"紫石英"号军舰,1949年4月,它一面开炮,一面撤离中国内河。两舰时间上相距一百○九年。

虎门销烟中,林则徐只完成了道光皇帝明确训令中:"鸦片务须杜绝,边衅决不可开"的"鸦片务须杜绝"。而外国列强,为了强行推销鸦片,开炮封锁我口岸,并武力挑起边衅,其国会决议出兵开战。鸦片战争一经开启的一百多年中,火烧圆明园,抢砸故宫,一系列的赔款……中国人民陷入半殖民地半封建社会的水深火热之中,中国人民奋起抵抗,进行不屈不挠的斗争。今天竖立在天安门广场上的人民英雄纪念碑,其碑文写道:"由此上溯到一千八百四十年,从那时起,为了反对内外敌人,争取民族独立和人民自由幸福,在历次斗争中牺牲的人民英雄们永垂不朽!"这是自鸦片战争以来,到 1949 年新中国成立的一百〇九年里,中国人民奋起抵抗侵略者,前赴后继,英勇献身的写照。

在归程中老婆问:"有一天咱们外孙,在英国不列颠博物馆,问你同样的问题,你会怎么回答?"我把车速减慢,稍作思索地说:"人类文明是由两条路径汇聚而成的。一条路径,是由初级文明到高级文明。另一条路径,是从野蛮到文明。"老婆不满地瞥了我一眼说:"所答非所问。"

2014 年 9 月 3 日

左宗棠

舆榇发肃州

左宗棠出兵伊犁,《清史稿》描述当时情景:"舆榇发肃州"。用白话文说,就是从酒泉(肃州)抬着空棺材,出兵新疆伊犁。

> 榇。空棺谓之榇,有尸谓之柩。
>
> ——《小尔雅》

左宗棠,湖南湘阴人。《三字经》说:"融四岁,能让梨。"而左宗棠三岁随父上山采栗子,回家与哥哥姐姐平分,有"三岁分栗"之誉。那一天父亲在家里考哥哥们:"二桃的典故出自何处?"两位哥哥还未给出答案,五岁的左宗棠脱口而出:"古诗《梁父吟》中说'一朝被谗言,二桃杀三士',还用得着想吗?!"他六岁时开始学习"四书",有超凡的记忆力,在书法和文章写作方面已崭露头角。左宗棠从九岁就琢磨,有可能在考试中出现的题目,无数次地练习论文写作。十四岁参加县里考试,取得第一名,显名县里。

道光十二年(1832年),他二十一岁乡试不中。这次考试写的论策是《选士厉兵,简练杰俊,专在有功》。副主考胡鉴批了个"欠通顺",结果名落孙山。巧不巧在发榜之前,道光下旨,湖南考场增加了六名举人。在五千张试卷中选出六名,左宗棠为第一,之前那个副主考胡鉴又突然死亡,左宗棠的卷子受到了主考徐法绩和新任湖南巡抚吴荣光赏识,发榜时左宗棠被录为第十八名,由此左宗棠成了举人。遗憾的是,接下来道光十三年、十五年、十六年,连续三次京城会试均落榜(《左文襄公年谱》,清末罗正钧著)。

　　左宗棠三次会试名落孙山,也说明科考尚存弊端,不能有效选拔人才,因为已有前车之鉴。比左宗棠大一岁,以后成为湘军老大的曾国藩,当年是二试不中,第三试考个第三十八名中了个贡士,殿试只考个三甲第四十二名。按一般情况,三甲人员多不能入翰林,曾国藩大为羞愧。还有他们前面的,明末清初的顾炎武,同样屡试不中,最后弃考,最终成为清初开山学问大家。再往远说,明朝"心学"大师王阳明也曾两考不中,第三次榜上才有名。往近说有左宗棠最崇拜的林则徐,不也是两试落榜,直到三次方中吗? 左宗棠深知其道,三次落榜,没有受到冲击,整理行装回湖南老家教书度日。四年后,左宗棠靠教书攒下了几百两银子,于道光二十三年(1843 年),在湘阴柳家冲买了七十亩地,自己设计,建成了一个小庄园,并亲自题名"柳庄"。

　　道光二十九年(1849 年)秋,林则徐因病奏请回乡调治,经道光皇帝批准卸任。他在儿子汝舟的陪侍下,带着夫人郑氏的棺枢离开昆明,从镇远转舟顺流而下,于 1850 年 1 月 3 日到达长沙,停靠湘江岸边,当地官员名士争相拜访。而林则徐唯一想见的是,从未谋面的左宗棠,派人相请。

　　左宗棠心情激动,登舟过跳板,一脚踏空落入水中。林则徐打趣说:"此为君之见面礼乎?"左宗棠应声而答:"他人敬公,五体投地;晚生敬公,五体投水!"两人相视而笑。左宗棠更衣后,被引至客座。他们"舟次宴谈达曙,无所不及"。林则徐说:"西域(新疆)屯政不修,地利未尽,以致沃饶之区,不能富强。"他又说:"终为中国患者,其俄罗斯乎? 吾老矣,空有御俄之志,终无成就之日,数年来留心人才……,西定新疆,舍君莫属!"林则徐把自己在新疆三年来收集、整理的治理资料,交付给这个三十八岁的年轻人。此时六十四岁的林则徐,总算找到了可以寄托希望的人。林则徐对左宗棠"援古证今,风发泉涌"大为赞赏,手拍左宗棠的肩说:"将来建奇功于天山南北,完成我未竟之志的,肯定是你了。"这就是有名的"星沙夜话"。十个月后,1850 年 11 月 22 日,林则徐逝世于潮州普宁任上。临终之前,命次子林聪彝向皇帝代写遗折,推荐左宗棠可担当大任。

　　林则徐最早是从自己的知己好友、两江总督陶澍的女婿胡林翼那里知道左宗棠的,胡林翼最早为贵州安顺知府,他也是后来湘军的重要人物,人们经常提起的曾、左、胡三人,他就是其中的胡。他屡次向林则徐推荐左宗棠,言:"湘阴左君有异才,品学为湘中士类第一。"左宗棠与胡林翼是同属猴的儿时莫逆之交。

1852年10月,左宗棠在胡林翼五次推荐、湖南巡抚张亮基"三顾茅庐"的情况下,终于出山。是时,太平军围困长沙吃紧,左宗棠攀绳翻上城墙,以幕宾身份来到张亮基麾下,协助守城,使太平军久攻不下。不久张亮基转战山东,左宗棠回柳庄离开张亮基幕府,于1853年10月25日回到了白水洞家中。直到湖南巡抚骆秉章接任坚守长沙,多次派人入山敦促左宗棠出山。此时,太平军连续攻克湘阴、宁乡等城,正威震长沙之际,才"不得已,勉为一行"再次入湘做幕宾。1854年4月5日(咸丰四年三月初八)抵长沙,身为巡抚的骆秉章对左宗棠事无巨细,一概听从,使长沙防守固若金汤。

曾国藩率部奔袭湖北,左宗棠就在湖南为他筹粮、筹兵、筹饷,源源不断运往前线,建立坚强的大后方,曾国藩得到了喘息的机会。其后,左宗棠也于湖南组建五千人的军队,发往江西援助曾国藩,并安排粮饷送抵江西。在左宗棠的强大后勤支撑下,湘军得以续命扬威。对此,曾国藩满怀感激,又为左宗棠在皇帝那里请了一个"兵部郎中"的官衔,并赏戴花翎。一般是要五品以上的武官和巡抚提督一类的大员才有资格佩戴花翎,朝廷给个花翎,无疑显示出了对左宗棠的肯定。这样,左宗棠在朝中的名声也渐渐地传开了。

左宗棠奉曾国藩之命赶到浙江,督办浙省军务。1864年3月,率领自己组建的"楚军"攻占了杭州,控制了浙江全境。朝廷下旨敕封左宗棠为一等恪靖伯,由杭州巡抚升任闽浙总督。1866年,太平军主力已经大抵消灭,余部李世贤、汪海洋也被左宗棠追剿殆尽,各地战事稍平。左宗棠上折请在福州建船厂,获准通过,于是在胡雪岩等人的帮助下,成立了福州船政局。

1867年,朝廷下旨,命左宗棠出任钦差大臣,督办陕甘军务。左宗棠便将船厂交给了江西巡抚沈葆桢,北上秦川。同治十二年(1873年)八月,左宗棠攻克肃州(酒泉),平息捻军战事全部结束。先前1868年左宗棠在西北平定战事,随军设西安制造局,后随迁兰州,称兰州制造局。一时间,文齐武备,全军驻扎,西望新疆。

早前,明末清初之际,北方游牧民族攻取西域。1757年,乾隆皇帝平定准噶尔再次收复西域,并将"西域"改名为"新疆",即"故土归新"之意。清末以来,朝廷内忧外患,新疆毗邻的浩罕国(哈萨克、乌兹别克斯坦、塔吉克斯坦、吉尔吉斯,各国部分领土组成),趁此机会,在头领阿古柏的率领下,突入新疆的南疆、北疆地区,建立了"哲德沙尔"王国。"哲德沙尔"成为俄国的附庸国。英国承认"哲德沙尔"签订了条约,规定英国可以在"哲德沙尔"通商、驻使等。同时,俄国趁机占领伊犁。至此,新疆哈密以西、北、南地区,已全部沦陷他国。

左宗棠大军云集甘肃,整装待发,只待一声号令,杀进新疆。也是正当此时,朝廷上展开一场"海防"与"塞防"旷日持久的大辩论。说白了这次争论就是以李鸿章为首的主张以"海防"为主,造军舰,立炮台;以左宗棠为首的主张收复新疆,并且与海防并重曰:"塞防"。梁启超在所著的《李鸿章传》中提到了这次辩论。说:"他(李鸿章)认为'新疆不复与肢体之元气无伤,海疆不防,则腹心之大患愈棘。'他(李鸿章)建议停止进兵新疆,改用招抚方法,准阿古柏等或如云、贵、粤属的苗瑶土司,自为部落,或如越南、朝鲜的略奉正朔。"梁启超最后评论说:"李鸿章强调海防,建立海军的意向是无可非议的,问题在于不应忽视西北塞防、鼓吹'渐弃新疆'。"李鸿章在给朝廷的《筹议海防折》中说:"曾国藩前有暂弃关外专清关内之议,殆老成谋国之见。"也就是说连曾国藩都主张"暂弃关外,专清关内之议",这是老谋深算的策略。

而左宗棠坚定主张"水陆兼顾,一面收回新疆,一面加强海防"。《清史稿·左宗棠传》也提到了这次辩论:"宜徇英人议,许帕夏自立为国称藩,罢西征,专力海防,鸿章言之犹力。"左宗棠说:"关陇新平,不及时规(归)还国家旧所设地,而割弃舍为别国,此坐自遗患。万一帕夏不能有,不西为英并,即北折而入俄耳。吾地坐缩,边要尽失,防边兵不可减,糜饷自若。"左宗棠表明态度,如果"罢西征",就将"吾地坐缩,边要尽失"。通过这几份资料可以看出,当年以李鸿章为首的"海防"派,同意外侵者"自立为藩",如越南、朝鲜相同。而以"塞防"派为首的左宗棠的意见是"水陆兼顾,新疆必复"。在"两防"争论中,《清史稿》说:"军机大臣文祥独善宗棠议,遂决策出塞,不罢兵。"应该说在这场争论的"战争"中左宗棠胜出。"两防"争论整整用了半年时间,到此告一段落。当然最后决策的还应该是垂帘听政的慈禧太后,她最终没有把那么大的一片土地(新疆)再屈服于他国,支持左宗棠的建议,出兵新疆。

一应钱粮齐备,大军鸣炮出征,率领精心挑选的部众七万余人,浩浩荡荡向西而来。这个时候,左宗棠已经六十四岁,1876年2月,左宗棠坐镇肃州(酒泉),就近指挥战局,他制定了"先北后南""缓进速战"的作战方针,挥军入疆。

值得左宗棠庆幸的是,在"海防""塞防"争论中,"塞防"胜出,硬是从"海防派"手里抢回了几百万两的军费。根据左宗棠的奏折,从同治五年到光绪六年,户部直接拨款仅为4 249 630两白银。当然这点军费远远不够,西征军七八万人马,千里黄沙,万里奔袭,每年需饷银八百余万两,其中出关运粮经费每年就达二百余万两。(《晚清财政与社会变迁》)

鉴于饷银不足,左宗棠率大军进疆伊始,全军开始找水源,烧林开荒。发布榜文,告谕百姓如果有人愿意承包这些军田,发种子、给农具,收庄稼时,与大军五五分成。百姓与军队签合同的人越来越多,几天时间,两千多户民众立契约承包租地与植树。当年植树十万余株,收粮食千余石,次年收获了五千石粮米,解决了西征军粮食问题。三年后,据左宗棠奏报,新疆屯田开荒成果颇丰,北路从本垒河以西,南路从吐鲁番以西,尽成膏腴。

西征大军尽管以屯田开路,但在整个西征军饷中仍属杯水车薪。左宗棠又施展理财之才华,先后四次建议清廷举借外债总数达1 075万两之多(《西征协饷与晚清财政运行》)。加之协饷,方支撑西征大军完全彻底清除外患,驻军新疆直到建省为止。

大军开战,首指乌鲁木齐北郊重镇古牧地,歼敌六千。兵不血刃进驻了乌鲁木齐,打破玛纳斯县南城。攻入阿古柏囤积重兵最为坚固的达坂城。同时轻松进驻托克逊。吐鲁番随即被清军掌控,至此,北疆全部肃清,南疆门户随即大开。

阿古柏见自己兵败如山倒,终于在五月二十九日于库尔勒服毒自杀。就在西征大军连连告捷之际,英国使者又一次来到中国,试图说服清政府停止进军,由阿古柏的儿子柏克胡里交出南疆东四城,保留西四城,划界而治。李鸿章表示赞成,慈禧把这份折子驿马速递左宗棠。提起英国,让人想起十七年前(1860年)的一幕,英法联军火烧圆明园,全城抢掠烧杀,最后的《北京条约》割九龙给英国,对英、法两国赔款各增至八百万两白银。今天又是英国染指,岂能让他。"将在外"的左宗棠坚决反对,述说理由后最后传给朝廷八个字:"地不可弃,兵不可停。"(《左宗棠全集·奏稿》)态度坚决而果断,毫无商量的余地。

九月,西征军继续进攻,库尔勒的留守白彦虎弃城逃向库车城。刘锦堂狂追不舍,敌军主将马由布被杀,手下军士四散逃亡,库车告破。大军抵达阿克苏城下,百姓开城门迎接清军入城。清军开进乌什,南疆东四城全部收复。清军日益进逼,使得困守叶尔羌、英吉沙尔、和阗、喀什噶尔四城的敌军惶惶不可终日,喀什噶尔城内军民纷纷开门投降,叶儿羌、英吉沙尔两城,未敢迎战,相继请降。清军如入无人之境,不战而捷。稍即,和阗被清军攻破,南疆四城全部光复。至此,全疆领土收复,唯剩俄国所占伊犁。

先前,俄国进占伊犁,是趁着中国内乱,打着"协助代管"的旗号,当时沙皇有言:"等你们战乱平定了,我就把伊犁还给你们。"当下兵临伊犁。1878 年 6 月,清政府任命崇厚为钦差大臣,赴俄国谈判收复伊犁事宜。1879 年 10 月 2 日,崇厚在俄国的胁迫下,未经清政府允许,擅自与俄国在黑海里瓦吉亚签订了《交收伊犁条约》。其中诸不合理条约不说,最重要的是割让大片土地,伊犁虽归还中国,但其西境、南境仍被俄占,处于北、西、南三面受敌的境地。

清政府革除崇厚职务,下大狱论死罪。俄国大哗,筹划增兵伊犁,派军舰威胁中国海防,扬言与中国决裂准备开战。

崇厚签订的《交收伊犁条约》及俄国态度传到军中,左宗棠拍案而起。件件往事袭上心头,数十年来,俄国依靠武力,在二十一年前的 1858 年中俄《瑗珲条约》签订后掠走黑龙江以北、外兴安岭以南约六十万平方公里的领土。十九年前的 1860 年《北京条约》签订后割走乌苏里江以东约四十万平方公里的领土(包括库页岛及海参崴在内)。十四年前的 1864 年,中俄《勘分西北界约记》签订后,就在新疆喀什、伊犁以西及北刚刚掠走了四十四万平方公里领土。仅以上三项中国就损失一百多万平方公里领土。今天他面对面积一百六十多万平方公里的新疆,依旧贼心不死,步步进逼,欺人太甚,视我国中无人。

光绪六年(1880 年)四月十八日,六十八岁的左宗棠抱定誓死之心,率二湖二淮子弟,出征伊犁。他先制一口黑漆大棺材,令麾下八名健儿抬举随行,紧跟自己身后。众将士热血沸腾,鸣炮祭旗。左宗棠气宇轩昂,怒目抬头,率先跨过嘉峪关。回身遥望,军旗猎猎,队伍庄严,整齐划一,浩浩荡荡。麾下将士擂鼓呐喊,气势如虹,戈壁滩上刀枪竖起,一派威武景象。左宗棠振臂一呼,挥师西进。左宗棠这一次"抬棺出战",已经预计一旦开战,收取伊犁事小,谈判破裂,中俄两国决一死战不可避免。自己已逾古稀,再回嘉峪关的可能,已经不大了。今抱以必死之势与俄人一决胜负,以报当年林则徐公及国人的最后祈愿。

左宗棠率大军直赴哈密,驻军城西凤凰台,就近指挥。前线将士闻听左帅抬棺进疆,军心振奋,纷纷请战,誓言不畏马革裹尸,与俄一争高下。军探来报,俄军在伊犁的军队只有一千人、大炮十门。我数万大军已成围困态势,只待一声令下即可踏平伊犁,然后准备迎击倾国而至的俄军。

都说软的怕硬的,硬的怕不要命的。1840 年鸦片战争以来的四十年中,中国与各国列强所签屈辱协议,无不只有招架之功,从无还手之力。今天左公抬棺出征,以死相拼,让对手不得不倒吸一口凉气。他们不断打探左宗棠行踪,在不要命的左宗棠面前,破天荒地同意重新谈判。

6 月 26 日,朝廷派出使臣曾纪泽(曾国藩之子)重新和俄国人展开谈判。曾纪泽同格尔斯重新签订《伊犁条约》,在清政府疲弱的当下,在左宗棠大军压境,守土将士群情激奋之际,曾纪泽追回伊犁以北、以南两万多平方公里的土地,而伊犁以南及北尚有七万多平方公里,相当于现在宁夏的面积,再次被俄国吞并。自 1858 年到 1880 年的二十二年中,俄国掠我土地面积总数达到一百五十一万平方公里,近似于三个法国本土面积。这也是外族入侵我国一百年中,我们所付出的最惨痛的代价。正如左宗棠所说:"吾地坐缩,边要尽失。"我们现在所说的伊犁,只是原有的一部分。虽然赔付的军费从五百万卢布上升到九百万卢布(合 509 万两白银),但是关于通商关税、驻领事馆等方面的条件都得到了相关缓解。总体而言,这依然是一个不平等条约,但是比起崇厚签的那份《交收伊犁条约》还是有所进步的。

八月十一日,朝廷颁下一道圣旨,召左宗棠回京面圣,新疆事务交由部将打理。左宗棠西望伊犁,一腔热血恨不得尽洒西疆,最终还是生还嘉峪关。

左宗棠对这个条约只能算勉勉强强,因为自 1840 年起,四十年来,清朝与外夷逢战必败,每谈必输,这已经成为惯例。他早就知道,仗不是那么好打的,国家没钱,政府软弱,尽量避免开战之心也是可以理解的。对于曾纪泽,他的评价也同样是"差强人意"。无论如何,从 1871 年俄国"代管"到 1882 年交回,伊犁被俄国占据十一年的历史宣告结束,整个新疆也重新回到了祖国的怀抱,完成了林则徐"西定新疆"的夙愿。

早在 1877 年,左宗棠正式向朝廷发出要在新疆建省的提议。在奏折中他这样说:"蒙古是京师的屏障,新疆又是蒙古的屏障。"1880 年,他再一次上奏请建新疆省;1882 年,左宗棠第三次上折子,请求在新疆建省;1884 年 11 月,清政府终于同意在新疆建省,刘锦堂被任命为第一任巡抚。从此以后,新疆的行省制度一直延续至今。

光绪十一年七月二十七日(1885 年 9 月 5 日),左宗棠病故于福州任上,终年七十四岁。左宗棠一生中共获得了七个顶级的头衔,分别是:二等恪靖侯、太傅、东阁大学士、太子太保、两江总督、南洋通商事务大臣、一等轻骑都尉。

左宗棠一生节俭清廉。1977 年,当地修一座石桥时就地取材,其墓园里的石人石马,包括左宗棠的雕像,尽被拆毁。相机盗墓者打开了左宗棠的棺木,除口含一玉外,别无他物。

1985 年,在原址重修左宗棠墓,位于长沙市雨花区跳马镇白竹村,从长沙县黄兴镇过东山大桥,南行约二公里,即可见公路边的"重修左宗棠墓碑记"。

当年大军西行,道路狭窄,全军将士一面扩宽路面,一面在道路两旁栽种杨树、柳树,一直到新疆腹地。《西笑日觚》中称赞道:"左恪靖命自泾州以西至玉门,夹道种柳,绵延数千里,绿如帷幄。"这些树木被后人称为"左公柳"。

2017 年 3 月 2 日

吴兆骞

宁 古 塔

宁古塔，没有塔。这里曾经有六个兄弟，各据一方。满洲话管"六"叫"宁古"，管"个"叫"塔"，所以把这个地方称为"六个"，翻译成汉语就是"宁古塔"，宁古塔旧城在黑龙江省海林市古城村。

宁古塔新城位于黑龙江省宁安市，是黑龙江省通往外面的第一条古驿道的起点，在这条驿道上，那个掩映在"窝集"（原始森林）深处的驿站，曾经给我留下了难以磨灭的印象，当然这是后话。

今天提起宁古塔，说的是黑龙江省的文化渊源，要从清朝初年，以吴兆骞为代表的文化"流人"及汉人流放宁古塔说起。

"流人"是古刑律之一，就是罪犯被判充军或流放边远地方。上古时代尧知道儿子丹朱之不肖，不足以授天下大任，于是乃将天下授予舜。"授舜，则天下得其利而丹朱病；授丹朱，则天下病而丹朱得其利。"尧曰"终不以天下之病而利一人"，而卒授舜以天下。随之将儿子丹朱安置房陵，开流放的先河。舜即位后曾"流共工于幽州，放驩兜于崇山，窜三苗于三危，殛鲧于羽山，四罪而天下咸服"（《尚书·舜典》）。到了唐朝，宰相张九龄上疏"放逐之臣不居善地"。到了宋朝，宋太宗贬卢多逊到琼崖的诏书中有"特宽尽室之诛，止用投荒之典"的字样。从此以后，凡放逐罪臣，都视为仅比满门抄斩罪少一等而已。到了清朝，是"不忍刑杀，流之远方"（《大清律例·名例律上》）。所以历朝历代，凡流放人的地方，大都是西北绝域、西南烟瘴及荒域绝岛。形成了历代不同的流放地，如汉朝蔡邕贬五原、唐朝柳宗元贬永州、宋朝苏东坡贬海南岛。到了清朝，被视为东北苦寒之地的宁古塔，成为流放的重地。《大清律例》规定："强盗免死减者，行劫数家止首一家者,伙盗供出首盗即时拿获者,偷盗坟墓二次者……具发佥发宁古塔等处。"

吴兆骞等文人被流放宁古塔,是因涉"南闱科考案"。顺治十四年(1657年),江南乡试结束。三个月后,工科给事中阴应节上疏,主考官方犹和这次考上举人的方章钺"联宗有素,乃乘机滋弊"。这个指控,令顺治皇帝大怒。方章钺的父亲方拱乾,时任詹事府少詹事,就等于是为太子一应服务的职务。他再三和顺治解释,和主考官方犹不是同宗,只是同姓而已,儿子为考个举人,更不可能乘机作弊。此时顺治已经怒不可遏,真是有点气疯了。第二年三月,朝廷想出个馊主意,叫复试,把已经考中的江南举人叫来重考。这次是顺治亲自命题,每名举子身后都站着两名全副武装、戒备森严的持刀武士。这些书生哪经过这个场面,一个个吓得是浑身发抖、面如土色,哪还能全神贯注答卷子。结果有 14 人不及格,当即被革去举人资格,打入大牢。主考官翰林侍讲学士方犹、副主考翰林院检讨钱开宗为首的 18 名有"纳贿"嫌疑的被处以死刑。吴兆骞等 8 名举子与受到牵连的方拱乾,被判流放宁古塔。

今查"南闱科考案"诸多资料说明,该案证据不足,查无实据。《清史稿》也说:"吴兆骞……以科场蜚语逮系,遣戍宁古塔。"说明这只是无根据的诽谤,无疑是一场冤案而已。

顺治十六年闰三月初三(1659 年 4 月 23 日),吴兆骞与"率全家数十口"的方拱乾和同案文人举子家眷共计百余人,自京师起程,浩浩荡荡,扶老携幼,背包罗伞的流放大军,踏上通向宁古塔的艰难之路。

清代刑律规定:"限日行五十里,若三千里限二月;二千五百里限五十日;余准是。"如果无故停留,影响行程,将受到严惩。每天伙食由当地官家供给。食物标准与在监人犯相同。还好,途中除吴有兰一人在沈阳病故外,历经 120 天,共7 000 多里路程,于阴历七月十一日(阳历 8 月 26 日)余数流人总算抵达宁古塔(旧城)。

一路上千难万险,最艰难的就是窝集(原始森林)之路。继吴兆骞一行,三年后,康熙元年(1662 年),又有浙江人杨越以"通海案"被遣戍宁古塔,携老婆孩子上路,面对塞外荒凉诡异的景象,同行难友吓得大惊失色甚至失声恸哭。30 年后,杨越儿子杨宾来省亲,经过这条路,在《柳边纪略》自序中说,阴风朔散,肌肤干裂,到处是冻疮,耳鼻手指冻得一碰就会掉下来,过窝集(原始森林)时,"则万木蔽天,山魈怪鸟,叫嚎应答,丧人胆断,冰古雪胶树石,不受马蹄(冰滑马蹬不住)"。方拱乾也说:"人说黄泉路,若到了宁古塔,便有十个黄泉也不怕了!"可见路途之艰难。

宁古塔,从顺治三年(1646年),设奉天昂邦章京,管辖东北地区(相当于东北军区),到了康熙元年(1662年),(吴兆骞来三年后)改为宁古塔将军(行政级别不变)。堂堂宁古塔,展现在流人眼前的却是亘古蛮荒的场景:"无疆无界无城郭,枕河而居,树短柴栅,环三里,辟四门,而命之……只居士夫于城内,余人则散居诸屯。"(《宁古塔志》)这里"地远严寒,至其地者九死一生"。流人敬尹是在顺治十二年(1655)流放宁古塔的,当时这里没有汉人,这里富贵人家用麻为寒衣,将麻捣碎再当棉絮用。穷人连麻衣也穿不上,都空身穿鹿皮,不知有布帛。从敬尹开始,用布匹换稗子、谷三石五斗。用白布缝衣,过年穿上,显得格外风光招人羡慕。

当地人盖房子,"似上古时为巢,为营窟木颇才,而无斧凿,即樵而驾,贯绳复,以茅列木为墙,而瑾以土"(《宁古塔志》)。和原始人一样,用绳子绑木头,搭建构架,以原木为墙,搭草为屋。日常生活,稗子(一种类似麦子的野草)有身份的人才能吃,平常人只能吃粟(谷子)。这里人不懂喝茶,没有陶器,如果谁家有一只瓷碗就像最贵重的宝贝一样。所有用具全是木头做的,那些盏碟盆瓮澡盆之类用具,多是独木做成。这里人都很勤劳,俗称"宁古无闲人",犹以女子为最,如糊窗子都以槌过的麻布以代纸,烧灯则削麻膏糠以代灯油,这都是女人干的活。900年前李白"长安一片月,万户捣衣声"的长安夜景,如今出现在东北边陲。不同的是,这里的千家万户还捣不起衣,只是捣麻布以替代糊在窗外的窗纸而已。

《宁古塔志》载,本地人见面没有作稽打躬的礼仪,大家都坐在一起,没有尊贵之分。男子可娶多个老婆,多可十个。生孩子想要就留下,不想要就另作处理。男子死必有一个妾殉葬,殉葬者于生前约定好,不允许改悔,有不肯如约殉葬者,大家一起把她掐死。

本不该在这方土地上出现的原始景象,结果成为了事实。原因是为征战疆场,打天下的他们,忘记了家乡。他们头也不回地走了,再也没有回来,才使这里依然蛮荒如故。

距宁古塔（旧城）东南 40 公里的东京城，就是当年大祚荣以"三人渤海当一虎"之威开创的渤海国。国家实行五京制，下设 15 府、62 州、130 余县。713 年，唐朝封大祚荣为忽汗州都督、渤海郡王，国号改为渤海。《新唐书》说渤海国辖区："南比新罗，以泥河为境，东穷海，西契丹……地方五千里。"也就是说，国土疆域，南到朝鲜境内，北联黑龙江流域至三江平原，东到日本海，西到吉林省白城、大安，接壤契丹。在这块幅员辽阔的土地上兴盛 200 多年，为唐朝属地，称为一时的东海盛国。后来被契丹所灭，他们都随契丹或附近邻国而去，整个国都成为一片废墟，他们再也没有回来。

北去 500 里的会宁府（哈尔滨阿城区），完颜阿骨打于 1115 年成立大金国，率 3 000 人出发，一路轻松灭掉宋朝死敌辽国。又以号称"满万不可敌"之势，仅仅数万人又轻松攻入宋朝京都汴梁，覆灭了号称 80 万禁军的北宋。再渡江南下打得南宋皇帝是"搜山捡海"，最后俯首称臣。30 多年后的 1153 年，海陵王完颜亮迁都大兴府（北京大兴），开金国一朝，在中华大地上执政 120 年。我们常说的唐宋元明清，准确地说应该是唐宋金元明清。他们送回来的是被俘的宋朝皇帝，随便扔给三姓（依兰），又匆匆上路了。他们临走把曾经为国都的会宁府（阿城），烧得一片精光，如荒郊野外。他们走了，全走了！再也没有一个子孙回来。

顺虎尔哈河（牡丹江）东北 600 里的三姓（依兰），清朝肇祖原皇帝猛哥帖木儿（爱新觉罗·孟特穆），于 1372 年随父万户挥厚离开三姓马大屯沿牡丹江溯江而上，开始南迁，史称清祖南征，他们六世相袭到努尔哈赤于 1616 年在辽宁建立后金，28 年后，他们开进北京。从清祖离开三姓，到北京建立清朝，共用了 274 年，几乎和大明朝在位的时间相同，他们以满人八旗骁勇善战的雄风推翻大明开进北京，建立大清朝，开始统治全国。他们不但从这片土地走了再也没有回来，而且他们还修了两道边墙，自己不回来还不算，也不让他人踏进一步，完全封闭了自己原始蛮荒的故土。当然他们也往回送人，送回的不是俘虏的敌国皇帝，而是钦犯、流人，扔给宁古塔，和以往一样，拍拍屁股走了。纵观中华大地，唯有这块土地上的人们，曾建立一个国家（渤海国），开创了两个朝代（金朝、清朝）。他们从"国有大事，适野环坐，画灰而议。自卑者始，议毕，即漫灭之"（《大金国志》）的刀耕火种中出发。在竭力发展中华文明的同时，留下的是一丝文明不侵、亘古荒蛮的家乡,同时没有一个子孙回归故土。就连金朝大将太祖完颜阿骨打第四子金兀术(完颜宗弼)宁可把子孙留在河南,也不愿回到故乡这片土地。也许,是因为这里当年依然被视为寒苦蛮荒之地。

吴兆骞在给母亲的信中说:"宁古寒苦天下所无,自春初到四月中旬,大风如雷鸣电击咫尺皆迷,五月至七月阴雨接连,八月中旬即下大雪,九月初河水尽冻。雪才到地即成坚冰,一望千里皆茫茫白雪。"这里太冷了,绝非善地,也许因此被选为流放之所。

因是流放之地,官府在这个地区设立了32个官庄(相当于犯人农场),耕地的都是流放的犯人。吴兆骞曾在一封家书中说,五更而起,田间劳作,到日落收工。秋天收获时绝大多数粮食都归官府,只能给剩点口粮,也是寥寥无几。《宁古塔志》说这里:"随山可耕,官给人耕四亩一行,如中华五亩,无赋税焉,地贵,开荒一岁锄之犹荒也,再岁则熟,三四五岁则腴,六七岁则弃之。而别锄亦。"也就是说,开荒地种一年依然荒地,二年变熟地,到六七年就不要了,再开新荒地,这里的土地也太多了,一望无际。

本地人主要从事渔猎,不懂做生意,比吴兆骞晚来三年,因"通海案"而流放的浙江人杨越夫妻,在宁古塔东大街开糕饼铺,制作风味小吃。示范从不做生意的当地人,开市铺先河,引人效仿。杨越建议宁古塔将军,建立皮毛、人参交易市场,开展贸易。"流人"摒弃原始的耕作方式,把内地耕种技术带到这里,使粮食产量得到大幅提高,品种也大有增加。明末最后一位兵部尚书张缙彦,带来中原蔬菜种子,被当地人尊为"域外群尊五谷神"。

吴兆骞,开馆授学,求学者多人及诸多同患难者子弟。教以《四书》《五经》等儒家经典,传播中原文化,后来兴办"满汉学堂",促进当地满人子弟上学读书。

经过汉人和吴兆骞等文化流人的努力,宁古塔地区的农业、贸易、教育、民众生活环境发生了可喜的变化。

在吴兆骞来宁古塔的第七个年头,被守巴将军聘为书记,兼给两个儿子上课。康熙五年(1666年),宁古塔将军府迁建新城(现在的黑龙江省宁安市),史称宁古塔新城。

康熙二十八年(1689年),杨越的儿子杨宾来宁古塔探亲(已是新城),与吴兆骞等流人来宁古塔,一晃30年过去了。这里已经有了翻天覆地的变化。他说:"今居宁古塔者,衣食粗足,则皆服绸缎矣。天寒披重羊裘,或猞猁狲、狼皮打呼,唯贫者乃服布,而敬尹则至今犹布袍,或著一羊皮缎套耳。"前面说过敬尹,他原是浙江巡抚陈嘉猷,字敬尹。他曾和杨宾说过,这里富人都穿麻衣,穷人穿兽皮。现在是当地人"则皆服绸缎矣,天寒披重羊裘",而陈敬尹还是穿着布袍。

这里的贸易也发生翻天覆地的变化。《柳边纪略》载:以前用貂皮换铁锅,随铁锅大小,把貂皮放锅里,装满为止。现在一张貂皮就能换两口锅。以前换一匹马,要几十张貂皮,现在不过十张就可以了,最好的马也不过十四五张,也不用上好的貂皮。一年中来宁古塔交易者两万多人,而上贡朝廷的貂皮还不在其内。

宁古塔书声琅琅,开私塾兴教育已活跃于市民中,书籍成为商品中贵重之物。街市也繁华起来,只城东关的商铺就已有几十家,商铺、小吃、饼铺琳琅满目。还多有当地人从自家拿出采集的山货,在集市上交易或出售,整个城中,一派繁荣景象。

在这里出生的吴振臣在《宁古塔纪略》中说:"予家因移居西门内,内有东西大街,人于此开店,贸易,从此人烟稠密,货物客商,络绎不绝,居然有华夏风景。"方拱乾也称宁古风俗"臻无为之治","道不拾遗物,物遗则拾之置于公,俟失者往认焉"。《宁古塔纪略》也说:"大率信义为重,路不拾遗,颇有古风。"

汉人越来越多了,天气好像也比以前暖和了,民众都很奇怪。本地人说,暖和的天气是蛮子(南方人)带来的,可见天意垂悯流人。其实"蛮子"带来的不是暖和的天气,而是活跃舒展多姿的生活方式。来的人多了,有了商业流通,生活条件好转了,御寒的服装有了变化,再也不空穿鹿皮和麻衣了。人们的心情随之愉悦,严寒已不重要了。

"欲问岭南应不好,此心安处是吾乡。"这是苏东坡写给友人的诗句,说的是人是适应环境的,住的时间长了,也就适应了。同宁古塔这里一样,环境好了,随着时间的推移,人们的心境也稳定了,对这里的山山水水也习惯了。同时发现了这里独有的秀丽山水,原野芳香。

市场上有当地人采来的松子、榛子、酸梨,还有猴头磨、山楂,河里有上百斤重的遮鲈鱼。打鱼不用网而用刀叉,月光如练,持火把,乘小船,见鱼而戳之,鱼太大也太多了。有还刺姑,身如虾,两螯如蟹,大可盈寸,捣成酱食用非常鲜美。《宁古塔纪略》也载:"西门三里许,有石壁临江,长十五里,高数千仞,名鸡林哈答,古木苍松,横生倒插,白梨红杏,参差掩映,端午左右,石崖下芍药遍开,至秋枫叶万树,红映满江,江中有鱼,极鲜而肥。"这里还生产桔梗、五味子及鸡腿蘑菇、木耳,蕨菜极多而鲜嫩。更有趣的是冬天夜间在冰上凿一窟窿如井,生火围起来。鱼都聚冰窟窿里,用铁叉只管用力叉去,叉到的都是大鱼。还有"上半身是蟹,下截如虾,长二三寸,鲜美可食(小龙虾)。也有寻鳇鱼,青鱼,鲤鱼,鳊鱼,鲫鱼"。最夸张的是,冬天打野鸡全是车载马驮,无计其数。

原本这里是发配流人的苦寒之地,结果在这里生活时间长了,安下心来才发现,这里山川秀丽,野味丰饶,空气清新,让人舒心悦目。再望远方,漫山翠绿、红叶映江、银装素裹、花红柳绿。映衬出一年四季变幻的不同的艳丽色彩,的确是江山如画。

"七子诗社"是由张缙彦发起,另有吴兆骞、钱威、姚其章、钱虞仲、钱方叔、钱丹季七人组成,诗社以"分题角韵"彼此唱和,"月凡三集",丰富了文化生活。七子诗社恐怕也是黑龙江省最早的诗社。

吴兆骞、张缙彦在新城(宁安市)西门外的鸡陵山下发现了四季喷涌的泉水,水清甘洌,称之为北国名泉。张缙彦为之命名"泼雪泉",并请来石匠帅奋于此泉附近悬崖的石壁上勒石。

宁古塔,经过流人与本地居民的共同努力,生活环境大有改善,文化、教育、商品流通等等,都发生了翻天覆地的变化。

杨宾有《宁古塔杂诗》一首:

石矶围平野,河流抱浅沙。

土城惟半壁,茅屋有千家。

泣月天边雁,悲风塞上笳。

老亲忠信在,不减住中华。

方拱乾,字肃之,号坦庵,安徽桐城人,出身于名门望族,族人联合出巨资申请朝廷,认修北京前门楼子以赎方拱乾之罪,以求放还故里,朝廷应允。方拱乾一家在顺治十八年(1661年)九月,离开了这片号称荒僻绝域的土地,回到了南方。书中所引《宁古塔志》乃方拱乾著,这部著作应是黑龙江省较早出现的地方志。

杨越，字友声，号安成，浙江绍兴人，因"通海案"牵连，被遣戍宁古塔。他提倡"满汉人耕与贾"，教当地人做生意，开商铺，交换物产，发展贸易。义务教学以《四书》《五经》《史记》《汉书》等儒家经典，传扬中原文化。1691年病逝于宁古塔，享年70岁。按清律，"流人死于戍所者，不得返葬，其家属也不得返籍"。杨宾又为求父亲归葬，跪求于刑部、兵部衙门，叩头哀求445天，感动众官员，"乃准破例返葬"。康熙三十一年（1692年），杨宾再赴宁古塔，与其弟一起，奉老母、扶父枢以归故里

《清史稿》载："宁古塔地初辟，严寒，民朴鲁。越（杨越）至，伐木构室，垒土石为炕，出余物易菽粟。民与习，乃教之读书，明礼教，崇退让，躬养老抚孤。""子宾（儿子杨宾）迎范（宾母）奉越丧以归，民送者哭填路。"杨越为宁古塔的文明进程做出了重大的贡献，得到了上至朝廷下至宁古塔民众的认可。本书所引《柳边纪略》系其儿子杨宾所著。

吴兆骞，字汉槎，号季子，江苏苏州人。少有才名，有"江左三凤凰"之誉。著有《秋笳集》《归来草学堂尺牍》。

康熙二十年（1681年），吴兆骞在宁古塔作《长白山赋》和《封祀长白山二十韵》，被封祀长白山的使臣带回朝廷，进呈康熙帝，阅后龙颜大悦。正值此时，纳兰性德等诸友筹金2 000两，认修内务府工程，以赎罪放还。是时，正值乌拉（吉林市）将军遣人邀请吴兆骞，任书记职，兼管笔帖式及驿站事物。定于九月中全家迁往乌拉，结果七月朝廷下允许还乡诏书到。吴兆骞辞乌拉书记职，准备还乡。八月八日为儿子吴振臣办婚事，然后整理行装，每日与友人饮酒叙旧，情到处互相失声痛哭，不忍相别。到了九月二十日，乌拉将军遣来拔什库（领催）主事的一人，率兵八名护送，又发堪合（官方介绍信）。配给驿车两辆，驿马两匹，一应饮食用物等，按驿站供给更换。亲戚之间送到一朗岗而别。亲友及门人俱送到100里的沙岭（沙兰镇）聚谈彻夜，天亮时才分手，吴兆骞痛哭不止。已行20余里，忍不住策马回来，再聚片刻而复回。柳永有"多情自古伤离别"。而今天患难之交，生死与共的"流放"难友，百里相送已是今生永别了。

吴兆骞之子吴振臣出生于宁古塔，本书引用的《宁古塔纪略》，即是吴振臣所著，另有作品《闽游偶记》《台湾舆地汇钞》等。

　　吴兆骞从沙岭正式踏上回乡的征程,前面迎接他的就是宁古塔至乌拉驿道的第二站必尔罕(尔站)进入张广才岭的腹地,茫茫无际的窝集(原始大森林)。

　　宁古塔(当时归属吉林省管辖)到乌拉(吉林市)这条驿道,是在康熙十六年(1677年),吴兆骞流放宁古塔八年后,宁古塔将军衙门移驻乌拉第二年建成。当年"以绳量道里,两庹(两臂伸平)为丈。百八十丈为里,自宁古塔西关门始,至船厂(吉林市)东关门止。凡为五百五十里,今分八站,作六百三十余里"(《柳边纪略》)。也就是说,当年吴兆骞一行流人,进入宁古塔,唯有这条道路,当时只有路,还没有驿站。这六百多里地的千难万险也就理所当然了。

　　书中开头说,"在这条驿道中,那个掩映在'窝集'(原始森林)深处的驿站,曾经给我留下了难以磨灭的印象。"

　　话说,在吴兆骞走出沙岗,车马卫兵家人向下站出发。310年后,适逢"文化大革命"。在伟大领袖的号召下,我们开始徒步串联(俗称长征)。我们踏着皑皑白雪,在最寒冷的十二月,向北京进发(从鸡西起程)。对上课就头痛的我来说,是又遇好运,不胜雀跃。我们八名同学,背起行装,同样是路过沙兰(沙岗)再出发。我们无车无马,无兵卒,有的仅是革命的一腔热血,当然还有人生路途中的无知。我和章宏道同学告别百般叮嘱的房东,会合迟秀峰等同学(两人一组散住民居),向前方开拔了。翻过数条岭岗,进入林地,时值下午,我们千寻万找的那个"陆家店"依然不见,无影无踪。放眼望去,走了三十多里地没见一房一人,应了房东的嘱咐:"这里到尔站(下一站)只有'陆家店'有人家,再往里就是原始森林了。"现在连"陆家店"也找不到。正当沮丧之际,河马(同学梁风祥)往前指着说:"前面有房子!"我们几乎是跑过去的,看到的只是几栋残垣断壁。我们彻底丢掉了心中的"陆家店",一股革命勇气油然而生。说到底不就是下定决心,不怕牺牲,排除万难,去争取胜利吗! 我们走进森林愈加茂密的林间小路,下午三四点钟,逢遇森林中的大路时,一辆解放牌卡车放慢速度随我们同行,司机招呼我们:"红卫兵上车吧,不能再往前走了!"我们相互看看,锁头兄(李玉锁同学)礼貌地谢过司机,高声喊着:"革命小将不上车!"司机跟我们好长一段,无奈地加速开走了。那一刻,我下意识地向上衣口袋里摸去,那盒火柴仍在,这是我在此时此刻遇险宿营中的唯一利器。天麻黑,黑森森的树林更显阴森。又一辆卡车经过这里,司机没有说什么,把车停在我们前方,好像是朱忠足同学喊了一句,"快点,人家等咱们呢!"没有人说什么,一个比一个跑得快。卡车在黑乎乎的森林中全速前进,茂密的山林中已经一片漆黑。晚上11点半,卡车停住,原始森林中灯火通明,工人们正在紧张地用元锯处理木材的工作之中,尔站林场到了。司机师傅告诉我们:"这是最后回来的一辆车。"那一刻,我漠然无语。这里就是当年必尔罕(尔站)辖区,这条驿道是从宁古塔出发的第二站,也是张广才岭的腹地,现在的黑龙江省最后一站,前方是吉林省。这里就是古人说的"窝集"(原始森林)。我第一个感觉是,想下车但感觉不到自己的腿在哪里。天太冷,腿已经冻僵了。不过招待我们的是,热乎乎的热汤面,让我们有了家的感觉。当然又经过塔拉站、额穆、意气松、前进乡、旧站,经过老爷岭村,翻过老爷岭到达了新站,走出了"窝集",告别了一路丛林蔽天的原始森林。又经过王友贵同学及大家都很兴奋的江密峰,前方就是吉林市了,最后我和吴源理同学走到锦州为止,行程2 500里。

那个一路祈盼的"陆家店",那个铁打的窝集中密林深处的尔站,深深地刻在我的脑际中。正如吴兆骞等无数宁古塔"流人"一样,其实人生路上没有必然的站点,只有终点是必然……

提起必尔罕古驿道,除我亲身经历以外,更重要的是这里曾走过一位我们心中的英雄吴大澂。

说的是1860年,沙俄逼迫清政府签署了《中俄北京条约》,掠走乌苏里江以东40多万平方公里的中国领土。次年冬天,中国官员成琦与沙俄勘界埋桩,成琦为官腐败不作为,他整天在驻地以吃喝度日,从不到边界现场,又看不懂地图,任沙俄肆意埋桩,导致我国在已经丧失的土地上,边界又无限退移,草草了事。

成琦误国25年后,1886年,苏州人、都察院左副都御史(相当于监察部副部长)吴大澂,到现场检查边界防务,发现界碑位置与条约不符,"土"字碑应能见海,现在距海80多里显然不对,"乌"字碑不见踪影,俄国界碑是石头的,被誉为"马驮界碑",不断向内地移动,中国木质界桩早已损坏。有500多里的地界,一个碑也没看见。

吴大澂走完边界后,奋笔疾书,上疏给光绪皇帝,力主要与沙俄共同核校边界实地。想当年40万平方公里土地都给人家了,又过了25年,强大的沙俄不是好惹的,朝廷真是担心。看到吴大澂上疏言之激愤,也只好随他了。吴大澂在蛮横的沙俄面前,据理力争,寸土不让,掷地有声地告诫沙俄,40 万平方公里土地,一寸不少给你,同时你一寸也别想多要。最后沙俄气得圆眼怒睁,也只好按吴大澂的意见,把"土"字碑推进距图们江入海口 8 公里的位置,一条 600 米宽、10 平方公里沿着图们江趋近入海口的土地回归祖国。

吴大澂面对原属中国的日本海,又提出条件,提议中俄两国共享图们江出海权,此语一出,沙俄一愣,就凭中国还有如此高人,深知出海口的重要性。高大蛮横的沙俄面对瘦小体弱的吴大澂,说也说不过他,陪也陪不起他,就算遇到他认倒霉了,最终达成了这样的妥协:出海权虽不能共享,但中国船只可以借道出海,俄国不得阻止。沙俄到此总算长舒一口气,这一场强权对弱者的谈判尽管逆天总算结束了。

然而,吴大澂没有放手的意思,他得陇望蜀,提出图们江入海口附近重地黑顶子山地区(珲春的敬信镇)必须回归中国。这一要求让沙俄目瞪口呆,没听说还能从 25 年前定好的条约再要回一块土地,还敢虎口拔牙。沙俄把他们所在的海参崴港口军舰上的大灯全部打开,以显示力量。吴大澂把北洋舰队调来进行友好访问,入夜命令舰队打开所有探照灯,比俄舰的大灯更耀眼,通宵达旦。面对亚洲第一舰队(北洋舰队),面对胆大包天、命都不要的瘦弱小个子,沙俄理屈词穷,实在熬不住了,黑顶子山地区最后得以回归。吴大澂在清朝腐败透顶、任人宰割之际,能挺起胸膛面对列强以"寸寸山河寸寸金,一寸土地尽寸心"的决心,与列强周旋三个月,通过寸土必争的谈判,签订了《中俄珲春东界约》。今天思来,依然让我辈心头一热。

吴大澂当年经过尔站有《夜宿必尔罕站》诗:

> 两山之路多洼塘,草根结作浦团黄。
> 二三十里一茅舍,蓬蒿遍野田半荒。
> 傍溪凿水成孤井,绕庐列栅为短墙。
> 瘦犊或随犬同卧,饥鸟仍与马争粮。

吴大澂走图们经过宁古塔这条驿道,使窝集中这条白雪皑皑充满生机的古驿道熠熠生辉。

时至今日,有朋友告诉我,在图们江入海口附近中国领土一侧已竖立一尊吴大澂塑像以敬仰之。也许这并不是当年吴大澂所能想到的,因为那是他的职责。但是,同在此地,更应该有误国官员成琦站在耻辱台上,以示,"居其位,无其言,君子耻之"(《礼记·杂记下》)。身居其位,不行其事,不发其言就是"耻"。"故士大夫之无耻,是谓国耻。"(顾炎武《五代史·冯道传论》)身为国家官员的耻辱,就是国家的耻辱。应该据此,以告后人,引以为戒,让人知道什么是"耻"或更为重要。因为朱熹在解释孟子的"耻之于人大矣"的时候指出:"存之则进于圣贤,失之则入于禽兽。"

根据吴兆骞在顺治十八年(1661 年)给母亲信中所提,宁古塔八月中旬下大雪,九月初河水尽冻,滴水成冰,所传递的气象资料与河流封冻信息,对照今天海林市(宁古塔旧城地区)历史天气,查询结果如下:

吴兆骞赴宁古塔是 1659 年(当年闰三月),三年后给母亲写信。以 2015 年到 2017 年(当年闰六月)三年中的天气做对照:

当年八月十五下大雪,如今三年中,阴历八月十五当天,平均气温 4.7 摄氏度。三年中,第一场中雪平均在阴历十月初二,平均温度为零下 7.3 摄氏度。

当年九月初河水尽冻,滴水成冰。如今三年中,阴历九月初五(九月初),平均气温 0 摄氏度。三年中,在宁古塔周围地区的牡丹江、绥芬河二河流长年封冻时间为阴历十一月初三左右。

经核算,在过去的 353 年前,第一场大雪(今以中雪算),到今天已经延后 47 天。河流封冻,至今天已经延后 57 天。从宁古塔(今海林市)地区气候变化来看,地球变暖语出不虚。由于地球变暖导致海平面上升,国家海洋局 2018 年 4 月 23 日发布的《2017 年中国海平面公报》提道:"1980 年到 2017 年,中国海平面上升速率为 3.3 毫米/年。"也就是说,38 年过去,海平面已经平均上升 125.4 毫米,海平面上升速率之快令人咋舌,再过 353 年,地球会怎样?人类应开始为之努力。

2016 年 4 月 24 日,全球应对气候变化新协议《巴黎协定》高级别签署仪式,在纽约联合国总部举行,当天 175 个国家代表在《巴黎协定》上签字。美国国务卿克里,带两岁孙女上台,抱着她签署后,亲吻她的额头。那一刻让全世界感到,人类第一次这么隆重地共同约定的一件事,是为了全人类的子孙后代。一年后的 2017 年 6 月 1 日下午 3 点,美国总统特朗普,以"美国优先"的国家策略,在白宫庄严宣布,美国将退出(一年前克里抱孙女签署的)应对全球气候变化的《巴黎协定》。在这有关全球的议题上,在下手机新闻不离手的老婆也有自己睿智客观的看法,她说,美国没有"宁古塔",因为在吴兆骞给母亲写信的115年后,于1776年7月4日,美国才建国,缺乏这方面的历史气象资料,特朗普不相信气候的变化或许可以理解。

在危机时刻,谁都本能地想让大家闪出一条路,优先出逃。但是,在全人类处于危机中,很难因为"优先"而能逃得出去,这确实需要智慧。353年前,气候严寒,宁古塔流人与当地满人都知道,团结一致,改造房屋取暖系统,发展贸易,改变御寒服装,共渡难关。今天,我们以至全人类仍然面临同样的气候问题。团结一致,共同保护这个家园,这也是《巴黎协定》的硕果,是人类共同承担危机的约定。不同的是,我们今天面对的不是严寒,而是防御变暖而已。

自顺治三年(1646年)《大清律·集解附例》颁行全国,宁古塔正式成为流放之地,到康熙二十一年(1682年)六月下令"免死减刑等人犯,不再发往宁古塔"。在这36年间,无数的"流人"经过了这漫长的"窝集"(原始大森林)驿道,除吴兆骞、方拱乾两人外,几乎都是有去无回,他们及子孙永远留在了宁古塔。

顺治三年(1646年),宁古塔设奉天昂邦章京,管辖东北地区(相当于东北军区),正式成为流放之地。

顺治十年(1653年),设总管镇守宁古塔。

顺治十六年(1659年),吴兆骞等流人来宁古塔(海林市古城村)。

康熙元年(1662年),改为宁古塔将军(职责不变),俗称旧城。

康熙五年(1666年),宁古塔将军府迁新址(宁安市),称新城。

康熙十五年(1676年),宁古塔将军移治吉林乌拉(今吉林市职责不变),以原吉林副都统移驻宁古塔。

康熙二十年(1681年),吴兆骞返回故乡。

康熙二十一年(1682年),朝廷下令"免死减刑等人犯,不再发往宁古塔"。

2018年8月15日

许 景 澄

中 东 铁 路

——中东铁路一百二十周年记

许景澄是中国首任"中国大清东省铁路公司（中东铁路公司）"董事长。在回眸中东铁路历史之际，特以其名为篇首，谨此表示敬意。

120 年前，黑龙江的大地上，地广人稀。寥若晨星的村镇，淹没在荒芜苍凉的原野中。经过清朝 200 多年的禁封政策，这里祖辈不见外人进入。今天，有人高马大被"昵"称为"老毛子"的沙皇俄国人，赶着 30 挂装着各种物品的骡马大车，随行 50 多人中间有荷枪实弹者，来到阿勒锦村田家烧锅，支起帐篷，埋锅造饭。他们用 8 000 两银子，买下早因土匪骚扰停产闲置的田家烧锅 32 所房屋地产，大张旗鼓地清理、打扫、修葺，成为这里亘古以来第一批迁居至此的外人，而且还是外国人。经打听才知道，他们不是来酿酒的，而是来修铁路的，铁路是什么？村民一脸狐疑。

什么是"铁路"？在马路上铺上铁轨就叫铁路。当然有铁路就要有机车。自从 1765 年，英国人瓦特发明了蒸汽机，从此揭开了人类工业革命的序幕。36 年后的 1801 年，英国煤矿工程师特里维克研制成功第一辆能在铁轨上行使的蒸汽机车。这辆车能牵引八节矿车以每小时六公里的速度行驶。机车行驶中燃烧木材，时而冒着滚滚浓烟，时而有火苗从列车的烟囱中蹿出，所以人们把它叫火车。这一场景，在 80 年后的 1881 年 7 月 1 日，出现在中国唐山胥各庄。这就是中国的第一条生产运营铁路，运距9.3公里，叫"唐胥铁路"（开始由马拉，后加长铁路距离改蒸汽机牵引）。

171

毫无疑问，在修建"唐胥铁路"17 年后的今天，来田家烧锅的这帮沙皇俄国人，就要修筑中国第二条铁路了。他们于 1898 年 3 月 8 日从沙皇俄国符拉迪沃斯托克(海参崴)出发，自绥芬河入境，经三岔沟、宁古塔(宁安市)、尔站(张广才岭原始森林)、新站、吉林、榆树、拉林(五常市拉林镇)，经过 32 天的长途跋涉，于同年 4 月 24 日下午到达田家烧锅。这些人就是"中东铁路"工程局派出的先遣队。

说起"中东铁路"要从原本和"中东铁路"没有什么关联的贝加尔湖说起。在中国修筑仅有的一条9.3公里的"唐胥铁路"十年后的 1891 年，沙皇俄国已经开始修筑西伯利亚大铁路，自莫斯科出发，经过赤塔、哈巴罗夫斯克(伯力)，到符拉迪沃斯托克(海参崴)。西伯利亚大铁路总长是中国"唐胥铁路"的1 000倍，总长9 332公里。

1895 年，当西伯利亚大铁路修筑到贝加尔湖的时候，负责修筑西伯利亚铁路的沙皇俄国财政大臣维特不由自主地想起了中国。其实不只是他，大多人到这个湖区想起中国是很自然的，因为贝加尔湖曾经是中国辖区。这里古称北海，在《尼布楚条约》中清政府同意割让给沙皇俄国。当然，看到贝加尔湖，也很容易联想到如蛋糕一样的中国土地。沙皇俄国自 1858 年中俄《瑷珲条约》圈走黑龙江以北、外兴安岭以南约 60 万平方公里的领土；两年后的 1860 年《北京条约》圈走乌苏里江以东，约 40 万平方公里的领土(包括库页岛及海参崴在内)；四年后的 1864 年，中俄《勘分西北界约记》中，就在今新疆喀什、伊犁以西及北，圈走 44 万平方公里土地；16 年后的 1880 年 4 月 18 日，又圈走伊犁东西两块土地共计 7 万平方公里。22 年中分 4 次，平均每五年时间就圈走一块土地，总共已圈走 151 万多平方公里土地。如今修建的这条西伯利亚铁路，就是沿黑龙江北岸、东岸，干净彻底地把这里已二次圈出的 100 万平方公里土地像切蛋糕一样彻底切割出来。切蛋糕圈占中国土地对沙俄来说就一个字——"爽"。因为太容易了，三个法国面积的土地，不费吹灰之力占为己有。说起来也就是把枪往桌子上一放，再说一句话的事。因为中国清朝政府已经腐败透顶，软弱无能到任人宰割的地步。更重要的是，沙皇俄国侵略无度，正如列宁在 1900 年 12 月《火星报》创刊号发表的《中国的战争》一文中指出的："欧洲资本家贪婪的魔掌现在已经伸向中国，俄国政府恐怕是最先伸出魔掌的。"

172

列宁说得一点不错,就在沙俄(沙皇俄国)已经伸出魔掌,不断掠夺中国大片土地的同时,沙俄财政大臣维特在贝加尔湖又想起中国,或是因为一晃五年又到了。用中国的一句老话说就是(掠地)上瘾了,又该动手掠夺中国土地了。这一次他想出了先切后夺的办法,修建西伯利亚大铁路的支线铁路,从赤塔经过中国满洲里直接修到绥芬河再连接海参崴,把中国当时的黑龙江省、吉林省所辖50多万平方公里的长方形土地,先用铁路活生生地割裂开来再说。维特的中国境内修筑支线方案,受到沙俄皇帝大加赞许,并立即行动。正如维特在《回忆录》里所说:"各国的当前问题是如何从这些衰朽的东方国家特别是庞大的中华帝国的遗产中,尽可能分得大的一份。"

1895年秋,沙俄说干就干,根本不和中国政府打招呼,立即派人到中国东北进行全面的铁路实地勘察工作。这一明目张胆的举动,引起清政府抗议,而俄国沙皇强行要求清政府训令地方当局"放行无阻""量力照料"。

1896年5月4日,李鸿章受到沙皇接见,被迫同意沙皇在中国修建西伯利亚大铁路支线,即"中东铁路"。

1896年9月8日,清驻沙俄公使许景澄代表中国与华俄道胜银行签订《中俄合办东省铁路(中东铁路)公司合同章程》,中东铁路成为道胜银行最大的一笔生意。

1897年3月,大清东省铁路(中东铁路)公司正式成立。

1897年8月28日,在中俄边境,中国绥芬河的三岔口附近,举行了中东铁路的开工典礼。

自1895年,西伯利亚大铁路接近贝加尔湖,维特动议开始,到1897年举行开工典礼,仅仅用两年的时间,促成"中东铁路"开工。整个铁路的准备工作,具体表现就是一个字——"快"。一切进展眼花缭乱,这项跨国工程筹备速度之快,让人瞠目。以至到工程开工典礼时,中东铁路走向设计尚未最后确定(最终于次年1898年春天才确定下来,而对于线路的勘测,则伴随着整个工程的进行,直到1900年的上半年才宣告结束)。

开工典礼结束八个多月后,中东铁路工程局派出先遣队,由沙俄工程师希特洛夫斯基率领,他们携带着价值10万卢布的白银等辎重,分乘30挂大车,来到田家烧锅,出现了书中开头的一幕。

　　继先遣队到达一个半月后,1898年6月9日,"中东铁路"工程局正式进驻田家烧锅。大清东省铁路(中东铁路)公司把这一天定为"中东铁路纪念日",将这里的地名正式命名为"哈尔滨"。

　　"中东铁路"指的是中国境内满洲里经过哈尔滨到绥芬河一线,全长1 514.39公里。在中东铁路开工一年后,1898年3月,沙俄政府又迫使中国签订了《旅大租地条约》。条约规定,旅顺口、大连湾及附近水面租借给俄国,为期25年。又迫使中国再次签订《中东铁路公司续订合同》,续修从哈尔滨至旅顺口的中东铁路南部支线,支线长974.9公里。至此,"中东铁路"干线加支线全线总长2 556.5公里,两侧宽度30公里(按条约铁路两侧各15公里内属铁路管辖区),总面积合计38 000平方公里土地,呈丁字形铁路带,横贯东北全境。丁字形上面一横,是满洲里到绥芬河一线,称为"中东铁路"干线;丁字形下面的一竖,是从哈尔滨到大连,称为"中东铁路南部支线"。沙俄做好了"瓜分中国尽可能分得大的一份"的充分准备。

　　沙俄在中国租借土地,占有修筑"中东铁路"两侧的土地管理权,在中国的土地上如入无人之境,引起其他国家对这块古老腐朽土地的觊觎和效仿,无不密切关注机遇寻找借口乘机伺动。正如维特所担心的那样:"我们主要是让吞并土地自然地进行,不要引起纠纷,不要侵占领土,以免有关的其他国家先下手瓜分中国,因而使俄国得不到中国最富饶的省份。"(《维特伯爵回忆录》)无疑,维特的担心是正确的,中东铁路在中国开出个不良的先例。就在"中东铁路"开工三个月后,远在田家烧锅的中东铁路工程局1 700多公里以外的山东省发生了"巨野教案"。1897年11月1日,曹州德国籍传教士薛田资劣迹斑斑,激起民愤,民众忍无可忍。村民刘德润与四五个村民趁月黑冒雨,进入薛田资家,结果薛不在家,错杀另两名外地德国传教士。由此,因为沙俄修筑中东铁路,而引起德国正在觊觎中国土地伺机而动的机会终于来了。

　　"巨野教案"三天后,德国迫不及待地派遣军舰,麻利地强占胶州湾。"巨野教案"最终官府以7人抵一命,连杀15人结案。但是,德国仍然在12月,由普鲁士亲王亨利克海军上将,亲率部队来华增援,并叫嚷"征服东方"。德军以军事演习的名义,从栈桥所在的青岛湾登陆,武力占领了青岛。

　　三个月后,1989年3月6日,清政府被迫与德国签订《胶澳租界条约》,同意德国租借胶州湾(青岛)为99年;允许德国在山东境内修筑"胶济北路"(青岛经潍县,邹平到济南及山东界)、"胶沂济南路"(青岛经沂州,莱县到济南)两条铁路;尤其是《胶澳租界条约》第二项铁路矿务等事第四条规定:"中国国家亦应按照修盖铁路一节所云,一律优待,较诸在中国他处之华洋商务公司办理各事所得利益,不使向隅。"说得非常清楚,德国所要求的条件,租地、修筑铁路、沿路具有开发煤矿等权宜,都要和沙俄"中东铁路条约"等同待遇"不使向隅",最后就连"征服东方"的口号都和沙俄一致(沙俄当年掠占海参崴,改名符拉迪沃斯托克,意为"征服东方")。不同的是,沙俄租借的是大连,铁路修筑在东北。而德国人租借的是胶澳(青岛),铁路修筑在山东省而已。

《胶澳租界条约》一经签署,德国行动更快,仅六个月,"胶济铁路"就举行开工典礼。

"中东铁路"的骨牌效应,导致德国效仿强占胶东。由此,引起山东、河北民众的强烈反抗。1899年,"德国山东铁路公司"派人在高密勘测胶济铁路占地,设置标桩征用土地。由于征地价格为"平均每市亩用银十九点二元,低于山东正常的土地价格",再说民众不能直接拿到征地款,又有中间商从中盘剥。更重要的是"所至之地,尽将村落民家拆坏",另有"遇有坟墓,不待迁徙,即行刨掘"激起民怨,(光绪二十五年)1899年5月1日,高密县乡民聚众成群,不准铁路通过此地。青岛德国驻军于16日开进堤东乡村,乡民集聚反抗,德兵攻入,打死乡民9人。德军进村后,又枪杀22人,击伤三四十人。最后以包赔德国桩费及出兵费银4 500两,德军进入县城焚烧高密书院藏书楼后撤回青岛。

1899年冬,胶济铁路勘测高密城西低洼处,民众提出开涵洞架桥梁以泄积水,这一合理要求,被德方拒绝,结果乡民群情激愤,揭竿而起,以武力阻止德国筑路。此后到1900年10月15日德国海军陆战队、机关枪队、骑兵队武力进军高密。此次事件中,德军共杀死高密乡民1 000多人(德方资料500人),德方不义,又有各处传教士多有涉民事件,一时民愤汹涌,众怨滔天,人人摩拳擦掌。当朝软弱,屡受外族欺凌,一时间"扶清灭洋"的义和团运动在河北、山东乘势崛起,汹涌澎湃,导致八国联军进北京。慈禧太后仓皇而逃,留下北京一座空城。八国联军翻墙进入故宫,在全城肆意所为,听任列强的宰割和惩办。中华民族的危机达到了空前严重的地步,中华民族陷入外族侵略的最高潮。

正在修筑"中东铁路"的沙俄,在伙同八国联军进北京之际的同时,以保护"中东铁路"为借口,出动17万大军杀向东北。首先于7月17—21日,侵入江东六十四屯(协约规定属中国政府管理区域),将万余中国人,全部赶到黑龙江边,枪杀或用斧头砍死,剩下的全被推入黑龙江淹死,血流成河,浮尸蔽江;8月28日,沙俄军队占领齐齐哈尔,黑龙江将军寿山自杀殉国;9月22日,占领吉林;10月1日,占领沈阳。至此,俄军占领东北主要城市。所到之处,烧杀掳掠,无恶不作。直到1902年4月8日,沙皇政府不得不签订《交收东三省条约》,被迫同意分三期撤兵,一年半撤完。言而无信的沙俄,又于1903年8月,悍然成立以旅顺为中心的"远东总督区",任命阿列克塞耶夫为总督,把东北变成俄国的领土,接着又重占沈阳。伺机在谈判桌上,作瓜分东北的最后一击。

因沙俄在中国土地上修筑一条"中东铁路",引起德国效尤,并武力筑路,激起民怨。如一盘散沙的民众,奋起反抗列强,以命相抵,导致八国联军进北京,使中华民族进入万劫不复的境地。然而,这仅仅是开始。

"中东铁路"无论如何还是以最快的速度开工了,东西干线从满洲里到绥芬河之间,分成13个工段相向施工,留下了铁路系统以"段"为单位的基层管理模式,如机务段等。当然也由此演绎出一条"铁路警察,各管一段"的歇后语。自开工典礼六年后,1903年7月24日"中东铁路"全线通车。1902年10月6日,大名鼎鼎的沙俄财政大臣维特伯爵视察哈尔滨。与此同时,沙皇二世在彼得堡庄严宣布:"满洲将来必须归并俄国,至少要成为完全依附于俄国的附属国。"面对当时遍布东北要地的沙俄驻军,面对已经完工的"中东铁路",整个沙俄全国豪情万丈,中国东北这块蛋糕算是吃定了。

话说"中东铁路"修筑前的中日"甲午战争"中,中国战败。于1895年4月17日,与日本签订的《马关条约》的第二款规定,从营口到丹东一线以南,全部辽东半岛划归日本。几天后,沙俄伙同德国、法国,以"友善劝告"为由,软硬兼施,迫使日本把辽东半岛还给清政府,史称"三国干涉还辽"。日本眼看强大的沙俄意欲出兵之势,只好屈辱服从。于1895年11月8日下午4时,与清朝政府签订《辽南条约》,日本同意将辽东半岛归还清朝,并勒索库平银3 000万两作为"赎金"。

沙俄强迫日本,活生生地吐出辽东半岛这块肥肉。三年后,1898年3月,沙俄政府又迫使中国签订《旅大租地条约》。条约规定,旅顺口、大连湾及附近水面租借给俄国,为期25年。同时与清政府签订《中东铁路支线续约》,把中东铁路从哈尔滨修到大连。此时日本看在眼里,记在心上,恨的是咬牙切齿、怒不可遏。从此开始"卧薪尝胆",积蓄力量,寻机反扑。"中东铁路"完工,对日本人来说,机会来了,积于十年的怨恨终于爆发。

"中东铁路"全线正式通车仅六个月后,1904年2月8日,日本偷袭旅顺港的沙俄太平洋舰队,"日俄战争"随之打响,旅顺成为日俄战争的焦点。6月26日,日军从朝鲜银川登陆,开始从陆路进攻,7月30日进抵旅顺口要塞。8月19日,日军昼夜不停强攻两日,死亡2万多人不能获胜,只好采取围攻久困的战术。9月11日,日军开始对旅顺第三次强攻。战到12月5日,日军第三集团军攻击部队被打得尸横遍野,最后日本又以牺牲万人的代价,攻下能俯瞰旅顺全城和港湾的203高地。攻下203高地后,有说阵地上只剩一个活着的沙俄士兵,有说一个活着的沙俄士兵也没剩,足见战斗之惨烈。12月15日,俄军指挥官康得拉钦科将军毙命。1905年1月2日,俄军投降,旅顺落入日军之手。

前后经辽阳战役、沙河战役、奉天(沈阳)战役、对马海峡战役,最后于1905年9月5日,日俄战争宣告结束,总用时一年半的时间。

最后日俄双方在美国签署《朴次茅斯和约》,其中第五条有,俄国政府将旅顺口、大连湾并其附近领土、领水之租借权利和所有财产,均移交和转让与日本政府;第六条有,俄国向日本政府移交和转让长春府到旅顺港之间的铁路及所有支线,及所有权利,特属权及在铁路途经地区的附属设施。

说到底,沙俄是让日本打服了,代价是把刚刚投产两年的"中东铁路支线"(后称南满铁路)也就是长春以南的所有铁路所有权利、所有设施统统交给日本。沙俄在长春以南的东北大地上,净身出户。

日本终于如愿以偿,以大连为依托,以南满(长春以南始称南满)铁路为据点,积蓄力量,日本的目标是先控制东北,以图中国全境。

1931年9月18日夜,日本关东军铁道"守备队"炸毁沈阳柳条沟的"南满铁路",嫁祸于中国军队。炮轰沈阳北大营,是为九一八事变,旋即占领全东北。

1932年3月1日,日本扶植原清朝已废皇帝溥仪,成立伪满洲国,包括东北全境与蒙东及河北承德市。

1935年3月23日,苏联与日本签署《苏满关于中东路转让基本协定》,苏联以1.4亿日元极低的价格,在没有通知中国的情况下,私自转让给日本。自此,沙俄用六年多的时间,殚精竭虑,为切割中国东北全境圈入沙俄版图,所修筑的中东铁路及南部支线,如今全部落入日本囊中。

苏联丢下"中东铁路"的所有权益,开始撤出中国东北。从1935年4月2日开始,苏联铁路员工由哈尔滨及沿线撤退,在四个多月的时间里,共有20 635名职工与家属撤回苏联。他们来时,分乘30挂大车,来到秦家岗(哈尔滨南岗)田家烧锅。回去时,分乘88列火车沿着他们自己修筑的铁路踏上归途。在回程列车通过中俄交界的满洲里时,他们或许不由自主地回眸一瞥,他们带不走的2 500多公里呈丁字形的"中东铁路"及支线,已用数不清的道钉,牢牢地钉在中国东北的大地上。当然,带不走的还有矗立在秦家岗(南岗大街)中心广场的那座高大的圣·尼古拉教堂。沙俄最终没有吞下中国东北这块蛋糕,一来一去,37年过去了。当然,这一次他们还是没有走空,在1929年,东北军张学良发动中东路事件中,引起中苏军事冲突,苏联借此时机强占我国领土黑瞎子岛。沙俄修建中东铁路掠夺中国东北的企图虽然失败,但苏联强占中国黑龙江一岛也总算没有白来一趟。(75年后,苏联已解体,2004年中俄两国签订《中华人民共和国和俄罗斯联邦关于中俄国界东段的补充协定》,中国收回半个黑瞎子岛的主权,获地174平方公里。)

1937年日本以"满洲国"及中东铁路与南满铁路为依托,全面发动侵华战争。日本不满足当年维特语录中"(从)中华帝国的遗产中,尽可能分得大的一份"的蛋糕。日本雄心勃勃,是想吞下全中国。从地图上看,日本国形状犹如一条蛇。相形之下,中国偌大的领土,如大象一般。日本这条小蛇终究没有吞下中国这头大象,发动侵略战争八年后,1945年日本战败。在中国关内、关外及台湾战场,近百万受降日军被遣送回国。又自1946年至1948年三年中,从辽宁葫芦岛遣返日侨105万人。日本吐出了中国领土,包括"中东铁路"及"南满铁路"。唯一不同的是,当年没有通过中国,私下将南部支线铁路(南满铁路)拱手让给日本的沙俄,以及私自将"中东铁路"干线,已经以低价转让日本的苏联(原沙俄)(南京政府曾谴责了苏联,这一违背条约的行径),如今莫名其妙提出,早已经与苏联毫无关系的"中东铁路"与"南满铁路",由中苏两国共管的无理要求。直到中华人民共和国成立后，1952 年 12 月 31 日，才结束中苏共管。

命运多舛的"中东铁路"及"南部支线"，从开工之日起，经过俄国政权的更迭战乱、日俄战争，在中国一直处于外强入侵、战乱不止、政权更迭、军阀混战的岁月中，经数次易手，直到通车 49 年后才回到中国人民手中，掀开新的一页。

2018 年，我有幸在"中东铁路"全线开工 120 年的今天，回到了久别的故乡哈尔滨。八月的一个清晨，我散步在南岗区西大直街中东铁路管理局旧址宽阔的石头楼前广场上。修筑中东铁路过程中，那一幕幕的场景，似乎依然映印在已经伫立 115 年的23 000 多平方米的这所庞大建筑物墙体上的每一块石头上……

中俄两国，修筑中东铁路。《清史稿》载："俄建西比利亚铁道，谋自黑龙江达海参崴，朝议拒之，乃更名商办。"说的是沙俄提出，西伯利亚大铁路支线穿过中国，遭到清政府拒绝后改为"商业运作"。1897 年 3 月，"大清东省铁路公司"正式成立。（中方）许景澄为董事会总办（即董事长），沙俄盖尔贝茨为董事会会办（即副董事长）。双方签署《中俄合办东省铁路公司合同章程》，公司注册资金为 500 万卢布。资金来源，早先甲午战争中国战败，中日双方签订《马关条约》中有，中国对日本2.3亿两白银的巨额赔款。清朝以国家海关收入作为抵押，同时向列强四处举债（其中有俄国）。今从沙俄的债务款项中，直接划出 500 万卢布，作为公司股份。后来，许景澄因反对清朝支持义和团与各国使官动武，而被慈禧太后斩首。从此中方董事位置空缺 17 年。1924 年 5 月 31 日，北京政府与苏联（原沙俄）签订了《中俄协定》和《暂管协定》。中苏两国政府声明，中东铁路纯属商业性质；苏联政府允诺，中国以中国资本赎回中东铁路及该路所属一切财产；并允诺，将该路一切股票、债票移归中国。实际上铁路管理权仍掌握在苏联手中，中国仍然是有名无实。

清朝自 1644 年迁都北京以来，将"龙兴之地"的东北设为汉人禁区。清朝伊始，顺治、康熙年间先后修建"柳条边"。自明代正德初年（1506 年）李承勋巡抚辽东"题请修筑边墙，自辽阳三岔河北，直抵开原，延亘五百余里"。又从山海关开始修筑到辽宁开城 20 里的威远堡。这两条边墙由于是明代和清初修筑，所以叫"老边"。清初叫修建，也有修复之意。所说的"边墙""柳条边"就是一米多高土墙，上插柳条，下有壕沟，以区别边外、边内。清政府规定："至各省之民，无牌票私出边口（边外）者，将妻、子一并发往乌喇（吉林市）、宁古塔（黑龙江省海林市)以新披甲人为奴。"自此将边外全部封闭起来,严禁外人进入。后来自威远堡将"柳条边"又修到吉林,也就是扩大一块叫"新边",这是最后一次扩边。无论如何,黑龙江所属土地一直处于边外之地,严禁外人进入之列。同样是"边墙",明朝是防女真人(满族)进入边内,而清朝是防汉人出边,正好相反。

1860年《北京条约》中乌苏里江以东约40万平方公里的领土被沙俄强占后,黑龙江军民痛定思痛,于1860年(咸丰十年)黑龙江将军特普钦上奏朝廷以"为地方拮据并预防窥伺安置私垦人户起见","旷地即有人民,预防俄夷窥伺,并借资保卫"。呼吁开放边墙,鼓励更多的人开进东北垦荒居住,以起到保卫边疆的作用。得到朝廷应允,呼兰首次开禁。但因为当时这里称为苦寒之地,来的人也就是零星而已。直到1898年"中东铁路"的修筑,使来自上海(技工)、烟台及山东、河北的十万民工携带家属大军,踏平边墙,涌入已经封闭200多年的亘古蛮荒的东北大地。他们在"修筑'中东铁路'时,每天只付给中国工人十戈比的生活费"来维系生计。最后,这些民工中绝大部分定居东北。他们成为千百万"闯关东"民众的先行者,他们同这条铁路一道,留在了后人的记忆中。

当我漫步在哈尔滨道外景阳广场上时,想起曾经身为清朝四国公使的许景澄。他在中俄两国成立公司,合建"中东铁路"的谈判中,据理力争,在公司章程里,以最大限度争得应该得到的中国权宜,并出任"大清东省铁路公司"董事长一职。《清史稿》载:许景澄"力阻线路南溢",说的是沙俄修路就想鲸吞东北,最早中东铁路走向有两个方案,一个是线路南移,交会于吉林扶余县;另一方案是交会于呼兰。许景澄据理力争建在哈尔滨,并大力支持在哈尔滨开展大规模城市建设。中东铁路大部分材料都由松花江水路运抵,他"稽查运船毋漏税"(《清史稿》),紧紧把住税收这一关,不容一点疏忽。他出席了绥芬河"中东铁路"开工典礼,应该说他是没到过哈尔滨的哈尔滨人。遗憾的是,义和团运动之际,已升任总理衙门行走的许景澄,为了中华大地不受蹂躏,为了正在施工中的"中东铁路"不受冲击,他坚决反对朝廷支持义和团公然与列强开战。他说:"灭洋之说,是为横挑边衅,以天下为戏。""无故不可轻与各国开衅。"慈禧太后勃然大怒,诬陷他"任意妄奏,莠言乱政,语多离间",下令斩首。临刑前他取来存于俄国银行的40万两的京师大学办学经费,交与当局,谆谆嘱咐,防止外国人赖账,然后从容就义,时年55岁。

许景澄在任"中国大清东省铁路公司"董事长一职中,每年15 000两白银办公经费,他分文不动,全部上交总理衙门。他最后给家人留下了"吾以身许国,无复他顾"的遗志。我把自己全身都献给了国家,还有什么可以顾忌的呢?

许景澄死后,"中东铁路"再也没有"许景澄"。董事会空缺中方代表17年之久,沙俄及后来的苏联,一直把持中东铁路的管理权,直到完全交付中方为止。

1923年,为了纪念许景澄,将现在的景阳街南段,也就是我今天站在这里的景阳广场,命名为"许公路"。南岗区通往道外区的跨线桥命名为"许公桥"。南岗区邮政街143号(铁路局大楼后门对过)创建许公纪念实业中学(现为哈铁教育中心,赵尚志曾在此学习)。1992年,"中东铁路公司"拨款3万卢布,在现在的一曼公园附近,修建一座许公纪念碑,"文革"期间遭到破坏,今已荡然无存。

许公已逝,但他那句"以身许国,无复他顾"的敬业精神,每每让一个普通中国人为之一动。

今天,站在昔日许公街尽头,现在的景阳广场上,怀念许公的同时,向北隔江远眺。顺着哈满线(哈尔滨到满洲里)进入大兴安岭,内蒙古牙克石兴安岭三公里长的大隧道正上方地面山顶上,竖立着一座37米高的苗条优雅的纪念碑。这就是中东铁路的标志性建筑物之一"莎力碑"。

沙俄美女工程师莎力,负责隧道施工的技术工作,在预定时间内隧道没有按时贯通,接连两三天,她焦虑万分,在痛恨自己或有疏忽之余,自杀身亡,以身殉职。就在她死亡消息传来的那一刻,隧道贯通了,而且分毫不差。为了缅怀这位杰出的工程师,把工作、技术视为生命的工程技术人员,人们在她离世的山顶坐标处,用隧道挖出的岩石,建起一座无字石碑,一百多年依然亭亭屹立。

我从南岗区西大直街顺中山路南行,穿过黄河路,跨过长江路,到公滨路东行两公里,就是通天街果园星城一带。从当年搬迁工地挖掘出的酒糟池判断,这里就应该是田家烧锅故地。120年过去了,当年只有32所房屋的酒厂,今天已是楼群密布。偌大的哈尔滨都市,就是从这里起步的。

1903年中东铁路建成通车,东北的开发进程全面加速,产生了一个以哈尔滨为中心的"中东铁路经济带"。尤其是1917年十月革命一声炮响,马列主义在俄国取得胜利之后,大批俄国侨民,尤其是布尔什维克的反对派的军官、贵族、地主、资本家、官僚和自由职业者,他们拖亲带友和部分平民,与西伯利亚连年饥荒,大量难民,一股脑儿如潮水般涌入哈尔滨。他们自带大量的资金,在这里开工厂、办学校、搞建筑、兴商业……大显身手。到1923年初,整个中东铁路附属地的俄国侨民达到40万之多,哈尔滨随之迅速繁华,发展成为20世纪二三十年代的东亚大都市。

自从30挂大车到达田家烧锅那一年开始,到今天120年眨眼间过去了。当年修筑中东铁路的他们,随着岁月的流逝,伴随着列车行驶的隆隆声,匆匆而去了。那些从内地迁徙而来,人头攒动的工友们;那条曾经有过的"许公路";山顶亭亭屹立的莎力碑,都将成为这块土地的记忆。

如今,横亘在东北大地上的"中东铁路"故道,飞驰平稳、穿梭不停的现代化高速列车以及眼前这个现代化、依然充满异国情调的哈尔滨都市,同时展现着青春亮丽,给人一种恰似哈尔滨啤酒的甘爽清凉。

公元2018年的一个早晨,我告别这充满列巴(面包)、红肠香气的城市,从哈尔滨西站搭乘G48次列车,用3小时35分钟到达大连北站。风驰电掣的列车,像风一样掠过"中东铁路南部支线"故道全程。可是,在历史的记忆中,这950公里的丁字形的"一竖"与满洲里到绥芬河那"一横"的中东铁路,曾与我们的祖国一道,经历的是长夜难眠的漫漫之路……

今天,站在铁路旁,放眼望去,全国铁路总长已达127 000公里,世界排名第二。高速铁路两万公里,占世界总里程的60%。不可同日而语的我们国家铁路的飞速发展,不得不让这个世界为之眼前一亮。

2018年4月9日

王国维

美 学

在海宁办完事正值旧历八月十九,在当地办事同人的鼓动下,我们驱车来到盐官镇。办完住宿手续,服务员叮嘱,今天潮来时间是晚上 11 点 40 分,提前 20 分钟叫房。我们意外地相互一望暗想,她怎么知道我们是来观潮的? 才思敏捷,文采斐然的办公室主任吴学勤和我说:"苏东坡说'八月十八潮,壮观天下无',很有名的。"不过我们是过了一天来的。服务员说:"十九的潮也很正宗,今天是夜潮也很有味道。"那个时候还不兴旅游,整个宾馆也没几个人,我们似乎对所谓的观潮没有那么强烈的渴望,至少是我。

晚上,我们如约来到岸边,围着镇海塔走了一圈,来到岸边临江设置的观潮台。几排桌椅其实就是一个临江餐厅,我们围桌坐起,阵阵寒意让我们缩紧身子,时而跺下脚步,以驱冷意。我数了一下,有三十几人,散落在长约四十米左右的观潮区中。周围静静的,天上没有月光,密布着暗暗的云彩。低头看江面,黑乎乎的江水在流动。大家都在一片寂静的等待中。在一丝风都感觉不到的当下,我置疑无风的此时,是否还能掀起浪潮的出现。吴主任、小车班长王忠华,正在惋惜没把扑克带来之际。忽听旁边有年轻人喊了声:"潮来了!"我稍稍一怔,细听,一阵轰轰隆隆的"滚雷声"从远处传来,我们急站起来扶住江边的栏杆,往黑洞洞的下游方向瞭望。一条白线隐约在江面漂来,"滚雷声"越来越大,那条白线越来越粗,慢慢地那条白线被一道白花花翻滚的水浪所代替。轰隆隆的"滚雷声"被水花的翻滚声所淹没。翻滚的浪潮一字排开,横江翻腾,逆江而上,浩浩荡荡,气势如虹。一时间,波涛汹涌,巨浪拍岸,水花从我们脚下近四五米深的水面,飞溅到身上,我不由自主地倒吸口凉气。一字潮,浪花飞溅,以吞山挟海之势,震天动地,如千军万马,排山倒海地向我们迎面扑来。白花花的潮涌巨浪,随着浪潮巨大的冲撞声,倏忽间掠过我们身旁,向上游翻滚疾去……

浪潮远去,恢复了原有的平静,每年只有一次,如期而至,这个星球如此绝妙的景象,独有此处,无愧于"天下四绝"之一。八月十八钱塘潮涌,给我最大的感觉是"美"美到了极致,尽管当天已经是阴历十九了。

说起王国维,首先让我想到的,就是二十年前(1995年)盐官镇观潮的那个瞬间。因为王国维1877年(光绪三年)12月3日就出生在这个古镇的双仁巷。

光绪十八年(公元1892年),十六岁的王国维参加海宁州试,以第二十名的成绩考中秀才。古人要求孩童六岁开始进私塾,如《礼记》所说:"七年小成,九年大成",十五岁就可以参加科举了。王国维无论从参加科考年龄和名次上,都属于顶尖拔萃之列。至此,在家乡开始声名鹊起,与陈守谦、叶宜春、褚嘉猷三人被当地民众誉为"海宁四才子",而王国维当推第一。

1893年,十七岁的王国维,到杭州乡试不中。1897年,二十一岁的王国维信心满满地再赴杭州参加乡试,结果再次落榜。名次排在百六十名之后,出人意料,如当头一棒。父亲王乃誉感到十年心血付之东流,孺子不可教也。更为难堪的是考后,父子去硖石(现海宁市)愧对资助十年的亲友,父子俩尴尬痛苦难以描述。也许只有遭遇落榜的人,才会亲身体验那种无奈。王国维虽两考不中,但自己心里有数,他认为学习的目的在追求真知,学以致用,而不在一卷胜负间。今日名落孙山,可惜的只是自己少年勤奋学习,积攒下来的学业,没有真正地发挥出来,可惜少年时期积攒下这把好身手。

落榜远不是人生学业的结束。以明朝末年顾炎武为例,同样也是屡试不中,最后弃考。自己行万里路,读万卷书,终成学问大家,获得"清学开山始祖"之美誉。当然王国维于清末也是两试不中后弃考。最终也成为一代学人,享有国际声誉的著名学者。

回想1902年,王国维在中国最早成立的师范学校,通州师范学堂当老师。可是学生都是贡生、监生、廪生、增生,而王国维也就是个不起眼的小秀才而已。当年他才二十六岁,学生都比他年龄大,当然不受人尊重。

二十年后,自1918年1月开始,以后的五年中,多次回绝马衡,同时回绝张嘉甫,最后经不起众人之劝,于1922年正式答应北京大学的通讯导师的聘约。

1925 年 2 月,又决定就任清华大学导师,成为与梁启超、陈寅恪、赵元任,合称为早期"清华国学院"里著名的四大导师之一,成为这个国家最高的两个学府中顶级的学问家。当年,两次科考不中的王国维,就职师范学堂任教都不够资格的王国维,经过自己在人生道路上的不懈努力,终于走进了学问大家的殿堂。什么是美? 古人养羊以肥大为美,学人以学业知识渊博为美,这一点王国维做到了。

提起"美"要从友人说起。友人安香给我发微信说:"学校把新加的'美学'课也给我了。"我回微信:"学校有眼光,找对人了。"安香,湖南一个学院的文学教授,学校新增"礼仪"课、"国学"课都给她讲,我总安慰她说:"能者多劳。"唯独这次,我说学校找对人啦。她大眼睛白皮肤,生就湘女秀色,又文辞清俊。就凭她人美才俊,我又回微信才说她是:"美女讲美学,不是正好吗?"安香看过微信马上给我发来信息说:"美学和颜值没半角钱关系,你有空问问王国维吧!"

王国维是较早地把西方美学、文学理论融汇于中国传统美学和文学理论中的学者。1904 年夏,他发表一篇《红楼梦评论》的文章。这篇评论的观点是:贾宝玉、林黛玉被拆散的原因,并不是坏人有意为之,也不是因为一时冲动和重大变故的原因,只是因为他们二人当时所处的境遇、道德等综合因素的情况下,拆散了一对有情人。说了半天是谁都不怨。王国维引用德国美学家亚瑟·叔本华的观点:"第一种之悲剧,由极恶之人极其所有之能力以交构之者"导致的;"第二种悲剧,由于盲目的命运者"决定的;"第三种之悲剧,由于剧中人物之位置及关系而不得不然者"。《红楼梦》中的贾宝玉、林黛玉的爱情悲剧是典型的第三种悲剧类型。这也是中国美学史上,第一次引入西方"悲剧"这个概念。

西方的悲剧观点是美学的重要内容,西方的悲剧是一悲到底,而中国的悲剧大多是悲喜交加,多是一种充满幻想的美好愿景。以《孔雀东南飞》为例,庐江府小吏焦仲卿的妻子刘兰芝,被焦仲卿母亲给休回娘家,娘家有人提亲,刘兰芝誓死不嫁,最后投水而死。焦仲卿知道后,上吊于树而亡。最后是"中有双飞鸟,自名为鸳鸯"。两人变成一对鸳鸯,依然相伴成双成对,以慰世人。也取《红楼梦》为例,最后以"黛玉葬花"的情景,使悲剧得到了一种升华,转化为一种"美"。而西方悲剧,以雨果的《巴黎圣母院》为例,最后是剧中主要人物,副主教克洛德被推下教堂摔死,驼背敲钟人卡西莫多抱着爱斯梅拉达的尸体遁入了墓地的全部死去为结束。也许这就是中国传统美学与西方美学的不同之处。

知道王国维,大多是从他的《人间词话》里面的"三种境界"开始的。1909年(宣统元年)1月,王国维三十三岁,在《国粹学报》第四十九期刊登《人间词话》第二十三至三十九则。其中二十六则有:"古今之成大事业、大学问者,必经过三种之境界:'昨夜西风凋碧树。独上高楼,望尽天涯路。'此第一境也。'衣带渐宽终不悔,为伊消得人憔悴。'此第二境也。'众里寻他千百度,蓦然回首,那人却在,灯火阑珊处'此第三境也。"

说起这三种境界,王国维恐怕是最有亲身体验,感触颇深的。试以王国维自己为例:经过"十年寒窗"苦,两考不中,最后以百六十名成绩落榜,何止西风凋碧树,已经刮得片甲不留。登上镇海楼,满目江水,浩渺长空,一种孤独苍寂之感,免不了油然而生。昨天的目标是科考,明天干什么? 路在何方? 一切都是未知,真是望断天涯路。这是他应该体验的第一境遇。十几年中(落榜以来),以攻哲学为主,研究当时德国的康德、叔本华、尼采等人的哲学观点,当然还要兼英法诸家,还有先秦诸子和宋代理学。多少学科都是自己在"独学",苦一人之力,"兼通世界之学术"。困了、饿了、瘦了,衣带渐宽终不悔,这是他所遇的第二种境遇。而在这期间发表的中、外、撰、译、序著作共有五六十篇之多,其中有《红楼梦评论》,世界学界都为之称奇。但是,做梦也想不到,一举成名,风靡于世的却是《人间词话》里的三个境界,真是得来全不费工夫。原来我们追求的,也许正是在灯火阑珊的地方,这就是他所经历的三种境界。

成大事者,大学问者。也许包括百姓平民,几十年中的苦辣酸甜,风雨兼程,多少无奈,多少坎坷,最后成功只是在不经意中的那一瞬间。用三种境界表述,无疑是一种美感,是文化的一种纯净的美,是人类生存中潇洒乐观的一种升华,是人类最高的一种修为,是美学的精华。

1903年,王国维在《教育世界》第五十六期发表《论教育之宗旨》一文,提出教育宗旨在于培养能力全面、和谐发展的"完全之人物"。

什么样子算是"完全之人物?"他提出培养德育、智育、美育、体育的人物,就是"完全之人物"。他也因此成为我国教育史上,明确提出教育原则是德、智、美、体四育主张第一人。至于德育,王国维认为:一个人就是学富五车,如果道德败坏,那他不但不能为人类带来福祉佳音,还会对社会产生更大的危害,所以道德教育应该放在教育的首位。

王国维又提出"美育"的概念,这也是在中国近代教育中首次提出。什么是美育？王国维的"存乎美丽之心"指的是"盖人心之动,无不束缚于一己之利害,独美之为物,使人忘一己之利害而高尚纯洁之域,此最纯粹之快乐也"。用他的话说是,凡人心所动,都是与私欲有关,唯独"美"的事物,和私欲无关。"美"是一种高尚纯洁、忘却所有、最纯粹的快乐。比如欣赏诗词佳作及文学艺术、音乐、美术等等,那种美感的冲击力,能净化灵魂,这一切与私欲一点关系都没有。从小教育孩子,去懂得美、去欣赏美,淡化私利,"腹有诗书气自华",进入高尚纯洁的境界,这就是美育。

孔子说:"兴于《诗》,立于礼,成于乐。"(《论语·泰伯》)也就是说,人的修养是从学《诗》开始,以礼来实现自立,最后在音乐、舞蹈、诗歌等的意境中,陶冶人的情操,提升人的境界,实现高品位的修为。说明在我国教育史上,从孔子开始就已经重视美育了。

最有讽刺意味的是,在王国维发表《论教育之宗旨》,提出培养"完全之人物"之德、智、美、体四育主张之时,正是在"通州师范学堂"任教,并不受尊重之际。

安香说对了,翻遍王国维的美学确实没有查到颜值和美学有什么关联。不过胡适提到了王国维的类似信息值得玩味。他说:"他(王国维)人很丑,小辫子,样子很难看,但光读他的诗和词,以为他是个风流才子呢!"是的,如果只看到王国维的《人间词话》三种境界,如果还知道是他在主编的《教育世界》刊物上,较早向国人介绍俄国文学家托尔斯泰和他的《战争与和平》《安娜·卡列尼娜》《复活》作品,同时向中国人介绍莎士比亚、柏拉图、卢梭、亚里士多德、斯蒂文森、培根、拜伦等等世界学者、名人,同时是他对西方美学、哲学、遗传学、教育学等等均有开拓之功,他还精通日文、英文,能够阅读德文版哲学原著,是中国人研究康德、叔本华、尼采等西方哲学的先驱;国学就更不用说了,被公认为是红学、甲骨文、简牍学、敦煌学等学术的开拓者和奠基者。这样才华横溢、学贯中西的人,第一感觉应该是一个高富帅,文质彬彬,风流倜傥,当然,至少也应该是西装革履。但是,怎么也想不到,居然是头顶瓜皮帽,戴着圆圆的眼镜,留着小胡须,梳个小辫子,冬天一袭长袍黑马褂,典型的清朝遗老形象。再看看他学贯中西,美学大家的学识,相形之下也许美学和相貌真的没有什么关系。

《教育世界》第一百二十九期刊发了王国维的一张照片，并注明是"哲学专论者社员王国维君"。照片上的王国维：头戴瓜皮小帽，身穿士林布长衫，圆圆的近视眼镜。这就是王国维大师的标准像，永远的王国维。

早先，1912 年 3 月 5 日，中华民国临时大总统孙中山，发布通令《内务部晓示人民一律剪辫文》："限二十日一律剪除（辫子）净尽。"随之"剪辫"成为风靡全国之潮流，学生、文化人纷纷带头，而独有王国维的辫子直留了十五年，直到逝世止。

1923 年，王国维应召受命任逊帝溥仪"南书房行走"（尽管此时溥仪已经退位，只在紫禁城内保持皇家体制），享五品禄，这个职位，就等于是十四岁的溥仪皇上的家教老师。王国维喜欢这个职位，并感到荣幸。他最早学历秀才出身，当老师从南通师范学堂开始，走到清华、北大的导师职位。最后也算给皇上当回老师，他似乎认为达到了做老师职业的终极愿望，这也是他深感荣耀的一件事。

有人说：社会固然需要平民教育家们，去提高广大民众的文化素养职业技能，但是，也需要国学大师，以坚韧不拔的精神，攀登文化金字塔的高峰。王国维平生著述不能用篇和册计，要用"种"计。他平生著述几十种，批校的古籍逾百种，收入其《遗书》的有四十二种。被誉为"中国近三百年来的学术结束人"。

远的不说，纵观自宋以来思想、学问大家如儒学集大成者朱熹、心学之集大成者王阳明、清学"开山始祖"顾炎武直到王国维，无不是发展、开创理学、心学一家之派，论述广大自发其端。而今，到王国维的学贯中西，众大家每几十年到几百年，如期于世，正如钱塘江潮涌，如期翻滚而来，又急速而去。余下的涟漪与浪花，让我们欣赏、品味、追逐……我们感觉到"文化"是人类所追崇的终极文明，是生命的大美。

1927 年（民国十六年），五十一岁的王国维 6 月 2 日上午，离开清华园，自己坦然来到颐和园里的鱼藻轩前，自沉于昆明湖。从他的内衣口袋里发现遗书，云："五十之年，只欠一死；……我死后，当草草棺敛，即行藁（蒿葬）葬于清华园茔地……书籍可托陈（寅恪）、吴（宓）二先生处理……"

陈寅恪所撰《清华大学王静安先生纪念碑铭》中所写道："惟此独立之精神，自由之思想，历千万祀，与天壤而同久，共三光而永光。"

虽然安香说"颜值和美学没有半角钱关系"，但是，谁又能想到，清末首创教育"最高之理想,存乎美丽之心"的美学大家,竟然到了民国时代依然留着小辫子,并且一直到死,不能不说这也是一种美。

美之所以"美",也许,正是因为"美"在每个人的心目中各有不同的取向,之所以才"美"。

2016 年 5 月 21 日

李叔同

何处是天涯……

引起我追寻何处是天涯,是李叔同的那首《送别歌》的歌曲。

李叔同,出身于官转商贾之家。据说,他生下之日,有喜鹊口衔松枝送于厅堂,家人为之高兴,认为是佛赐祥瑞。这一天是光绪五年(1880年)10月23日。后来,李叔同将这根松枝一直带在身边。李叔同八岁开始拜师攻读经书诗文史籍,又不断涉猎金石,用功书法。少年时期的李叔同,以博闻多学、聪明早慧名显乡里。他在十五岁时写出"人生犹似西山日,富贵终如草上霜"的名句,道出他心中的人生境界,同时也隐喻他的佛门情缘。

李叔同1905年编《国学唱歌集》,他的音乐事业自此开始,次年在日本留学其间,编辑《音乐小杂志》(日本印刷,回上海发行),尽管只出版一期,仍然成为我国最早的音乐期刊。李叔同创作《祖国歌》,作为当时的"沪学会"补习班的唱歌教材。《中文名歌五十曲》是丰子恺与裘梦痕合编的歌曲集,其中,大多是李叔同1912年至1918年所创作的乐歌(兼学校教学用),说李叔同是我国现代音乐的开路先锋是名副其实。我知道李叔同,是由他所填词的《送别歌》开始的。低沉悠扬的"天之涯,地之角,知交半零落……长亭外,古道边,芳草碧连天……"的歌声,勾勒出那种远离喧嚣的宁静空灵和苍凉寂寞的画面。"天之涯……"似乎离我那么的遥远,又曾相识。为此,让我产生去寻踪那遥远空寂的"天涯"今在何方的愿望。

让我执意追寻"天涯"的另一个念头,是学校毕业时,几个哥们规规矩矩地在一起照了一张相。题了句唐诗:"海内存知己,天涯若比邻。"当时"天涯"在哪里,不知道,只知道和李叔同《送别歌》中所写的"天之涯"一样,一定也是很远,很远……

　　说起"天涯"或"天涯地角""天涯海角"等,应该说是属地理位置的标记,也就是我们现在常说的地标。但在千百年来人们的传诵及相关词汇,却很少是针对具体地标的,大多是作为泛泛的、远在天际遥不可及的一种情结。当然也有例外,唐朝有一首诗就是描写"天涯地角"实地场景的。唐朝诗人雍陶有《再经天涯地角山》,诗云:

> 弟忆云山养短才,悔缘名利入尘埃。
> 十年马足行多少,两度天涯地角来。

　　雍陶是成都人,《原平县通志》说:"唐懿宗大中八年(854 年),由国子监毛博士出任简州刺史的雍陶,曾在十年间两游五峰山。"《原平县通志》:"天涯山为天涯,五峰山为地角。"天涯山在原平县(今原平市)东北,地角(五峰山)在原平西南。自原平向正北六十公里就是边塞雁门关,足显此地荒漠的边关古道,和长城内外的连天芳草。

　　先前以为,这里就是最早的"天涯地角"了,其实不然。早在雍陶写此诗三百年前,就已经有"天涯地角"了,地点是果占璧国(现瑞丽)。南北朝时期,陈朝徐陵在《武皇帝作相时与岭南酋豪书》中说:"天涯藐藐,地角悠悠。"其中所说的天涯地角,就是现在的瑞丽。当时陈朝地图呈东西走向半月形,南京在东面起点之地,然后以一条直线方位往西部延伸,经武汉、重庆、昆明一直到瑞丽属最西端,路途万里之遥,所称"天涯地角"也就理所当然了。

　　韩愈在《祭十二郎》文中有"一在天之涯,一在地之角",张仲素的《燕子楼》有"相思一夜情多少,地角天涯未是长",直到北宋晏殊在《踏莎行》中有"无穷无尽是离愁,天涯地角寻思遍"。总体来说,唐宋诗词用"天涯"词句的比比皆是,如"海上生明月,天涯共此时"等,而用"天涯地角"词句的并不算多,似乎是在等待一个更有新意的场景,去描写更贴切更遥远边际的境界。白居易在《浔阳春三首·春生》中说:"春生何处暗周游,海角天涯遍始休。"提出一个新意"海角天涯",继后跟进的有唐朝吕岩字洞宾,他在一首《绝句》中提出"天涯海角人求我,行到天涯不见人",他也是较早提出"天涯海角"一词的。直到二百年后,实现了这一场景的到来。

到了宋代,钦州南临大海,远距京城万里,称为"天涯",建有"天涯亭"。廉州(合浦)地域与钦州海、陆相连,大海在廉州打了个折,所以叫"海角",建有"海角亭"。

"天涯海角"的场景终于面世,至此用"天涯海角"一词形容远在边际的诗句扑面而来。信手查阅,仅宋朝诗词中有"天涯海角"词句就是二三十首之多。同时"天涯海角"也广泛流传于宋、元、明商旅逐臣和民间市井,口笔相传之中。不同的是所提及的"天涯"及"天涯海角"都不是指实地的钦、廉二州的天涯、海角两亭,同样是形容一种天际缥缈的感叹。

明明有"天涯海角"实地,确虚而言他,这种浪漫情怀不免让人无限感慨,也很容易引起共鸣直到今天。当然也有不平之人,宋朝张世南在《游宦记闻》中就如是说,哎,当下在外做官的以及做生意的人都说自己远在"天涯海角",真是太俗了……其实钦州有天涯亭,廉州有海角亭,那里才是最边远的地方。也就是说钦、廉二州才是真正的"天涯海角"。言外之意,你没到过钦、廉二州就不要说在什么"天涯海角"。原文:"今之远宦及远服贾者,皆曰天涯海角。盖俗谈也——钦州有天涯亭,廉州有海角亭。二郡,盖南辕穷途也。"由此可以看出,当年"天涯海角"一词应用的广泛程度了。

尽管如此,自宋以来人们仍然把"天涯海角"的"天涯"作为心理的寄托和浪漫情怀。元朝马致远的一曲"夕阳西下,断肠人在天涯",让多少人如醉如痴。这里所说的"天涯"一定不是钦州的"天涯亭",而是漂泊旅途的一种愁思和浪迹远方的苦闷与寂寞的心境。从这一点来讲要说俗,也许真正俗的就是张世南自己了。

自天涯亭、海角亭又七百年后,时光转换到了清雍正丁未年(1727 年),海南崖州(三亚)知州程哲,在下马岭风景如画的海边巨石上,刻下"天涯"两个大字,通名天下,此地为天涯。二百年后有人在另一块石头上刻"海角"两个字。从此,又一处"天涯海角"落户三亚了。

和前几处陈朝"天涯地角",唐朝"天涯山""地角山",宋朝"天涯亭""海角亭"那样偏置一隅、少人问津的境遇不同的是,这一处"天涯海角"似乎得到更多人的认可,这种现象是在程哲题字之前的千百年中,唐宋以来,历代贬谪文化在三亚折射出的一种天涯情结。这种情结是贬谪官员那种天际边缘之感慨，荒漠、落魄的际遇，和九死一生的艰辛与无奈。

南宋宰相赵鼎绍兴十五年再贬(三亚)吉阳军编管，在《鹧鸪天》中，抒发了沦落天涯的悲怆之情：

> 客路那知岁序移，忽惊春到小桃枝。
>
> 天涯海角悲凉地，记得当年全盛时。

唐宋以来贬谪到三亚的官员副宰相以上的高官重臣就有十多人。他们在这荒蛮、落寞、天涯万里的环境里，思乡为国的诗文内涵之一，就是把此地视为远在边际的"天涯海角"和前无州府的尽头之地。他们所创造的贬谪文化，在不约而同地孕育着又一处"天涯海角"的场景的到来，直到程哲题字为止，实现了这一愿望。

说起"天涯地角"及"天涯海角"，又回到了李叔同的《送别歌》。在中国大地这两处"天涯地角"两处"天涯海角"中，李叔同选择了天之涯，地之角，似乎在时间顺序上更为遥远、更为缥缈，也更加寂寥。

李叔同的《送别歌》是写给他二十岁时的好友许幻园的。当年李叔同从天津只身来到上海，年少才盛，很快加入了以切磋诗词文章为目的的文艺团体"城南文社"，在这里结识了许幻园、袁希濂、张小楼、蔡小香，结为金兰，号称"天涯五友"。十年后李叔同的《送别歌》，表达了对上海"天涯五友""金兰之交"的怀念情感。同时，表达经过二次革命失败、因为层出不穷的社会变幻，导致许幻园家中的百万资财和家业荡然无存，在送别许幻园的百感交集中发出：

> 天之涯，地之角，知交半零落。
>
> 人生难得是欢聚，惟有别离多。

李叔同在送别朋友中，所发出的落寞、苍凉的感叹……驱使我寻着"天涯地角""天涯海角""天之涯……"的实地，探索那天际荒凉的坐标，体验天之尽头的古道芳草……

时隔李叔同写《送别歌》一百年后的今天,我出太原,过忻州向北行,来到原平县地域。站在了当年唐代雍陶写"二次天涯地角来"的"天涯山"和"地角山"。放眼望去高速公路、铁路在这个区域已经是纵横交错,火车、汽车南北东西穿梭不停。滚滚车流,装运着主体货物煤炭风驰电掣而去。远望东南,建设中的晋东南一座座七十米以上高大的铁塔拔地而起,由百米以上的大跨越线路,输送1000kv特高压线,通往南方。以公路、铁路、空中三种方式输送着煤炭及煤炭生产的电力,源源不断地运往需要的地方。以原平为中心(偏东)周围的鄂尔多斯、榆林、朔州、大同、阳泉、吕梁、忻州七市,在东西长350公里、南北宽350公里的区域中。2014年共生产原煤15.7亿吨,可匹敌美国、印度两个煤炭大国2014年产量的总和15.5亿吨。而一个鄂尔多斯市的煤炭产量6.3亿吨,接近于欧盟二十八国总需求量6.7亿吨。这里正在集中着现代化的矿井,这里有中国最好的采煤技术,有中国最先进的采煤设备,中国人在这里正在创造奇迹。同行的矿总工程师郭总讲:"二十年前,我们一个矿一个综采工作面年产原煤150多万吨,已经感到神助。现在一个综放工作面已达到年产400万吨、600万吨比比皆是。一个矿一个综放工作面年产1000万吨,已经不在话下。5米以上及14~20米的特厚煤层一次采全高,已经是家常便饭。"我深深感到,时代进步了,科技发展了,自然科学正以日新月异、一日千里的速度,改变着这个世界的模样,同时改变着这块曾经的天际边缘的"天涯地角"的面貌。

我望着"五峰山下土岗横亘,下临滹沱河,俯瞰其状,恰似人伏首枕河而卧"的"地角枕流"和巨石堆砌、草木难长的天涯山,这里再也不是苍凉空寂、边远没落、人迹罕至的"天涯地角"。这里已成为全世界煤炭生产最集中的一个大矿区,是煤炭运输最繁忙的枢纽。在这里最大的感受是在他周围七市,都是地上地下机器轰鸣,人声鼎沸的巨大矿场。

在云南瑞丽,我徜徉在一望无际的翡翠市场中。这里是中国西南最大的内陆口岸,是珠宝集散中心,还是中国十七个国际陆港城市之一,也是中缅油气管道进入中国的第一站,毗邻缅甸国家级口岸城市木姐。中国一方通过460米的瑞丽江大桥,就到了在地图上看起来就是一个小小的角尖端处叫姐告的地方。在擦肩摩踵的大市场尽头,一位摆摊的山东老乡和我说:刚退休老两口来旅游,在市场买了个翡翠挂件。第二天后悔了,摆在老乡的摊上,有一打无一状就当玩了，结果当天售出，还小赚一把，接下来就变成了营生。家里孩子都大了，老两口在这里一待就两年过去了。我笑着问："生意怎么样？"老乡说："不赔，够吃喝了。"我也知道，其实就是图个乐。在我们聊天不远的地方，就是云南边境线上的第一国门。绕行不远，就是中缅边境唯一的两国街——中缅街（长100多米），也正是81号界碑之地。若不是竖立在那里的两只金色麒麟左右守护，黑底金字的"天涯地角"石碑，谁也不会想到这就是1 500年前陈朝称为"天涯地角"的地方。现在瑞丽珠宝市场热闹非凡，还是熔边塞风光、异国风情、民族风采、热带风景于一炉，千姿百态、俊逸灵秀的旅游胜地。

循着云南，南下广西钦州。与昔日寂寥的"天涯亭"不同的是，钦州港已成为我国大西南最便捷的出海通道，整个港口远期年吞吐能力可达亿吨以上。2014年，钦州港首次达70.2万标箱，港口货物吞吐量达到6 412.5万吨。在当年地角亭的廉州，临近现在已经是游人如织的北海旅游城市。

在北海港搭乘客轮，一夜工夫到了海南。三亚的天涯海角已经在我面前了。时光荏苒，21世纪的今天，海南已成为了国际旅游岛，每年来海南的旅游人数都在2 500万人次以上。来海南必去的景点就是三亚的天涯海角。今天的天涯海角已名扬世界，这里再也不是当年远在天际的"穷荒绝岛"，取而代之的是"浪漫天涯""热带永远的天堂……"

长亭外，古道边，芳草碧连天。

问君此去几时还，来时莫徘徊……

李叔同在写这首歌词的三年后，1918年七月十三日，于虎跑定慧寺皈依剃度出家，号弘一。十二年后，1927年秋，"天涯五友"中的四人李叔同、许幻园、袁希濂、张小楼再次在上海相聚。此时，五友中的蔡小香已经去世，官运不畅的许幻园早已家道中落，袁希濂则已卸去政职，介绍许幻园到上海大王庙，两人均成了居士。这次会面的二年后，许幻园在大王庙离开了人世，应了当年这首歌词：

天之涯，地之角，知交半零落。

一壶浊酒尽余欢，今宵别梦寒。

李叔同的一生，继音乐的贡献外，美术绘画上也堪称先行者。1900年组织

《上海书画公会》，每星期出版书画报纸，由中外日报社随报发行，这是上海书报界最早出版的书画报纸。1912年中华民国元年，李叔同在杭州浙江高级师范任图画教师，是我国在绘画教学中最早使用石膏模型和人体模特者。李叔同在中国现代绘画史上，不论是绘画作品还是美术教育，都堪称启蒙大师。

在日本留学时，组织话剧团体《春柳社》，演出《黑奴吁天录》，亲自扮演美国贵妇人，这是中国最早的话剧团体。以后演出话剧《茶花女》《热血》《新蝶梦》等。李叔同是中国话剧运动创始人之一。

在杭州浙江第一师范学校任教的时候，担任图画老师、音乐老师。其间组织金石篆刻研究会，成立"乐石社"，出家前将生前篆刻及收藏的印章，赠送给西泠印社。当时社长叶舟为他在社中石壁上凿一个"印藏"，收藏并加题记。

李叔同于1942年10月13日（九月初四）圆寂于泉州，享年六十三岁。弥留之际，写有"悲欣交集"四字，指有说不尽的"香光庄严"。泉州清源山弥陀岩、杭州虎跑定慧寺分别为他建了灵塔。弘一法师李叔同，以华严为境，四分律为行，导净土为果。研究华严，修持弘扬律行，崇信净土法门。大学者马一浮诗挽：

苦行头陀重，遗风艺苑思。
自知心是佛，常以戒为师。

李叔同最早将西方的油画、音乐、话剧等引入国内，以擅长书法、诗词、绘画、音乐、歌词、金石、演艺而驰名于世。应该说他是中国现代文化运动的先行者。

李叔同从一个富家子弟和文坛名士，成为及早接受现代文化运动的先驱，成为报纸编辑、青年教师、画家、音乐家、词作家、金石名家、美术教育家、书法家、戏剧活动家。时值中年皈依佛门，而终其一生……可以说他脚踏实地地走好人生的每一步，最后终结于佛教。

丰子恺说："……我以为人的生活，可以分为三层：一是物质生活；二是精神生活；三是灵魂生活。物质生活就是衣食。精神生活就是文化艺术，灵魂生活就是宗教。"

长亭外，古道边，芳草碧连天。

晚风拂柳笛声残,夕阳山外山。

  我依然在追逐着"长亭外,古道边,芳草碧连天",和远在天际的"天之涯"……我漫步在充满阳光、空气的三亚"天涯海角"的沙滩上。今天这里已成为风景如画的世界旅游胜地。随着人类的进步,万里之遥在今天也就是飞机一两个时辰的工夫,从地理距离意义上的"天涯""天涯海角""天涯地角"在我们这个村子里(地球村)已不复存在了。

  当我在电脑上打出"天涯"两个字,出现的是"天涯论坛""天涯在线"等等,"天涯海角"及"天涯"词汇仍然热度不减。现在人们即便在北京、上海一些现代化城市和其他地方相遇,仍喜欢用"同是天涯沦落人"来打趣。那么今天的天涯到底在何处? 神州何处是天涯? 看来还是唐朝诗人王建说得好:"长安无旧识,百里是天涯。"也许"天涯"就是一种心理环境的空间,"天涯海角""天涯地角"作为一种情结眷恋于我们心中。

  今天,我站在"天涯海角"的沙滩上,望着"天涯"两个大字,一种"脚力行穷地尽州"之感油然而生,大有走到头了,前无州城,大有天际边缘之感。放眼望去水迢迢、天朗朗延伸远方,天水一色。我注视着这星罗棋布的几块巨石和这片海滩,现在已不成为"天涯海角"的"天涯海角"好像真的成了我实地的寄托,真的走到了"天涯海角"的天之尽头,直接感觉是有点累,是走累了……

  人生如大海的波浪,一浪一浪向前推进,每个人都在一天一天地继续经历与生存,如一叶飘零,岸在何处,在远方,远方如"天涯海角"。也许这就是岸,不过很平常,但风光很美。

  一路走来风雨兼程,带着一丝的疲惫和倦意。回首昔日曾经有过的蹉跎岁月,还有那美好时光,遥想当年题字"海内存知己,天涯若比邻",照片上的同学已天各一方,还有那些帮助过我的人、故旧、好友,当然,还有难以忘怀的亲人。这一切都恍如昨日,过去了,都过去了。也许,回望一路走来的串串脚印,依然会感觉到"九门风月好,回首是天涯"。此时此刻我想起了晏殊的《玉楼春》中两句诗:"天涯地角有穷时,只有相思无尽处……"

  王国维在《人间词话》中说:古今之成大事业、大学问者,必经过三种之境界:"昨夜西风凋碧树。独上高楼,望尽天涯路"此第一境也。

　　我未成大事业，也不是大学问者，没有"望尽天涯路"的境界。但是"天涯"给我的感觉是一种情感、一种心理上的寄托，是一种遥不可及的心境，也许这就是"天涯"情结。只是这种情结在今天的"天涯海角"充满阳光、空气的沙滩上又平添了一层浪漫情怀。

　　我回望陈朝的天涯藐藐，地角悠悠的瑞丽，唐朝的天涯地角山的原平，宋朝钦、廉二州的天涯亭、海角亭，还有今天在三亚天涯海角这片海滩上。所到之处，无不是机器轰鸣、人声鼎沸、樯橹如云、游人如织。与昔日的"天涯"相去之遥，唏嘘不已。今朝"天涯"在何处？今朝何处是"天涯"？我依然流连李叔同那首令人百唱不厌的《送别歌》，那种空灵、旷野、苍凉、边际、角落之感的"天之涯，地之角……"

　　李叔同说："你问我将何处安身？但只见春满花开，皓月盈空，一片宁静安详，那便是我的归处。"也许，那就是"天涯……"

2016 年 6 月